EL DISCURSO COLONIALISTA DE LOS CAMINANTES (SIGLOS XVII - XVIII)

EL DISCURSO COLONIALISTA DE LOS CAMINANTES SIGLOS XVII - XVIII

ELENA ALTUNA

CENTRO DE ESTUDIOS LITERARIOS
"ANTONIO CORNEJO POLAR"

LATINOAMERICANA
EDITORES

© Elena Altuna, 2002

ISBN: 0-9704923-6-7

La presente edición cuenta con los auspicios de la
REVISTA DE CRITICA LITERARIA LATINOAMERICANA
que evaluó el manuscrito y contribuyó parcialmente
a financiar su publicación.

Impreso en Ann Arbor, Michigan para el
CENTRO DE ESTUDIOS LITERARIOS
"ANTONIO CORNEJO POLAR", (CELACP)

y LATINOAMERICANA EDITORES
2125 California St.
Berkeley, CA 94703-1472
Tel/Fax (510) 883-9443

E-Mail: acorpol@socrates.berkeley.edu
http://celacp.perucultural.org.pe

RECONOCIMIENTO

En buena medida, este libro se publica gracias al apoyo brindado por la Facultad de Humanidades de la Universidad Nacional de Salta, cuyo Consejo Directivo aprobó el otorgamiento de un subsidio; agradezco especialmente al Señor Decano, Doctor Hipólito Rodríguez Piñeiro y al señor Julio López el tesón y la diligencia con que sortearon las dificultades de la hora. Por su parte, el Consejo Asesor de la *Revista de Crítica Literaria Latinoamericana* evaluó favorablemente el manuscrito y contribuyó a financiar su publicación por el *Centro de Estudios Literarios "Antonio Cornejo Polar" (CELACP),* bajo el sello de Latinoamericana Editores. A Raúl Bueno y a Cristina Soto mi reconocimiento por su interés y preocupación en zanjar escollos y dudas.

La confianza que me otorgó Rolena Adorno, su dedicación y, sobre todo, su honestidad intelectual, fueron mi guía en este itinerario. Para Rolena y David Adorno, mi amistad permanente. Debo a Gregorio Caro Figueroa el que pusiera a mi disposición, con total generosidad, textos inhallables o muy poco conocidos. Desde su perspectiva filosófica, el Doctor Rodríguez Piñeiro, convocó y me ayudó a profundizar algunas de las reflexiones aquí presentes. En la etapa de revisión final del manuscrito colaboró, con interés y sagacidad, mi hermano Ignacio.

A lo largo de estos años, Amelia Royo y María Laura de Arriba me apoyaron con su sincera amistad; Oscar Larrinaga me ayudó a comprender que la escritura puede ser, en ciertos naufragios, un ejercicio de salvación. Vaya a ellos mi agradecimiento. Finalmente, inseparables compañeros de itinerario, a su manera bulliciosa y demandante, fueron mis hijos Juan y María. A ellos, y a la memoria de Ofelia Blaffet, dedico este libro.

E.A.

INDICE

PROPOSITO 11

PRIMERA PARTE:
LA VOLUNTAD IMPERIAL DE REPRESENTACION

CAPITULO I
EL DOMINIO DE LAS COSAS DE INDIAS

Las Relaciones de Indias en el contexto de la política estatal
metropolitana 15
Las Ordenanzas de 1573 18
Consolidación de un modelo descriptivo: la "Instrucción y
Memoria" de 1577 21
Caminos y caminantes: el Cuestionario de 1604 25
"Mandar hacer": la escritura por mandato 27
Los informantes nativos 29
Las Relaciones de Indias en sus variantes textuales 34
La Relación y el relato de viaje 36
Un diseño regional 40
La construcción del territorio 46

CAPITULO II
EL SABER INSTITUCIONALIZADO

La dimensión del libro 51
La *Geografía y Descripción Universal de las Indias* 53
Cosmografía, providencialismo y naturalización 55
Indios y criollos en la *Geografía* de López de Velasco 59

SEGUNDA PARTE:
MIRADAS Y REPRESENTACIONES

CAPITULO III
PROSIGAMOS AGORA NUESTRO VIAJE

El texto y su autor. 67
Los nombres del texto. 70
El propósito de escritura: la "descripción breve". 72
El libro como relato de viaje. 75
Los caminos recorridos. 78
El universo de lo concreto. 80
Los saberes sobre el mundo. 83
Las figuras: el "hombre curioso", el "prudente lector". 86
La ciudad: suma y centro de las Indias. 89
El gobierno del reino 94
Imágenes y autoimágenes heterogéneas. 104

CAPITULO IV
EN TODO ESTE VIAJE NO ES OTRO MI INTERES SINO SERVIRLA

El culto de la Virgen de Guadalupe 113
Fray Diego de Ocaña en los documentos 115
El viaje por mandato 117
El manuscrito de Ocaña 119
El texto como relato de viaje 120
La descripción en el relato de viaje 123
La "Relación". 128
Memoria de lo notable 130
La invención de los lugares 133
Triunfos en el "aquí": el "autor" Ocaña 137
La fiesta barroca 141
La dimensión autobiográfica 146
El relato como testimonio 150
Travesías del texto 152
Avatares de la memoria: el relato de fray Diego del Puerto 155

CAPITULO V
CONOCI SER VOLUNTAD DE DIOS QUE PASASE A LA REMOTISIMA REGION DEL TUCUMAN

Los límites del imperio 161
Los viajes de Pedro José de Parras 163

Lectores/viajeros modelo: los prólogos del *Diario y Derrotero* 165
El diario: la reiteración de la primera persona 167
Los espacios y sus saberes 169
Del rigor como aprendizaje del Evangelio 173
Un viajero ejemplar 175

CAPITULO VI
Y DIO FIN ESTE CANSADO VIAJE HISTORICO

Un funcionario reformista 179
La complejidad de *El Lazarillo de ciegos caminantes* 181
El "Prólogo" 186
El Lazarillo como escenario del proceso de escritura/lectura ... 190
El viaje y su itinerario 194
La configuración ideológica del espacio 198
La descripción como diagnóstico 203
El discurso reformista 207
La provincia imaginaria 213

CAPITULO VII
EL DISCURSO COLONIALISTA DE LOS CAMINANTES

Conclusiones 223

BIBLIOGRAFIA **239**

PROPOSITO

En las páginas que siguen propongo efectuar un acercamiento a un grupo de textos escritos entre comienzos del siglo XVII y el último tercio del siglo XVIII, que la historiografía ha caracterizado como *literatura de viajes*. Una doble perspectiva me lleva a recortar el corpus: el proyecto colonialista en el que estos textos se inscriben y al que expresan en sus etapas, y la presencia de ciertas marcas comunes, lo que permitiría construir una serie y, a la vez, distinguirla de otro tipo de relato y de "viajero" que comienza a perfilarse en las postrimerías del siglo XVIII, cuyo objetivo declarado será servir a las ciencias naturales, aspecto que señala un desplazamiento del centro imperialista español hacia otros países de Europa. Abordaré, en primer término, la conformación del *modelo descriptivo* plasmado en los interrogatorios que dieron origen a las *Relaciones Geográficas*, surgidas contemporáneamente al relato de viaje. El análisis contrastivo de similitudes y variantes entre ambos tipos textuales permitirá estudiar luego los elementos constitutivos del relato de viaje del período. Creo conveniente detenerme en *El lazarillo de ciegos caminantes*, texto al que considero la culminación de este tipo de relato y del proyecto político que lo sustenta. Abordaré también los modos mediante los cuales estos textos expresan el discurso colonialista en sus diversas instancias. La construcción *territorial* y la elaboración de *imágenes* referidas a los grupos integrantes de la sociedad colonial muestran la fuerza y la coherencia del proyecto que enmarca la mirada de los caminantes que recorrieron el espacio peruano y rioplatense en este período.

A lo largo de este estudio apelaré, con cierta insistencia, a las nociones de *situación colonial, colonialismo, discurso colonialista*. Dado que las implicancias y significaciones son variadas, considero pertinente aclarar, de manera provisoria, el sentido que les otorgaré. Las reflexiones de G. Balandier respecto de la *situación colonial* han mostrado que la operatividad de esta noción radica precisamente en que fue elaborada en términos "teóricos", lo que posibilita estudiar sus ocurrencias y efectos en situaciones históricas concretas. En cuanto a la noción de *colonialismo*, son divergentes las opiniones generadas alrededor de la conveniencia o inadecuación de su uso más allá del ámbito de la expansión europea –especialmente británica y francesa– durante los siglos XIX y XX. En este estudio será entendido como el sistema implantado en América a partir del segundo viaje de Cristóbal Colón, que se mantiene vigente durante tres siglos, y que incluye los cambios políticos, administrativos y sociales producidos durante ese lapso. Lo colonial supone, pues, una situación, un lugar y un conjunto de determinadas situaciones históricas. La noción de *discurso colonialista* será entendida no solamente como un efecto del régimen colonial, sino como una fuerza sustentadora del mismo en el plano ideológico. Al situar el ángulo de enfoque en el sistema de imposición, estamos desplegando el *sistema de relaciones* inherente a la dominación impuesta. El discurso colonialista constituye un plexo de nociones geográficas, climatológicas, antropológicas y de representaciones de europeos y no europeos vertido en diferentes prácticas textuales. Ese discurso crea una entidad —las "Indias"— opuesta y complementaria a la noción de "Europa", por medio de una serie de procedimientos cuya emergencia se avizora en la entrada del 11-12 de octubre de 1492 del *Diario* de Colón. Los escritos de comerciantes, misioneros y funcionarios del régimen colonial desarrollarán las imágenes propuestas por descubridores y conquistadores con notable coherencia y continuidad a lo largo del tiempo, lo que les otorgará su carácter de *estereotipos* sustentadores de la situación colonial. Las similitudes observadas en los relatos de viaje del período estarían proponiendo una mirada y una interpretación homogeneizadoras, proyectadas sobre un fondo heterogéneo, signado por conflictivas relaciones intergrupales. En este sentido, una aproximación al discurso de los caminantes ofrece la posibilidad de definir al colonialismo en el contexto latinoamericano.

PRIMERA PARTE

LA VOLUNTAD IMPERIAL DE REPRESENTACION

... me he atenido a los textos en su aridez: he buscado cuál era su razón de ser, a qué instituciones o a qué práctica política se referían ...

Michel Foucault

– CAPITULO I –

EL DOMINIO DE LAS COSAS DE INDIAS

*Las Relaciones de Indias en el contexto
de la política estatal metropolitana*

En 1608, el entonces Presidente del Consejo de Indias don Pedro Fernández de Castro, Conde de Lemos y Andrade, se dirigía al rey para ofrecerle la "Descripción de la Provincia de los Quixos"; en su presentación ponderaba este principio básico: un buen gobierno se da sólo si existe conocimiento absoluto de las posesiones por parte del soberano. Argumentaba que el Imperio Romano mantuvo el dominio ayudándose de la descripción de la naturaleza y de las costumbres de los habitantes de sus provincias, para lo cual usó de "libros y relaciones universales" en los que recogía la información necesaria al mantenimiento de la unidad imperial. Se trataba, pues, de una cuestión de sistematización de la información, proyecto que unas décadas antes fuera encarado por el Consejo de Indias durante la visita de Juan de Ovando y Godoy; en efecto, durante esa época comienzan a recopilarse metódicamente las *Relaciones Geográficas de Indias*.[1]

Pilar Ponce Leiva (1991, I, xiv-xx) ha seguido detenidamente el desarrollo de las ideas que llevaron a concluir a Marcos Jiménez de la Espada –en oposición a las tesis anteriormente sostenidas por Fermín Caballero– que se trataba de un grupo de textos perfectamente identificables dentro del cúmulo de correspondencia generada entre la metrópoli y las colonias. En su discurso de ingreso a la Academia de la Historia, en 1866, Caballero se refirió a las "Relaciones topográficas de

---

[1] Indica Jiménez de la Espada (1965, I, 91): "Llamo [...] Relaciones geográficas y no topográficas por dos razones: 1º porque muchas de ellas, más que de lugares, son de provincias o comarcas enteras, corográficas, como ya Pinelo las denominó, y era preciso un calificativo más general que comprendiese a unas y otras; y 2º porque, aun dado el caso que todas fueran de la segunda especie, yo entiendo por topográfico lo que se refiere al terreno, al suelo, al sitio, no a la población, sus habitantes, etc.".

España" elaboradas durante el reinado de Felipe II, entre 1574 y 1575. Entendía que las mismas habían sido proyectadas por el Cronista Real Ambrosio de Morales y que quedaron limitadas a la región central de Castilla, con excepción de algunas Relaciones atinentes a la Nueva España. Asimismo, sostenía que debido al escaso éxito obtenido, este método de encuesta formalizado mediante Real Cédula de 27 de octubre de 1574 había sido abandonado definitivamente hacia 1581. Quince años después, Jiménez de la Espada comenzó a publicar las primeras Relaciones del Perú. Su tesis se basaba en cuatro puntos: la existencia de "antecedentes" que se remontaban a fines del siglo XV, cuando los Reyes Católicos ordenan a Colón "hacer entera relación" de lo visto; la consolidación del proyecto durante la gestión de Ovando y Godoy en el Consejo; el uso de cuestionarios a partir de 1569 en América, y su posterior implementación en la Península y, finalmente, la pervivencia del método, si bien de manera intermitente, hasta el siglo XIX.[2]. El erudito español anotó el hecho de que las Relaciones se originaron como resultado de la política de encomiendas ejercida por la Corona a partir del siglo XVI. Cita al respecto una Cédula Real, fechada en 8 de marzo de 1533, en la que ya se encuentran presentes todos los elementos que más adelante habrán de confluir en la "Instrucción y Memoria" de 1577: el circuito de delegaciones –el rey, el Consejo, gobernadores y demás autoridades en el Perú, encargados de transmitir la información– y las materias acerca de las cuales se solicita noticia, divididas en capítulos: cantidad de tierras, minas e indios, con el fin de "hacer repartimiento perpetuo" entre los conquistadores y pobladores, diferenciándolos de las posesiones que quedarán para la Corona. Ahora bien, de este primer documento normativizado interesa anotar que el capítulo 1º constituye un *principio organizador descriptivo* de carácter general, que habrá de estar presente en el relato de viaje desde fines del siglo XVI, conformándose entonces como *principio estructural*:

> 1º Os informad ... de los nombres de todas las provincias, poblaciones de españoles, número de éstos y de indios en cada una, las distancias por tierra y mar, distinguiendo que tierra es llana o montuosa, más o menos fértil, y los ríos y puertos de mar que en cada una hubiere. (Jiménez de la Espada: 1965, I, 26)

También en esta Cédula se menciona una práctica común en el Consejo, consistente en recabar información de "personas religiosas, eclesiásticas y de otras que habían estado mucho tiempo en esa tierra". Según Jiménez de la Espada, esta Cédula vendría a representar el punto en el que las Relaciones comienzan a constituirse en un trabajo con características propias y con una organización específica de la información. Entre 1530 y 1540 la costumbre de solicitar informes, ya fuese de palabra, ya mediante memorial a todos quienes se presentaban ante el Consejo se torna regular. De la década de 1540 da-

---

[2] Francisco de Solano (1988, xvii) indica que en el siglo XVI se confeccionaron once Cuestionarios, en el XVII cuatro, en el XVIII diez y en el XIX dos.

tan algunas Relaciones cuya estructura se asemeja a la que habrá de imponerse más adelante por medio de cuestionarios. Según Ponce Leiva (1991, I, xxx) a este primer período que, en general, se considera de "antecedentes" de las Relaciones, le sigue otro, en la década de 1550, en el que aparecen dos "modelos teóricos" de cuestionarios: un memorial de 1555 de Juan Páez de Castro, propiciando el ordenamiento de la información en Relaciones, según el método de la encuesta directa y los datos numéricos, y un memorial de Alonso de Santa Cruz, hacia 1556, en el que presenta un modelo concreto, incluido más tarde en las Ordenanzas de 1573 sobre "Descripciones" y "Población y Descubrimiento".

Con la visita de Juan de Ovando y Godoy al Consejo (1568-1571) se inicia una reforma tendiente a ordenar los asuntos de Indias, implantándose para ello una normativa jurídica y estableciéndose un patrón o modelo de recolección de datos. Señala Jiménez de la Espada que un papel fechado en Panamá el año 1570 alude a 37 capítulos que circulaban en 1569; una disposición similar debió tomarse para los asuntos eclesiásticos, ya que también data de 1570 un despacho del arzobispo de México, dirigido a Ovando. Hacia 1571 debió haber existido un Cuestionario de 200 capítulos que, dada su extensión y la posible interferencia de materias en las respuestas demandadas se redujo a 135 capítulos en julio de 1573, aunque no se conoce ninguna Relación que respondiese a este patrón.[3] Recién en 1577 comenzaron a llegar Relaciones en respuesta a una "Instrucción y Memoria" ideada por Juan López de Velasco, sucesor de Santa Cruz en el cargo de Cosmógrafo y Cronista Mayor. Fue él quien refundió el interrogatorio de 200 capítulos en uno de 50, que se imprimió en 1577. Agotada la reimpresión, en 1584 se hizo una segunda edición que fue distribuida prácticamente completa en el Perú. Por otra parte, la recomendación de que la "Memoria" fuese respondida en los pueblos y provincias se recordó en todas las ocasiones posibles a las autoridades.[4] El sistema de información por medio de encuestas se mantuvo de manera intermitente hasta principios del siglo XIX. Parte de esa información fue derivada, tal como lo había ideado Juan de Ovando, hacia la elaboración del Libro Descriptivo. Entre 1571 y 1574 López de Velasco compuso su *Geografía*, basándose en las Relaciones llegadas hasta ese momento. Pero fueron sólo cinco los cronistas del Consejo que, entre 1571 –año de la creación del cargo de Cronista-Cosmógrafo– y 1755 –fecha en que tal tarea pasa a jurisdicción de la Academia de la Historia–, se sirvieron de

---

[3] Según Solano (1988, xxv) no se recibieron respuestas a las Ordenanzas del Libro de las Descripciones, de 1573. Si bien llegaron a Indias, no fueron contestadas por coincidir con la siguiente petición de 1577, en que se facilitaba la tarea al reducirse el cuestionario de 135 a 50 preguntas.

[4] Anota Jiménez de la Espada (1965, I, 52): "... en marzo de 1581 se encargó a los prelados de las Indias hiciesen relación de todas las cosas eclesiásticas de sus respectivas diócesis, incluso la división territorial y el número y calidad de los pueblos, doctrinas y feligreses españoles e indios, etc.".

las Relaciones de Indias para elaborar una historia integral de América (Ponce Leiva: 1991, I, lvii).

A lo largo de los tres siglos coloniales las modificaciones advertibles en cuanto a la información demandada permiten considerar los cambios producidos en la política colonial. Pérez Herrero (1988, lii-lix) señala que, en el Cuestionario de 1556-57 de Santa Cruz, las cuestiones económicas ocupan un segundo plano, dándose relevancia a la información referida al territorio y sus habitantes y al tejido urbano naciente. Poco después, con los Cuestionarios de 1560-70 aparecen temas como el tributo, en el orden de la rentabilidad económica y la defensa de las posesiones. Los asuntos eclesiásticos y de evangelización se remiten a cuestionarios particulares. En el Cuestionario de 1571, que según este autor se elaboró como muestra para la Gobernación de Cartagena, la geografía, las culturas indígenas, la producción agrícola y minera son temas indicadores de un mayor conocimiento del continente, así como de una búsqueda de mejor aprovechamiento de recursos. Aparecen dos nuevas cuestiones: la justicia y la demografía, que indican la preocupación por el derrumbe demográfico y evidencian en el terreno ideológico el impacto de las disputas entre Las Casas y Sepúlveda. En el Cuestionario de 1573 el interés por lo geográfico mengua frente a las cuestiones referidas a la Real Hacienda; predomina una óptica fiscal (tributo indígena, diezmos, aranceles, alcabalas). La encomienda y los repartimientos se enmarcan en el tema de las relaciones entre las repúblicas de indios y de españoles, en tanto que lo eclesiástico se aborda desde una perspectiva administrativa. El Cuestionario de 1577 presenta cambios importantes en su estructura. La geografía retoma un lugar preponderante (50% del total de las preguntas), se inquiere acerca de temas precisos: clima, localización, distancias, etc. Un tema permanente es el de la historia de la colonización. El Cuestionario de 1604 aporta otras modificaciones estructurales (desaparecen las cuestiones de método y las preguntas se hacen más breves) a la vez que se produce un equilibrio de los temas. Disminuye el interés geográfico y se acentúan los asuntos referidos a lo urbano y a lo político-administrativo; surge el problema de la expansión de las áreas de frontera y lo administrativo eclesiástico se equilibra con la cuestión de la evangelización. Los cuestionarios del siglo XVIII revelan, por una parte, el espíritu reformista; interesan los temas económicos, administrativos y de gobierno. Por otra parte –tal el Cuestionario de 1777 de Antonio de Ulloa– denotan la búsqueda del conocimiento científico y la clasificación de la naturaleza.

Las Ordenanzas de 1573

Al hacerse cargo del Consejo de Indias, Juan de Ovando se propuso dos objetivos fundamentales: compendiar la legislación referente a los asuntos de Indias y elaborar un conjunto de ordenanzas que regularan su administración —objetivo éste de carácter jurídico que lleva a la promulgación de las *Ordenanzas del Consejo de Indias* (1571)—; el segundo buscaba sistematizar y actualizar la información procedente de las colonias. Para ello, se valió de ordenanzas que diagramaron las funciones del Cronista-Cosmógrafo y la índole de la información que habría de ser requerida. El 24 de setiembre de 1571 se publicaron las *Ordenanzas Reales del Consejo de Indias*,[5] especial interés revisten las *Ordenanzas* 3ª y 4ª, puesto que ambas diseñan un elenco de las materias que debían ser informadas:

Ordenanza 3ª- Porque ninguna cosa puede ser entendida ni tratada como debe, cuyo sujeto no fuere primero sabido de las personas que della hobieren de conocer y determinar. Ordenamos y mandamos que los de nuestro Consejo de Indias, con particular estudio y cuidado, procuren tener hecha siempre descripción y averiguación cumplida y cierta de todas las cosas del estado de las Indias, así de la tierra como de la mar, naturales y morales, perpetuas y temporales, eclesiásticas y seglares, pasadas y presentes y que por tiempo serán, sobre que puede caer gobernación o disposición de ley, y según la orden y forma del título de las descripciones, haciéndolas executar continuamente con mucha diligencia y cuidado.

Ordenanza 4ª- Y porque tantas y tan grandes tierras, islas y provincias se puedan con más claridad e distinción percebir y entender de los que tuvieren cargo de gobernarla, mandamos a los de nuestro Consejo de las Indias, que siempre tengan cuidado de dividir todo el estado de Indias descubierto y que por tiempo se descubriere, para lo temporal, en virreynos, provincias de

---

[5] Ponce Leiva (1988b, lxxxi) considera que la estructura de los 135 capítulos que conforman las *Ordenanzas* se organiza de la siguiente manera: a) Capítulos 1 al 13: cuestiones generales, especificación de los destinatarios. b) Capítulos 14 al 40, constituyen el interrogatorio propiamente dicho. Los temas son: Cosmografía, Hidrografía, Geografía, Historia Natural, Historia Moral (dedicada a culturas indígenas preferentemente), descripción de la república cristiana en lo temporal y en lo espiritual. c) Capítulos 41 al 135: forma y orden en que se han de seguir las relaciones y libros que se han de formar. Añade: "Como puede observarse en esta clasificación temática de los capítulos, la parte dedicada concretamente al Interrogatorio (a las preguntas que debían responderse) es muy breve: tan sólo 27 de los 135 capítulos plantean verdaderamente interrogantes, dedicándose los 108 restantes a la enumeración de los destinatarios y sobre todo al sistema que debía emplearse en la elaboración de las respuestas. Este hecho no resulta gratuito: en primer lugar, al tratarse de unas Ordenanzas y no solamente de un cuestionario más, el texto pretendía establecer una norma general en los sistemas de información, aun cuando los temas tratados variaran a lo largo del tiempo; en segundo lugar, la multiplicidad de informantes considerados y la minuciosidad requerida en las respuestas así lo exigía".

Audiencias y Chancillerías Reales, provincias de oficiales de la Hacienda Real, adelantamientos, gobernaciones, alcaldías mayores, corregimientos, alcaldías ordinarias y de hermandad, concejos de españoles y de indios; y para lo espiritual, en arzobispados y obispados sufraganios, abadías, arciprestazgos, parroquias y dezmerías, provincias de las Ordenes y Religiones; teniendo siempre intento a que la división para lo temporal se vaya conformando y correspondiendo cuanto se sufriere a lo espiritual: los arzobispados y provincias de las Religiones con los destritos de las Audiencias, los obispados con las gobernaciones y alcaldías mayores y los arciprestazgos con los corregimientos, y los curatos con las alcaldías ordinarias. (Jiménez de la Espada: 1965, I, 43)

Las *Ordenanzas* promulgadas por Ovando y Godoy proporcionan un primer modelo descriptivo, basado en el principio de la distinción de las materias. Si bien no se alude en éstas al quehacer historiográfico, es evidente que la mención a las *cosas* de Indias se ajusta a los principios de la Historia Natural y Moral de los siglos XVI y XVII, que recién habrá de diversificarse durante el XVIII en disciplinas como la botánica, zoología, sociología, etc.[6] Interesa señalar que el modelo descriptivo atiende siempre a dos términos no necesariamente opuestos en lo semántico, sino antes bien conformando pares complementarios (natural y moral, perpetuo y temporal). Toda la materia a describir está, por otra parte, ceñida por límites espaciales (o topográficos) establecidos por los gobiernos civil y eclesiástico. Entre ambos se establece una analogía también de carácter espacial ("teniendo siempre intento a que la división para lo temporal se vaya conformando y correspondiendo cuanto se sufriere a lo espiritual"). Distinción entre las materias y analogía o identidad de relaciones entre dos o varias sustancias diferentes constituyen, pues, la base del sistema interpretativo con el que se intenta hacer inteligible la información sobre Indias.

---

[6] Una exposición clara de la visión del mundo basada en la existencia de la Esfera de lo Natural y de la Esfera de lo Moral, es la que ofrece Edmundo O' Gorman (1972, 179-180) a propósito de la obra de Joseph de Acosta. Señala que: "... el concepto de lo *Natural* abraza un enorme campo de la realidad, cuyo estudio y conocimiento se divide en la actualidad en un gran número de ciencias plenamente constituidas y disciplinas auxiliares, entre las que se cuentan, para sólo mencionar algunas, las ciencias físico-matemáticas, químicas, geográficas, astronómicas, la biología, la botánica y la zoología. A su vez, el concepto de lo *moral* encierra una no menos extensa zona de la realidad, la que, en términos generales, forma hoy en día el ancho campo de las ciencias del espíritu, o quizás fuera mejor decir las ciencias históricas con sus numerosos derivados y auxiliares, como son, entre muchas, la prehistoria, la arqueología, la historia propiamente dicha, la mitología, el folklore y otras". Por otra parte, 'Historia' en el ámbito de la herencia clásica, excluye el elemento temporal (reservado a la 'crónica'), lo que explica el nombre de Historia Natural en los siglos XVI y XVII y otras" (Mignolo: 1982, 75).

En las *"Ordenanzas e Instrucciones reales ..."*, promulgadas en San Lorenzo el Real con fecha 3 de julio de 1573 y refrendadas por Juan de Ovando, encontramos plasmada la división entre Historia Natural y Moral. La "Historia Natural perpetua" de cada región, provincia y lugar comprende las naciones de hombres, los animales silvestres y domésticos, su caza y aprovechamiento, los insectos, serpientes, árboles, plantas silvestres y de cultivo, frutos de la tierra y de España, minas, sal, alumbre, piedras preciosas, perlas y todo lo que pudiese beneficiarse, enfermedades de cada zona y medicinas para su cura. La "Historia Moral contingente y variable" abarca las conquistas y descubrimientos, quiénes y cuándo las hicieron, las naciones de los naturales que habitaban y habitan esas tierras, los reinos y señoríos y sus límites, las lenguas, la .orma de gobierno, la religión y adoración, los ritos y costumbres en nacimientos, crianzas, casamientos, muertes y sepulturas, comidas, bebidas, vestimenta, moradas, contratos, reyes y forma de gobierno que tuvieron; tributos, oficios, guerras, forma de contar, letras, pinturas o quipus, calendarios y novedades que hubo después que los españoles entraron en esas tierras (Cfr. Torre Revello: 1941, 11). Es interesante constatar la importancia que se le atribuye al conocimiento del "otro" en este momento; se destaca, en este sentido, el interés por el pasado precolonial y por los contactos y cambios producidos con la llegada de los españoles.

Consolidación de un modelo descriptivo: la *"Instrucción y Memoria"* de 1577

Contemporáneamente a la promulgación de las *Ordenanzas* de 1571 se redactó un interrogatorio de 200 capítulos. No se ha conservado copia de este texto, aunque su contenido puede deducirse de la Relación de fray Gaspar de Puerto Alegre sobre el Reino de Nueva Granada. Se trataba de un interrogatorio de tipo general, aunque enfocado hacia la recolección de información sumamente detallada. Jiménez de la Espada conjetura que no debió haber trascendido al ámbito del Consejo de Indias, constituyendo un instrumento de trabajo interno. Hasta ese momento, entonces, sólo restaba difundir el sistema ideado en las colonias. Esto se logra en 1577, cuando López de Velasco reduce a 50 capítulos el interrogatorio anterior, se imprime y comienza a distribuirse en los virreinatos. Se ha señalado que "la estructura profunda es de orden espacial" (Mignolo: 1987, 462); efectivamente, este *modelo para ver y ordenar* propone una aprehensión de la realidad enraizada en lo espacial, que se presenta a su vez como emergencia de una concepción occidental del espacio: la *provincia* define la unidad mayor y es una categoría "oficial-colonial-fiscal" (Glave: 1989, 235). En este sentido, puede observarse que los dos primeros capítulos operan una transposición ideológica fuerte al proponer una reducción del espacio de acuerdo con los términos de la cultura colonizadora:

1. Primeramente, en los pueblos de los españoles se diga el nombre de la comarca o provincia en que están, y que quiere decir el d[ic]ho nombre en lengua de [los] indios, y por qué se llama así.

2. Quien fue el descubridor y conquistador de la dicha provincia, y por cuya orden y mandado se descubrió, y el año de su descubrimiento y conquista, lo que todo buenam[en]te se pudiere saber. (Jiménez de la Espada: 1965, I, 86)

En ambos capítulos se subraya la marca de pertenencia española; en el primero, la cuestión del nombre supone el mecanismo de la traducción y, con ello, de "reducción" de una lengua otra a la propia; en el segundo, esta marca se acentúa al fijar un "origen" que se ubica en el descubrimiento y la conquista del español. Los dos capítulos siguientes indagan acerca de aspectos generales de la naturaleza; el quinto se refiere al nativo en relación con el tributo, por lo que inquiere acerca de su disminución o aumento, así como sus costumbres y lengua. Aflora en este capítulo el factor temporal por medio de la confrontación antes/ahora ("De muchos o pocos indios, y si ha tenido más o menos en otro tiempo que ahora ..."). El capítulo 6 solicita una información eminentemente geográfica. El 7 es un ejemplo de categorización de los espacios en función del vector centro/periferia:[7]

7. Las leguas que cada ciudad o pueblo de españoles estuviere de la ciudad donde residiere la Audiencia en cuyo distrito cayere, o del pueblo donde residiere el gob[ernad]or a quien estuviere sujeta; y a qué partes de las dichas ciudades o pueblos estuviere. (Jiménez de la Espada: 1965, I, 87)

Tanto este capítulo como el siguiente tendrán relevancia en el relato de viaje en relación con su estructura y con el rol del caminante, no sólo porque éste surge en el marco de un proceso de consolidación de la red urbana, sino porque el conocimiento de las distancias entre los asentamientos implicaba, sobre todo, una cuestión de subsistencia.

8. Asimismo, las leguas que distare cada ciudad o pueblo de españoles de las otras con quien partiere términos, declarando a qué parte cae dellos, y si las leguas son grandes o pequeñas y

---

[7] "Una variable que define y caracteriza el plan de ocupación y dominio del espacio es la de las 'distancias'. Es una cuestión pareja al tema de la dependencia administrativa. A lo largo de la historia de los Cuestionarios se repite esta pregunta con matizaciones que nos aclaran su auténtico significado" (Abellán García: 1988, xliv). Este tema aparece por primera vez en 1517 en el Cuestionario de Hernando Colón, luego, en el de 1577 y, posteriormente, se repite en los Cuestionarios de 1604, 1648, 1741, etc.

por tierra llana o doblada, y si por caminos d[e]rechos o torcidos, buenos o malos de caminar. (Jiménez de la Espada: 1965, I, 87)[8]

Se trata, por otro lado, de dos capítulos fundamentales en la "Memoria" puesto que, a la par de la nominación, proponen un marco de inteligibilidad al destinatario de las *Relaciones* al establecer las distancias entre las poblaciones. Ambos capítulos avanzan más allá de lo referencial al organizar un espacio imaginario y dar coherencia al resto de la información demandada. Son, también, correlativos de aquellos capítulos en los que se sugiere la elaboración de "pinturas". Los capítulos 9 a 12 presentan analogía con los anteriores y constituyen una explicación de la información general solicitada más arriba y ahora referida a cuestiones específicas (nombre de la ciudad, fundador, fecha de fundación, número de vecinos, asiento, ubicación, pueblos de indios y su corregimiento o jurisdicción, distancias entre pueblos de indios y de españoles y caminos). Se alterna, de esta manera, entre el requerimiento de una información de tipo general y otra sumamente minuciosa; en realidad los datos solicitados no cubren un espectro excesivamente amplio; esta impresión surge de la insistencia en indagar acerca de los mismos aspectos. Los capítulos 13, 14 y 15 suponen, para su respuesta, una situación enunciativa que implica necesariamente la presencia de informantes nativos, así como de un traductor. Inquieren por el nombre indígena, ritos, costumbres y forma de gobierno, trajes y mantenimientos. Constituyen, en tanto espacios textuales, lugares de interacción cultural: nominación, traducción, explicación y, a la vez, censura, puesto que es precisamente en el capítulo 14 donde vemos emerger una valoración en términos morales (más allá de la selección léxica referida al plano religioso) que, obviamente, el nativo sólo puede establecer a partir de un proceso de aculturación y consecuente imposición de pautas de conducta:

13. *Item*, lo que quiere decir en lengua de indio el nombre del d[ic]ho pueblo de indios y por qué se llama ansí (si hubiere que saber ello), y cómo se llama la lengua que los indios del d[ic]ho pueblo hablan.

14. Cuyos eran en tiempos de su gentilidad, y el señorío que sobre ellos tenían sus señores y lo que tributaban, y las adoraciones, ritos y costumbres buenas o malas que tenían. (Jiménez de la Espada: 1965, I, 87)

---

[8] Observa Abellán García (1988, xliv-xlv): "Aunque es en 1789 cuando se pregunta claramente por el tiempo en los desplazamientos ('... se expresará el número normal de días viajando a caballo a ...' y la distancia de cada jornada); sin embargo, la idea de 'distancia-tiempo' había aparecido siglos antes. En las Instrucciones de 1556 al hablar de límites se pregunta por las jornadas que tendrá la demarcación, de ancho y de largo".

Los tres capítulos siguientes continúan ligados a los anteriores por el tema de las poblaciones indígenas:[9] su asiento, características de la tierra, sanidad de la misma, enfermedades, distancia de sierra o cordillera. Los capítulos 19 a 26 agrupan una serie de aspectos atingente a la naturaleza: ríos, lagos, volcanes, cultivos de la tierra y de España, animales; los capítulos 28 y 29 se refieren a la presencia de minerales y el 30 a la de salinas. Los capítulos 31 y 32 abordan cuestiones de arquitectura (edificios, forma de las casas, materiales usados, fortalezas); el siguiente se refiere al comercio de españoles y de indios, a su sustento y pago de tributos. Los capítulos 34 a 37 retoman la temática urbana, enfocada ahora desde la perspectiva religiosa (iglesias, monasterios, hospitales, colegios y obras pías existentes en los pueblos). Los capítulos 38 a 48 pueden agruparse en orden a su relación con lo marítimo, de allí que todo lo anterior puede entenderse como descripción de espacios mediterráneos, generándose, a nivel de la estructura, la oposición pueblos mediterráneos/pueblos costeros; se interroga así acerca de los puertos, costas, mareas, tormentas, vientos, islas, sitios poblados y despoblados. El capítulo 49 pide se describan las "demás cosas notables" que no hubiesen sido incluidas en las descripciones anteriores, y el 50 es un instructorio:

> 50. Y, hecha la d[ic]ha relación, la firmarán de sus nombres las personas que se hubieren hallado [presentes] a hacerla, y sin dilación la enviarán, con esta Instrucción, a la persona que se la hubiere enviado. (Jiménez de la Espada: 1965, I, 89)

De este modo, pues, se cierra con el capítulo 50 el trayecto de pedido de información "descendente" y se inicia el trayecto "ascendente" de entrega de la información. La "Memoria", en suma, nos propone una "manera de ver" y de clasificar al mundo tal como podía concebirlo el siglo XVI a través de una tradición neoplatónica, enriquecida con los componentes ingresados al conocimiento europeo a partir de los viajes de descubrimiento que se venían produciendo desde el siglo XIII (Mollat 1990). Fundamental, en este sentido, es el lugar que se le adjudica al "otro" y a su entorno. De ello deriva la oposición espacio español/espacio indígena, presente en todos los elementos que se incorporan a la "Memoria" y la dotan de significación. Aun cuando es evidente la marca de apropiación que signa la colonización, no se puede dejar de sub-

---

[9] "La forma de poblamiento es otra característica que siempre interesó, pues la reunión o agrupamiento de la población en general, y de indios en particular, fue una medida de control y dominio. La ciudad o núcleo agrupado era de más fácil gobierno y, por tanto, control que las zonas rurales, tanto para indígenas como para conquistadores y colonizadores españoles. Por ello, en 1577 ya se preguntaba por el tipo de pueblo al hablar de los habitantes: 'y si los (indios) que hay están poblados en pueblos formados y permanentes ...'. La concentración en núcleos de 'doctrina' contribuyó de forma poderosa a desorganizar el espacio anterior, y planificarlo con otras finalidades como es la ya mencionada de control de la población ..." (Abellán García: 1988, xliv).

rayar la existencia de franjas discursivas que suponen las interacciones culturales (tratos, granjerías) y, en el nivel de la comunicación verbal, la presencia de nativos que cumplen el rol de informantes o de traductores. Ello permite visualizar las Relaciones como un espacio discursivo que supone, necesariamente, la presencia del "otro", aun cuando se inscriben en un circuito cerrado, tanto por el tipo de escritura como por la finalidad con que fueron elaboradas.

Caminos y caminantes: el Cuestionario de 1604

Se ha señalado que el Cuestionario de 1604, compuesto por el Presidente del Consejo de Indias, Conde de Lemos y Andrade, propone cambios sustanciales, tanto en su estructura como en el interés por ciertos temas, tales como el urbano, las áreas de frontera y las cuestiones de poblamiento (Pérez Herrero: 1988, lvii). En efecto, las 355 preguntas revelan un desplazamiento del centro de atención anterior, eminentemente geográfico, focalizándose ahora el espacio de acuerdo con caracterizaciones tendientes a deslindar sub-espacios. "Ciudad", "villa", "aldea", "pueblos de indios", "provincia", "comunidad" constituyen nominaciones diferenciadoras al interior del conjunto *espacio poblado,* contrapuesto a un *espacio despoblado* que ahora demanda atención. Se consolida en este Cuestionario otra categoría espacial: la frontera, que será concebida como un anti-espacio; en todo caso, opera con valencia diferente frente a la oposición señalada; esto indica que ya se ha alcanzado una valoración y percepción general de los espacios. Tomando, pues, como base el tejido urbano se diferencian los sub-espacios y se distinguen los varios grupos que se desplazan por el espacio colonial: guías, caminantes, trajinantes:

78. Si está en camino real pasajero este pueblo.

79. A cuántas partes, y para dónde se camina por este pueblo.

80. Si alquilan los indios mulas, caballos o yeguas a los caminantes.

81. Cuánto se paga de alquiler por cada legua o jornada por una cabalgadura o carnero de la tierra.

82. Cuánto se paga a cada indio, caminando con las cabalgaduras o sólo por guía.

83. Si hay algunos despoblados, y en qué distancia del pueblo.

84. Si están en el camino real los despoblados.

85. Cuántas leguas de ancho y largo tiene el despoblado.

86. Qué dificultades y peligros se pasan por él.

87. Qué prevención se lleva para las personas y cabalgaduras en el despoblado.
88. De qué cosas se carece en el despoblado.
89. Cuántas ventas hay en los caminos del despoblado y términos del pueblo.
90. Qué recuas de mulas y caballos hay en el pueblo.
91. Qué trajinan, y a dónde con ellos, y si los trajineros son indios o españoles y de otra nación.
[...]
96. Cuántos mesones o tambos tiene este pueblo para hospedar y recibir a los caminantes.
97. Quién provee lo que es necesario en los tambos.
98. Quién sirve y da recaudo en ellos.
99. Si se dan por arancel y a qué precio las cosas que se gastan en el tambo. (Francisco de Solano: 1988, 99-100)

Se advierte en el articulado la emergencia de lo que ha sido denominado por Glave (1989) el "espacio de la trajinería", esto es, un espacio físico y económico, pero también cultural, puesto que fue en él donde predominaron –para el Perú– las formas andinas de circulación, comunicación e intercambio. La administración colonial incorporó el sistema precolonial de tambos, correos y caminos reales, los que luego de una etapa de destrucción, a fines del XVI fueron nuevamente controlados por los curacas. El cuidado de los tambos y caminos se efectuó mediante el sistema de reciprocidad andina; ello significaba un control del espacio por parte de los indígenas, del que el *Cuestionario* de 1604 se hace eco inquiriendo por aspectos explicables en el marco de las discusiones que tienen lugar hacia fines del XVII, referidas al servicio indígena.

Además, en este Cuestionario surge por primera vez la figura del *caminante*. Su mención está señalando la importancia de este grupo, que junto a los guías y trajinantes conforman la población itinerante del virreinato. Constituirían franjas de heterogeneidad social, en la medida en que el tránsito obligaba a la convivencia entre indios y no indios, muchas veces a través de espacios controlados absolutamente por los andinos, como las punas o "despoblados". En los relatos de *caminantes* por el virreinato del Perú se advierte la dependencia de éstos con respecto a los guías indígenas. Estos relatos habrán de ocuparse, además, de anotar cuidadosamente el itinerario seguido, de los puntos de desvío del camino real, de las jornadas que demandaba transitar los despoblados, las dificultades y peligros de la marcha y las distancias entre los tambos.

"Mandar hacer": la escritura por mandato

Pocos años antes de que se publicara la "Instrucción y Memoria", el 3 de julio de 1573 se promulgaron las *"Ordenanzas e instrucciones reales, relativas a las personas que estaban obligadas a hacer las relaciones que se solicitaban, materias sobre las que debían informarse y orden y forma como debían ejecutarse"*. Constan de 135 capítulos y fueron distribuidas entre las autoridades civiles y eclesiásticas de las Indias Occidentales.[10] Su contenido puede subdividirse en tres grupos; en el primero se especifica quiénes están obligados a efectuar averiguaciones destinadas a la confección de relaciones, en el segundo se delimitan las materias acerca de las cuales habrá de informarse, y en el tercero el modo y orden que debía seguirse para la redacción. En el primer grupo se insiste en la necesidad de cumplir con el circuito de delegaciones –"dandola y enbiandola los ynferiores a los superiores hasta q~ vengan al nro Consejo y ante nos"–; para ello, se especifica entre "Las personas a cuyo Cargo incumbe mandar hazer" y "La segunda manera de personas son a quien por Razon de su Offio-, y/ ministerio particular qtienen/incumbe la executcion de Hazer las dhas, aueriguaciones ydescriptiones" (Torre Revello: 1941, 8). A su vez, las personas que mandan hacer y las que hacen se subdividen entre aquéllas que viven en Indias y aquéllas que están en el Consejo. Otra delimitación corresponde a quienes participan del orden temporal y quienes pertenecen al orden eclesiástico.[11] Por su carácter general y por incluir a aquéllos que habrán de conformar el rol del caminante, interesa citar la ordenanza nº 13:

/13 Qualquiera de nros subdictos evasallos q estuuieren eresidieren o anduuieren porqualquiera parte delas Indias q supieren y entendieren las Cosas deellas les encargamos y mandamos qHagan Relaciones ciertas y verdaderas ylas embien ante nos, al nro Consejo o a las Audiencias, y chancillerias delas Indias,

---

[10] Señala Alvarez Peláez (1988, c): "Las Ordenanzas buscan el establecer permanentemente el sistema de registro de información que el Cuestionario de 1577 intenta conseguir en un período determinado de tiempo, y establecen además las premisas teóricas sobre las que se basa el sistema de búsqueda de información. El Cuestionario de 1577 es la vertiente práctica de esa acción".

[11] Obsérvese, por ejemplo, la minuciosidad con la que se detallan los cargos de quienes pertenecen al orden eclesiástico:

"/5 Los Arçobispos, Obispos, abades Arciprestes Vicarios Juezes ecclesiasticos Curas y ministros de doctrina por Razon desus dignidades y officios deuen mandar hazer yHagan aueriguacion y descripcion de sus Arçobp.dos Obispados, Abadias, Arciprestasgos Juzgados parrochias ydoctrinas ydelo enellas contenido y perteneciente asu officio.../

/6 Los prouinciales priores Guardianes y Bicarios delas religiones deuen mandar hazer yHagan, aueriguacion y description desus proui.as prioratos guardianatos Vicarias monasteryos y pueblosy cabeçeras y subjectos desu predicacion, administracion y bisita para ..." (Torre Revello: 1941, 9).

olas den, a los nros gouernadores pa q nos las embien deque Rescibiremos mucho seruio. esegun el que enesto nos hizieren les mandaremos hazer gratificacion y merce[d]. (Torre Revello: 1941, 10)

Se señala de esta forma un aspecto importante –por otra parte ya apuntado por Jiménez de la Espada– consistente en la dación de mercedes a cambio de información. Esta ordenanza, además, posee la particularidad de no referir específicamente a ninguno de los roles sociales que conforman el orden temporal o el espiritual, con lo que implícitamente considera informantes válidos a todos los funcionarios y a cualquier individuo que conociera por experiencia de vista la realidad colonial. Más allá del improbable otorgamiento de alguna merced, lo que prevalece es, pues, el *mandato* de efectuar información a todos los miembros del grupo letrado. En la ordenanza 132 leemos:

... Ordenamos y mandamos q qualquiera persona decualquier estado y condicion q sea q en qualquiera parte delas Indias, O en estos nros Reynos tuuiere, officio deJurisdiction, O administracion, O de qualquiera, Otra Comision tocante/alas Cossas delas Indias haga muy diligente aueriguacion ydescripcion detodo lo q incumbe ypertenesce Asu Officio yCargo y nos den Relacion de todo ello ydelo q en execucion yCumplimiento delo q es a su Officio y Cargo huuiere Hecho y Cumplido ydelo q sedeue hazer para Cumplir con el bien publico a q se endereça El dho/officio y sugouernacion jurisdicion y Administracion La qual Relacion senosde según desuso muchasVezes esta dho dandolaprimero aus superiores inmediatos para qla embien/antenos, ysitambienla quisieren embiar inmediatam.te antenos, al nro Consejo loresceuyremos enseruicio y madamos q azy lo hagan ycumplan enCada Un año sopena del tercio del salaryo O quitacion q denos lluaren porel primer, año q faltaren yporel segundo detodo elsalario epriuacion delofficio yq sin mas citar ny, aperceuir le embiaremos succesor qlosiruaensulugar. (Torre Revello: 1941, 41)

Walter Mignolo (1989, 457) ha analizado la situación y estructura comunicativa que plantean las Relaciones de Indias, específicamente en la "Instrucción y de las relaciones que se han de hacer" y en la "Memoria de las cosas que se ha de responder" de 1577. En cuanto a los roles textuales, "Su Majestad" es el destinador del mandato, es quien manda hacer pero no quien escribe; en el otro extremo, quien escribe la respuesta, generalmente el escribano, no es el destinador de ella, los destinadores son quienes declaran ante él. Se conforma así un circuito de *delegación de la palabra*, aspecto éste emblematizado en la figura del escribano. Se trata de una "estructuración jerárquica de la situación comunicativa" caracterizada como un *mandato*; éste presupone la existencia de mediadores, que son quienes contribuyen con su presencia a acentuar la jerarquía. Según se encuentren en el recorrido "descendente", esto es de "Su Majestad" a los "curas y religiosos" –destinatarios, en este recorrido–, los mediadores (virreyes, audiencias, gobernadores, etc.) ocupan una posición jerárquica superior a los destinatarios. Además, en este momento los mediadores *actualizan el mandato* ("dan para ordenar", es decir, reciben de un superior y dan a un inferior). A la inversa, cuando el recorrido de las respuestas es "ascendente", los mediadores ocupan una posición jerárquica inferior a la del destinatario del recorrido (el Consejo de Indias, "Su Majestad"); reciben de un inferior y dan a un superior para cumplir con lo ordenado. Otro aspecto que, según este crítico, torna más compleja la situación comunicativa planteada, refiere a la presencia de lo que en términos de la semiótica greimasiana se denomina *enunciación enunciada*: un conjunto de enunciados que obran como instructorio acerca de la forma que habrá de adquirir la comunicación:

> Primeram[en]te, en un papel aparte pondrán, por cabeça de la relación que hicieren, el día, mes y año de la fecha della, con el nombre de la persona o personas que se hallaren [presentes] a hazerla, y el del gobuernador u otra persona que les vuiere embiado la dicha instruction. Y, leyendo attentamente cada capitulo de la memoria, escriuiran lo que huuiere que dezir a él en otro capítulo por sí, respondiendo a cada vno por sus números, como van en la memoria, vno tras otro. Y, en los que no huuiere qué decir, dexarlos han sin hacer mención dellos, y passaran a los siguientes hasta acabarlos de leer todos y responder lo que tuuieren que dezir: como queda dicho, breue y claramente, en todo affirmando por cierto lo que fuere y, lo que no, poniendolo por dudoso; de manera que las relaciones vengan ciertas, conforme [a] lo contenido en los cap[ítu]los siguientes. (Jiménez de la Espada: 1965, I, 86)

La necesidad de organizar la información lleva así a reglar el modo en que debía ser canalizada, estableciéndose para ello, en esta "situación comunicativa enunciada", los roles sociales y textuales y los pasos a seguir en el recorrido comunicativo. Esta tarea debió llevarse a cabo con extremo rigor también al recibirse en el Consejo las Relaciones; Jiménez de la Espada (1965, I, 48) da cuenta de varios elementos paratextuales: "1º el rótulo que acusa su procedencia, *Relaciones del tiempo de la visita*; 2º unos cuantos renglones a la cabeza o al pie, dirigidos al visitador, unas veces con expresión de su nombre, otras con tales señas, que no hace falta expresarlo; y 3º una nota al principio, al fin o en papel aparte, de los pueblos que se describen, con sus distancias".

Los informantes nativos

En el primer grupo de Ordenanzas referidas a las "personas que por razón de su cargo están obligadas a hacer descripciones y Relaciones" se señala explícitamente la presencia de informantes nativos:

7 Los nros Visorreyes, Presidentes Audiencias e chancillerias E los gouernadores, alldes mayores corregidores alldes, ordinarios concejos despañoles ydeindios y los caciques yprincipales dellos cadavno ensu Jurisdiction y districto deuen mandar hazer y hagan la dha Aueriguacion y descripcion. (Torre Revello: 1941, 9)

Queda, de este modo, perfilado el espacio de interacción verbal entre "españoles" e "indios" en las Relaciones. En efecto, debió haber sido, por la índole del mandato y por la situación que suscitaba, un acto verdaderamente crucial en la vida de una comunidad. Se trataba, nada más y nada menos que de reavivar la memoria del pasado, de recrearla incluso, para los nativos, y para los españoles de reafirmar su posesión. Más aún, el hecho de que la elaboración de las respuestas supusiese el tránsito de la memoria oral a la escritura, debió significar para aquellos un gesto de afirmación de los modos de concebir lo espacial, lo temporal y lo étnico, en pugna con los parámetros occidentales que el cuestionario expresa. Este tipo de información forma parte de ese sector de la "literatura alternativa" que Lienhard cataloga como testimonios indígenas generados en el marco de las instituciones jurídico-administrativas coloniales. Las probanzas y las informaciones producidas con motivo de las visitas civiles o eclesiásticas dejan entrever –a pesar de no ser transcripción directa sino mediatizada por un escribano– la huella de la mentalidad indígena y sus relaciones con la cultura europea en el orden colonial. Constituyen, según Martin Lienhard (1992, 48), "... el grado cero de la literatura alternativa: el discurso indígena entra en la cultura escrita occidental por la puerta de servicio".

En el encabezamiento de la "Descripción de la tierra del repartimiento de los rucanas antamarcas de la Corona real, jurisdicción de la ciudad de Guamanga. Año de 1586" (Cfr. Jiménez de la Espada: 1965, I, 237), se observa la intervención de una cantidad considerable de personas. Por parte de los "españoles" se designan cuatro individuos: el corregidor de la provincia, el cura del pueblo y dos clérigos; por parte de los andinos se hallan presentes nueve personas "y otros principales e indios". De aquellos cuyos nombres se registran, dos son "ladinos" y siete conforman el grupo de curacas y principales. Se anota que oficiaron de *lenguas* Juan Alonso de Badajoz, "mestizo", y "don Pedro Taypimarca, indio ladino en la lengua española". Sólo recientemente se ha señalado la importancia de este grupo en la sociedad colonial y su papel activo como agente mediador entre españoles e indios. Rolena Adorno (1992, 369) ha identificado algunos de los papeles sociales de los llamados "ladinos", destacados en textos peruanos, como ejemplo de las posiciones múltiples que pueden existir en un solo sujeto colonial indígena, culturalmente mestizo. "Indio ladino" era el individuo que tenía conocimiento de la lengua y las costumbres españolas, pero no era representante de un solo grupo étnico o de una sola clase social; cumplió funciones importantes en las visitas eclesiásticas y de extirpación de idolatrías; fue también peticionante[12] e informante en el ámbito de la administración colonial. A través del testimonio que ofrece, por ejemplo, Guamán Poma de Ayala, se advierte la diversidad de opiniones acerca de este personaje; valorado por algunos por su defensa de los indios ante los abusos de doctrineros o corregidores, fue igualmente objeto de desconfianza o de odio, según el juicio de otros que percibían su actuación como oportunismo o traición (Adorno: 1992, 393-94). Los nombres de estos controvertidos personajes, así como los de los curacas[13] que intervinieron en la elaboración de la Relación de Rucanas Antamarcas, están presentes en la obra de Guamán Poma.[14]

Cabe señalar, por otra parte, la incidencia de la participación de los andinos en el caso que tomo como ejemplo; de las veintinueve preguntas que conforman la Relación, aproximadamente quince son respondidas por los indígenas, nueve parecen ser información compartida por ambos grupos y sólo cinco podrían ser respondidas exclusivamente por españoles. En efecto, las informaciones relativas a repartimientos, doctrinas, distancias entre poblados, caminos y cuestiones referidas a la administración colonial son provistas por los españoles, pero la enorme información que supone el conocimiento de la tierra, la agricultura, los hábitos, modos y medios de vida, religión, etc., provienen de los andi-

---

[12] Rol que se destaca en la *Nueva coronica e buen gobierno*. Señala Guamán Poma (1992, 493 [497]), quien a su vez actuó en las campañas de extirpación de idolatrías de Cristóbal de Albornoz en los años 1566 y 1570 (Duviols: 1977, 284): "Que los dichos coregidores y padres y comenderos quieren muy mal a los yndios ladinos que sauen leer y escriuir, y más si sauen hazer peticiones, porque no le pida en la rrecidencia de todo los agrauios y males y daños. Y ci puede, le destierra del dicho pueblo en este rreyno".

[13] Con respecto al "curaca" o cacique principal se ha destacado también su posición compleja: "Su ubicación central en el manejo de la dominación colonial es bien conocida. Por su delicada actuación entre dos mundos, por su impostergable presencia como agente de la extracción despótica de recursos, pero también por su papel de representante y retenedor de la colectividad dominada que buscaba reproducirse, ha sido un personaje polémico. La historia andina lo presenta en un primer momento como un hombre del mundo indio, asimilado al sistema económico y político colonial, que eventualmente podía tener éxito en su gestión como agente de una sociedad alternativa y nueva, como podía fracasar en una bastardización cultural y económica o en su ruina económica y moral. Cuando se cristalizaron las corporaciones cerradas llamadas comunidades, dejaron su calidad de elite propia para pasar a ser parte de los nuevos mestizos o *mistis* como se les conoce en el mundo campesino" (Glave: 1992, 19).

[14] "Otro tiniente de corregidor mestizo, en el repartimiento de los Soras, en este año de 16[0]8 estaua un principal llamado don Pedro Taypi Marca en el pueblo de Llallcaya, muy enfermo, A este dicho cacique le rrondaüa de noche y buscaua toda su casa y cocina y despensa. A unas indias mitayas le achacó, deziendo questaba amansebado". (Guamán Poma de Ayala: 1992, 518 [522]).
Este personaje, así como los otros que figuran en la relación de 1586 de los Rucanas Antamarcas, han sido identificados por Rolena Adorno en la *Nueva coronica* (Guamán Poma de Ayala: 1992, 495 [499], n. 1 y 2).

nos; a ello debe sumársele la incorporación al texto de un sinnúmero de vocablos quechuas. A la presencia activa de los nativos como informantes debe atribuirse la persistencia de una concepción del espacio que confronta con aquella que el modelo del Cuestionario pareciera imponer, en consonancia con las reformas introducidas durante el gobierno del virrey Toledo. Se dice en la Relación:

> ... en la dicha visita de los indios se redujeron en pueblos en las partes que pareció más cómodas a los visitadores y parece que serán permanentes, por haber en ellos lo necesario para el sustento de los indios, puesto que algunos que fueron reducidos de dos leguas y de una legua, siempre se quejan, diciendo que en sus pueblos viejos tienen sus sementeras, que ellos dicen chacaras, y que les da mucho trabajo illas a beneficiar. (Jiménez de la Espada: 1965, I, 238-39)

Se alude a la visita general efectuada por orden de Francisco de Toledo entre 1570 y 1575. En el proceso de desestructuración del orden precolonial incidieron profundamente la reforma de las tasas tributarias, la mita, las reducciones; éstas últimas, sobre todo, alteraron la antigua funcionalidad andina del espacio. Tales circunscripciones ofrecían para el sistema colonial una solución fiscal al facilitar el cobro de los tributos, pero dificultaban grandemente el acceso a las tierras de cultivo por parte de la población autóctona. Las reducciones fueron ideadas, además, para imponer la evangelización destruyendo los cimientos de la religiosidad andina, definida por su "localización", es decir, por el culto a los muertos y a las *pacarinas*, o lugar originario de cada *ayllu* (una piedra, un río, un árbol, etc.). El culto, ligado a la tierra y a los antepasados, implicaba una relación inmediata y permanente con el lugar en que se hallaban depositados los *malquis*, a quienes se ofrecían sacrificios propiciatorios de buenas cosechas. Los cuerpos debían permanecer en los *machays*, grutas o lugares resguardados, y bajo ningún concepto debían ser trasladados o enterrados bajo tierra, ya que de ese modo se los "mataba", aunque no se eliminaba su poder maléfico. "Por lo tanto, el culto a los muertos reposaba sobre la permanencia de los grupos de población en torno a los objetos inmutables de esos cultos. Si se separaba a los indígenas de los objetos de su culto, toda manifestación ritual sería imposible" (Duviols: 1977, 319-20). La resistencia a abandonar sus tierras llevó en algunos casos a que las autoridades coloniales decidieran destruir o quemar esos poblados, para obligar a los indígenas a habitar en los pueblos de planta española, con plaza central y distribución en damero, de acuerdo con las directivas de Toledo (Pease: 1978, 166). Un efecto de la imposición de este nuevo ordenamiento espacial puede apreciarse en la respuesta número trece, en la que los nativos declaran no saber o no conocer el origen de las denominaciones de algunos pueblos:

> El pueblo de *San Xpval. de Sondondo* no saben los indios por qué respecto se llamase así, ni saben qué derivación tiene. El pueblo de *San Pedro de Chipao* tiene este nombre por un cerro grande que está junto al pueblo, que

le llaman *Chipao*, y no saben decir otra razón ni claridad.(...) *San Pablo de Páras* no saben los indios por qué razón se dijo así. *San Pablo de Chicalla* no saben los indios por qué se llamó así, mas que *chicalla* quiere decir "basta", como "no echéis más", o "no hay más". (Jiménez de la Espada: 1965, I, 240-41)

En este fragmento se aprecian dos cuestiones: por una parte, en orden a la nominación de los pueblos se da el encuentro de dos tradiciones: la española, centrada en el santoral, y la amerindia basada en un tipo de motivación lingüística que consiste en relacionar un lugar con un accidente o particularidad del terreno, que lo distingue e identifica. La segunda cuestión pone en conflicto dos mentalidades en relación con la motivación semántica: la *ratio* occidental busca una etimología que, obviamente, el andino no concibe dentro de esos parámetros. De tal modo, lo que en la Relación se lee como "no saben" es significativo del problema que entraña la interacción verbal; pero puede entenderse también como un principio de resistencia activa, a nivel lingüístico, a ceder al reduccionismo de un interrogatorio basado en la concepción espacial administrativa del colonizador. En el mismo sentido puede interpretarse el *secreto* que supone la respuesta a la pregunta veintiséis: "No se saben en lengua española el nombre de estos arbolillos ni los indios quieren decir las yerbas que tienen venenosas, si tienen algunas; antes dicen que no las hay ni saben que cosa sea" (Jiménez de la Espada: 1965, I, 246).[15]

---

[15] Otra de las Relaciones que constituyen un ejemplo del importante papel que cupo a los nativos como informantes es la "Relación de la Provincia de Collaguas para la descripción de las Indias, que su Majestad manda hacer". Responde al interrogatorio de 50 capítulos y data de 1586; su particularidad se basa en el número de informantes: diecisiete "caciques principales y segundas personas" de las parcialidades Hanansaya, y Hurinsaya de las provincias de Yanqui Collagua, Yanqui, Lare Collagua, Cavana Conde y Cavana. Se destaca la presencia de Diego Coro Inca: escribano, lengua y maestro (otro de los papeles cumplidos por el indio ladino); cuatro curas doctrineros, el corregidor de Yanqui Collagua y otro escribano. La mayoritaria presencia de los andinos incide en la calidad y cantidad de la información brindada. En primer lugar, se destaca la preeminencia del orden espacial-simbólico que expresan los principios "hurin" y "hanan"; en segundo lugar, el matiz narrativo que adquieren segmentos específicos; así, por ejemplo, la respuesta al capítulo primero, en la que se inquiere por el nombre de la región, aporta un mito de origen que encauza aspectos constitutivos de la religiosidad andina: el culto localizado en una montaña nevada revela la compenetración entre el hombre y la naturaleza; el capítulo 13 aporta información referida al sistema de parentesco y las formas de sociabilidad, los capítulos 14 y 15 abundan acerca de aspectos de la organización del incario. La vida social, política y religiosa, las confluencias con el espacio y el tiempo hacen de esta Relación una de las más importantes de aquéllas conformadas con el aporte indígena (Cfr. Jiménez de la Espada: 1965, I, 327).

Las Relaciones de Indias en sus variantes textuales

Una situación comunicativa tan reglada como la que acaba de describirse debería haber dado por resultado un tipo de texto más bien uniforme en cuanto a su estructura, conclusión que queda desmentida al observarse considerables variantes en sus realizaciones. En algunos casos es evidente la presencia del "modelo" ideado por Ovando y Godoy, bajo la forma de respuestas numeradas; en otros no se ha seguido el orden establecido por los capítulos tal como se indica en la Instrucción, dando como resultado un texto modelado según la temática que se desea valorar (la ciudad, el itinerario, las costumbres de los naturales, etc.). Influye también la calidad del deponente, su lugar en la sociedad colonial, la condición de persona lega o religiosa, el lugar en el que se efectúa la Relación. En muchos casos, la presencia de informantes nativos sugiere una disposición particular. Así, pues, habrá que considerar la mediatización que representa el traductor, sus lazos con los otros miembros, tanto como las intervenciones de los curacas e indios principales, individuos todos comprometidos con ambas sociedades, en relaciones generalmente problemáticas; por otra parte, las coyunturas socioeconómicas emanadas del orden colonial seguramente influyeron en la mayor o menor disposición para declarar por parte de los nativos. Todos estos aspectos inciden para que las Relaciones puedan asimilarse al modelo de la epístola, el memorial, o adquiera la forma de una declaración jurada.

Lo que me interesa señalar, más allá del terreno de las diferencias tipológicas, es la existencia de una *retórica descriptiva* que impregna textos que, sin adecuarse absolutamente al modelo del cuestionario, reponen idéntica mirada descriptora, como consecuencia de una política estatal en el ámbito de una situación colonial. Dos casos pueden servir de ejemplo, el de un religioso y el de un miembro de la burocracia colonial.

Los jesuitas, en el marco de una rica tradición escrituraria, tenían como norma el comunicarse entre sí mediante informes, generalmente anuales, denominados *cartas anuas*, *letras anuas* o simplemente *anuas* (Altuna 1998). De modo que, en este contexto, puede señalarse la presencia de un doble mandato: el que les cabe como "personas religiosas" según ordenanzas y cédulas reales, y el que debían acatar dentro de la estructura jerárquica de la Orden. El misionero Alonso de Barzana se dirige al Provincial del Perú, Padre Juan Sebastián, en carta fechada el 8 de setiembre de 1594, en Asunción, para darle cuenta de los frutos de la evangelización. El texto, pues, no responde a la estructura por capítulos de los cuestionarios, sino al modelo de la epístola (encabezamiento, fórmulas que instalan el tipo de relación con el destinatario, materias que se tratan, cierre (Goic 1992). Por tratarse de un tipo específico de epístola se conforma, al igual que con las Relaciones, un circuito de delegación de la palabra que refleja la estructura jerárquica de la Orden. El mandato de escritura es mencionado en dos oportunidades:

> ... recibí una [*carta*] de V.R. en que me significaba le daría gusto y a toda esa Provincia, que diese [yo] cuenta particular de las cosas de todas estas partes, de todos los indios de ellas y de sus cosas, como del fruto que, por medio de la Compañía, nuestro Señor ha hecho y hace en ellas. [...] Pero vayamos a la nación Guaraní y digamos, conforme al orden de V.R. de su religión, gobierno, costumbres, vestidos, comidas, cantos y lo que, por medio de la Compañía, Nuestro Señor ha hecho hasta agora y esperamos hará en adelante. (Furlong: 1968, 81)

Vemos así entrecruzarse los dos mandatos, pues se le ordena a Barzana que refiera tanto los aspectos que hacen a la vida y costumbres de los naturales, como los específicamente religiosos. Lógicamente, hay una selección encaminada a abundar en aspectos de la evangelización ("... tomaré en ésta por principal asunto el primer punto que V.R. desea saber de la religión, sujeción y costumbres de los indios de estas dos provincias ..."). Seguidamente, Barzana inicia su descripción demarcando los límites de la Provincia según el orden espiritual; tal como se especifica en las Ordenanzas, indica las ciudades pobladas de españoles y los pueblos de indios encomendados, ubicándolos de manera general. Un punto al que otorga especial atención, en el marco de la descripción de los naturales, es el de las lenguas indígenas y las zonas de influencia de las mismas, especificando si han sido reducidas a "arte y vocabulario". No soslaya ninguno de los aspectos acerca de los cuales se solicitaba "entera relación": religión o culto, forma de gobierno, guerras, sucesión, modo de vivir, comidas, mantenimientos, vestimenta, vivienda. En cuanto a las cuestiones geográficas, registra la existencia de ríos, el tipo de tierra y de accidentes, los cultivos, frutos, peces, animales y aves. Naturalmente, su carta no es rigurosa en cuanto a detalles; de su lectura se obtiene una información de carácter general referida a la Historia Natural, subordinada a la Moral. El centro de interés, en este caso, lo constituye la relación hombre-hombre (específicamente, indígena-religioso); de allí la importancia de la carta del jesuita, que provee detallada información de carácter etnográfico. Hay, por otra parte, zonas textuales específicamente narrativas, con rasgos de tipo autobiográfico; ciertamente, no encontraremos en estos segmentos al yo subjetivo, sino al yo enfrentado al mundo (Merrim 1986); son antes bien núcleos pequeños modelados como "casos", a los que se suman propuestas personales, de crítica a las costumbres o de pareceres que se deberán tomar en cuenta, todos ellos sustentados en el valor otorgado a la experiencia como criterio que rige el carácter de veracidad del texto y que, a la vez, habilita las propuestas. En suma, lo que la carta del Padre Barzana deja ver es, en el plano de la tipología discursiva, el entrecruzamiento de la Relación con la epístola; en segundo lugar, es evidente que, si bien el orden de la representación no se ajusta a un cuestionario, están prácticamente todos los temas presentes. Por último, conviene apuntar que la exposición está determinada por el mandato del superior, quien selecciona el tipo de información en función de los intereses específicos (mandato interno) y generales (mandato externo emanado del Consejo de Indias).

El segundo ejemplo lo provee la carta del Licenciado Matienzo, oidor de Los Charcas. El texto carece de la constricción que señala la presencia del doble mandato, en la medida en que el rol social que cumple lo faculta para mantener una correspondencia fluida, sin mediaciones. Señala así:

> C.R.M.- Como por otras tengo escrito, no tengo de dejar de avisar a V.M. de las cosas que me parecen necesarias o provechosas para la conservación desta tierra y en servicio de Dios y de V.M., hasta que vea respuesta de alguna de muchas que tengo escritas y expreso mandato de V.M. que no lo haga. (Jiménez de la Espada: 1965, II, 71)

Seguidamente, Matienzo explicita su propósito: proveer información acerca de los cuatro puertos que podrían descubrirse y cuál de ellos es el más conveniente, con el fin de lograr una vía de comunicación más directa y ventajosa económicamente con España (Assadourian: 1992, 43). Especifica la ruta, jornada por jornada, señalando los diferentes puntos que habrán de unirse ("Y porque vea V.M. la disposición de la tierra, pongo aquí las jornadas que hay ..."). Se configura entonces un *itinerario*, que ocupa gran parte del texto y que diseña un "mapa" del Tucumán. Ese mapa se despliega –y en ese orden es leído– a partir de un centro neurálgico, La Plata, hasta la cabecera de la gobernación: Santiago del Estero. Corre, por lo tanto, de norte a sur, diseñando un territorio posible mediante la sobreimpresión de una ruta, aún imaginaria, por sobre los caminos del incario. La segunda parte de la carta propone un programa de fundaciones para asegurar la vía de comunicación. Dado que la carta está datada en 1562 nos encontraríamos en el ámbito de lo que Jiménez de la Espada considera como período de los antecedentes de las Relaciones. Si ello es así, conviene destacar que, efectivamente, la orden de mencionar las distancias influyó en la confección de itinerarios integrados a los capítulos de las Relaciones. Y esto constituirá una característica específica del relato de viaje en el que, tal como ocurre con la carta de Matienzo, el itinerario construido incide en la estructura del texto.

La Relación y el relato de viaje

La "Relación General de las poblaciones españolas del Perú hecha por el licenciado Salazar de Villasante" debió haber sido escrita por orden del licenciado Juan de Ovando; por lo tanto, su fecha de composición puede situarse hacia 1568-1571. La estructura de la Relación está conformada por una presentación y una serie de capítulos o segmentos diferenciados mediante disjunciones espaciales; cada capítulo se nomina según la ciudad o el puerto a describir. De este modo, se diseña un *mapa* donde van apareciendo las ciudades, comenzando por Lima, el centro virreinal. En cada capítulo, por su parte, se tratan las materias acerca de las cuales el Consejo solicitaba información. Sin embargo, puede decirse que el ordenamiento que propone el cuestionario obra como estructura profunda y no condiciona la organización externa.

> Muy ilustre señor: El licenciado Salazar de Villasante, oidor que fui en la Real Chancillería de Los Reyes y ahora lo soy en la de Quito, en el Pirú, digo, que v. md., como Visitador del Consejo de Indias y persona celosa de saber el estado de las provincias del Pirú, pueblos y disposición de cada uno, para dar noticia a S.M., para que, según la disposición, provea lo que más convenga a su servicio y bien de aquel reyno, me mandó le diese una descripción de las partes y lugares que (*así*) yo he estado y tenga noticia de aquellos reynos; y porque yo he sido oidor en la Chancillería de Los Reyes, y fui gobernador y visitador general en las provincias de Quito [...] daré a V.M. la mejor relación que pudiere, ansí de lo que yo anduve, como de lo que tengo noticia, por oidas, de personas fidedignas y de negocios que cada día pasaban ante mi, como oidor. (Jiménez de la Espada: 1965, I, 121)[16]

El encabezamiento despliega el circuito comunicativo de delegaciones y ofrece una imagen interesante del rol social que cumple Salazar de Villasante, quien al haber ejercido cargos de importancia se muestra habilitado para cumplir holgadamente el mandato recibido. ¿En qué fundamenta esta competencia? Se trata del haber visto y oído, desplegado a lo largo del texto en sus variantes verbales. De modo que el ser o el haber sido (oidor, gobernador, visitador) enunciado reiteradamente en el encabezamiento configura el rol social ("y porque yo he sido") y, consecuentemente, el rol textual, que se sustenta en la experiencia personal. Restringiéndonos, por ejemplo, a un sólo segmento, referido al tramo Guayaquil-La Puná, leemos: "que quien no lo ha visto hacer, no lo creerá", "que yo haya visto", "y yo lo he visto todo esto por vista de ojos", "y estando yo", "y yo he visto venir", "y así subí yo con mi mujer e hijos", "Yo he muerto con el arcabuz", "Y así, como quien los ha visto", "y a mí me acaesció". Naturalmente, inciden muchos factores en esta mayor o menor presencia del yo en el texto –la posición frente al destinatario, la situación en que se halla al momento de elaborar su Relación– determinando diferencias entre los textos,[17] que finalmente desmientan la neutralidad requerida por el método de encuesta. En

---

[16] Tomo el encabezamiento de la edición de Jiménez de la Espada (1965, I), que no es reproducido en Ponce Leiva (1991, I).

[17] Lo que permite rebatir la afirmación de W. Mignolo (1987, 458), quien sostiene: "En tan compleja situación comunicativa se pierde toda posibilidad de lucimiento personal en las respuestas ...". Una lectura atenta de las Relaciones recopiladas por Jiménez de la Espada o Pilar Ponce Leiva (para sólo referirme a las correspondientes al virreinato del Perú) posibilita advertir sustanciales diferencias, que suelen ubicarse en las franjas discursivas en que predomina la narración y emerge el yo enunciador.

función de esta preeminencia del yo textual puede decirse que una Relación como la de Salazar y Villasante ofrece coincidencias notables con un texto de viaje escrito unas décadas después, la *Descripción breve del Perú* de fray Reginaldo de Lizárraga. Sin detenerme por ahora en este último, señalaré algunos puntos de contacto:

a) Estructura: la mayoría de las Relaciones responden al expreso pedido de señalar las distancias entre ciudades, pueblos y lugares. A veces se suele encontrar un breve elenco de los mismos con sus distancias, a manera de lista, en una recolección que connota carencia de "cosas notables" o que opera a manera de recuento o resumen recordatorio, procedimiento que volveremos a encontrar en la mayoría de los relatos de viaje del período. Otro procedimiento consiste en señalar las poblaciones y sus distancias, colocando sus nombres en los títulos de los capítulos e inmediatamente después, al comenzar el capítulo, anotando las distancias. Así, indica el oidor: "Desde este puerto de Paita, yendo por la mar, hay a la ciudad de Santiago de Guayaquil 60 leguas, y 6 leguas antes de llegar a Guayaquil está la isla de La Puná ... (Ponce Leiva: 1991, I, 59).

b) Verbos de acción que presentan el tránsito: "... y cuando subimos a El Desembarcadero ...".

c) Presencia del "camino" como referente modalizador del discurso; es un procedimiento alternativo a la lista de poblados y distancias: "De esta ciudad delante, por este camino de la sierra para Los Reyes, no pasé, sino fui por Los Llanos que es todo lo que arriba he dicho, lo cual todo yo anduve y lo vi. Y así, de las ciudades que por este camino hay ... (Ponce Leiva: 1991, I, 98).

d) En el nivel de la tematización, cabe distinguir dos planos que conforman lo describible. Uno está compuesto por todos aquellos elementos acerca de los cuales se requería descripción; se trata de un registro amplio, aunque limitado, de materias. El segundo plano atiende a las "cosas notables"; da relieve al primero en cuanto permite diferenciaciones mayores que el mero registro propuesto por el primer nivel. En este plano ingresaría una carga subjetiva, puesto que es el yo descriptor el que decide acerca de lo notable o curioso, lo cual supone una mayor amplitud temática. Pero, una vez más, volveremos a constatar que se registran idénticos aspectos, lo cual lleva a concluir que la mirada –tanto la de quien responde a un Cuestionario u otra orden del Consejo, como la del viajero– es de carácter social, más que individual. Se trata, en suma, de un modo de mirar la realidad que articula una retórica descriptiva específica.[18] Veamos sólo un ejemplo:

---

[18] Según Ph. Hamon (1991, 15), "El discurso retórico, como también sabemos, es un discurso pragmático (apunta a una directa eficacia social, en el pretorio, en el púlpito, en la asamblea), pedagógico (enseña a adquirir un dominio de la oralidad en público, enumera, establece listas, que quería cerradas, de tropos o de figuras) y normativo (jerarquiza los métodos que registra según una escala

EL DISCURSO COLONIALISTA DE LOS CAMINANTES 39

> Esta ciudad de Guayaquil es muy cálida [...] No se da en ella ni en 30 leguas hacia Quito trigo [...] todo lo que se come, así españoles como indios, es maíz hecho tortillas ... El agua de este río es la mejor que hay en las Indias y entiendo que en el mundo, y si se beben un cántaro de agua, no se siente de la gran delgadeza de ella. Esto es de su natural, más allende de esto, le acompañan y ayudan otras accidencias que la hacen mejor; lo uno, que viene siempre por la zarzaparrilla y de un cabo y de otro de las riberas es todo zarzaparrilla muy mejor que la de la Nueva España. Está tan tenida esta agua de este río, que todos los/que se quieren curar de las bubas en todo el Perú se vienen a Guayaquil, por amor del agua venir por zarzaparrilla, que sólo el agua les sana sin sudores ... Y yo he visto venir a se curar de las bubas 600 leguas que están Los Charcas ... (Ponce Leiva: 1991, I, 61-62)

En Lizárraga, leemos en el capítulo V: "Del pueblo de Guayaquil":

> Tiene [el pueblo] dos o tres excelencias notables: la primera, la carne de puerco es aquí saludable, las aves bonísimas, y sobre todo el agua del río, particularmente la que se trae de Guayaquil el Viejo, que es donde se pobló este pueblo; van por ella en balsas grandes, en una marea, y vuelven en otra; dicen esta agua corre por cima de la zarzaparrilla, yerba ó bejuco notísimo en todo el mundo por sus buenos efectos para el mal francés, ó bubas por otro nombre, las cuales se verán aquí mejor que en parte de todo el orbe, y sana muy en breve los pacientes, dejándoles la sangre purificada como si no hobieran sido tocados desta enfermedad, con solo tomarla por el orden que allí se les manda guardar; empero si no se guardan por lo menos seis meses, tornan a recaer; yo vi un hombre gafo en un valle distrito de Quito, llamado Riopampa, que no podía comer con sus manos, y lo pusieron en una hamaca para lo llevar á que se curase en este pueblo, y dentro de seis meses le vi en Los Reyes tan gordo y tan sano como si no hobiera tenido enfermedad alguna, y otros he visto volver sanísimos; suficiente excelencia para contrapeso de las plagas referidas. No se da trigo en este pueblo, mas dase maiz muy blanco ... (Lizárraga: 1916, I, 47)

La extensión de las citas de ambos textos permite advertir sus coincidencias en la elección de los temas y su tratamiento. En primer lugar, llama la atención que se haga referencia a algo que no se produce en la zona, como es el caso del trigo.[19] Luego, cuando se trata de des-

---

de valores, según una serie de prescripciones y de proscripciones moduladas)". Los rasgos pragmáticos, pedagógicos y normativos impregnan la descripción, y sus prescripciones encuentran un cauce, durante este período, en los diferentes cuestionarios y ordenanzas emanados del Consejo de Indias. La actualización de las reglas que condicionan los procesos de selección y valoración en la descripción se observa en distintos tipos de textos producidos en situación colonial. En la construcción social de esa mirada confluyen una serie de nociones provenientes de diferentes disciplinas, tamizadas por el proyecto ideológico imperial.

[19] Ambos, no obstante, han de destacar que esta carencia es subsanada por el maíz. A continuación, lo que Salazar de Villasante acentúa es que "así españoles como indios" comen de él, en tanto que Lizárraga opta por invertir absolutamente el sentido de la carencia inicial: el pan que se hace de maíz "es mejor y más sabroso que el de nuestro trigo". A partir de aquí habría que comenzar a observar los contenidos semánticos de *españoles-indios* y los pronombres que los aluden, en relación con el lugar que se otorga a sí mismo el sujeto descriptor.

cribir las propiedades curativas del río —aspecto que, ciertamente, integra el elenco de "cosas notables"— se produce la apertura del texto hacia una franja testimonial en la que el yo descriptor pasa a narrar alguna anécdota o caso que certifica las propiedades que se acaban de mencionar. El pasaje de lo descriptivo a lo narrativo atiende a lograr credibilidad por parte del lector.

En suma, la lectura de estos fragmentos muestra las semejanzas y diferencias en la conformación del yo textual y en los mecanismos de organización y registro de lo decible. El hecho de que las primeras sean mayores que las segundas puede llevar a adelantar dos conclusiones: la primera es que la existencia del mandato tuvo tal divulgación entre los grupos letrados de la colonia, que impregnó los primeros relatos de viajes realizados por el interior del virreinato, los que debieron haber sido ofrecidos como respuesta al mandato emanado del Consejo. La segunda es que debió producirse una paulatina estandarización de lo describible, conformándose al paso del tiempo una retórica más o menos fija.

Un diseño regional

En este punto, analizaré tres textos, referidos a la región del Tucumán, con el objeto de observar cómo se va diseñando paulatinamente una geografía en la escritura grafemática. La "Relación de las provincias del Tucumán, por Diego Pacheco"[20] está dirigida al licenciado Lope García de Castro y puede datarse hacia el año 1569 (Jiménez de la Espada: 1965, II, 387). El encabezamiento, la mención a comunicaciones anteriores entre destinador (Pacheco) y destinatario ("V.S."), así como la vaga alusión a los "muchos y diversos gobernadores" acerca el texto al género epistolar. Inicialmente se nombran las ciudades y los enclaves indígenas; la coexistencia de nombres españoles e indíge-

---

[20] Diego Pacheco actuó como gobernador y juez de comisión en el Tucumán entre 1567 y 1569; reemplazó por orden del gobernador del Perú Lope García de Castro a Francisco de Aguirre, destituido y apresado luego de una sublevación en su contra. En agosto de 1563, por cédula de Felipe II se creó la gobernación de Tucumán, que incluía las Provincias de Juríes, Diaguitas y Comechingones, regiones que fueron sustraídas de la jurisdicción de Chile que las reclamaba para sí, y puestas bajo la dependencia directa de Lima y Charcas. Es un momento en que se definen las jurisdicciones y se ensayan estrategias fundacionales para consolidar la conquista, dominando a los pueblos indígenas de la región y expandiendo la ocupación por varios rumbos. El antecesor de Pacheco, Francisco de Aguirre, había esbozado un plan de fundaciones hacia el sur buscando una ruta hacia el Atlántico; llegó a hacer viajes de reconocimiento. La obra de Pacheco se dirigió sobre todo a restablecer el orden en Santiago del Estero, luego de los tumultos generados tras la partida de Aguirre. El primer párrafo de la Relación contiene una alusión muy general al contexto político del Tucumán. (Cfr. Levillier 1955).

nas no obsta para que notoriamente los primeros aparezcan como marca de posesión sobre los segundos (encauzada por medio del determinante "en"):

> Hay en estas provincias tres ciudades pobladas por diversos gobernadores, las cuales son *Santiago del Estero* en los *Juries* y *San Miguel de Tucumán* que participa de servicio de *Diaguitas* y confines de *Juries*, y la ciudad de *Nuestra Señora de Talavera*, que también son indios *Juries*, aunque diferentes de lengua y en alguna manera en la nación y vivir se diferencian en el traje. (Jiménez de la Espada: 1965, II, 386)

Más de la mitad de la Relación es una descripción pura; cinco párrafos están regidos por el verbo *haber* en posición inicial. Esta iteratividad produce un efecto de fijeza que tiene consecuencias en orden al sentido, ya que lo nominado inmediatamente después son las ciudades. Sin embargo, el sentido no se haría presente si no se sumase al elenco de nombres un elemento de cohesión; en este caso se trata de la distancia entre cada centro poblado, con lo que al progresar en la lectura se obtiene un *camino*:

> Hay desde Santiago del Estero a San Miguel de Tucuman veinte y cinco leguas hacia el Poniente. Hay de Santiago del Estero a Nuestra Señora de Talavera cuarenta y cinco leguas, camino del Perú y el que al presente se anda, y está sentado a la parte del Norte. Hay desde Potosí a Nuestra Señora de Talavera ciento y cuarenta leguas, poco más o menos. Hay desde Potosí a Santiago del Estero ciento y ochenta y cinco leguas, pocas más o menos. (Jiménez de la Espada: 1965, I, 386)

En el fragmento encontramos, como modos de ubicación de las ciudades, primero, los puntos cardinales; segundo, las distancias entre ellas y, tercero, la distancia entre ellas y Potosí. La mirada parece ascender en la lectura, partiendo de Santiago del Estero "camino del Perú", y luego bajar desde Potosí repasando las ciudades. Se configuran, en virtud de la repetición, espacios centrales y subsidiarios o periféricos; como cabeza de gobernación Santiago del Estero es nominada dos veces; en cuanto a Potosí –centro neurálgico del circuito económico altoperuano y, en gran medida, origen de las fundaciones del Tucumán– el que sea mencionado en dos oportunidades indica su importancia en relación con esta región. Un segundo segmento se inicia con la sustitución de *haber* por *estar*; se procura ahora establecer los límites de la gobernación, acudiéndose –sea por ausencia de ciudades, de cosas notables o de accidentes geográficos más próximos– al Mar del Sur, el Río de la Plata, la cordillera de los Andes y el estrecho de Magallanes. Se trata de los puntos más extremos, que constituyen indicadores espaciales de máxima extensión para el virreinato del Perú; son los confines. Ahora bien, estos indicadores son a la vez los más imprecisos; su presencia señala la entrada en el texto de otro factor, regido por el verbo *decir*. El "dicen" suplanta ahora a lo visto, permitiendo que ingresen nominaciones referidas al ámbito de lo imaginario o de lo mítico:

Tiene a la mesma parte del Sur el *Estrecho de Magallanes*, que hay grandísima cantidad de tierra questá toda poblada y por descubrir, de lo cual hay grandes noticias en la dicha ciudad de *Santiago del Estero*, que comunmente llaman *La Trapalanda*, y en Chile *La Sal* ... (Jiménez de la Espada: 1965, II, 386)

Es abundante la presencia en estas zonas del texto de frases tales como: "poco más", "poco más o menos", "y aún dicen que menos", reveladores de un saber general aún vago. La descripción parece carecer de relieve; prácticamente gira alrededor de nombres, algunos de los cuales se reiteran y constituyen nódulos de sentido para el lector. Prevalece, entonces, por sobre lo narrativo (la expedición de Bazán el año 1568 al Bermejo) lo descriptivo puro, reducido en el registro. Sólo una breve mención, al finalizar el texto, refiere a otros aspectos: "No hay ni oro ni plata, pero tiene opinión de tierra buena, fértil para ganado y trigo y maíz y mantenimientos".

De 1573 ó 1574 es la "Relación en suma de la tierra y poblazones que don Gerónimo Luis de Cabrera,[21] Gobernador de las provincias de los Juries, ha descubierto, donde va a poblar en nombre de Su Majestad una ciudad". El título presenta una situación de tránsito, una movilidad expresada en la frase verbal; en el resto del texto, ese efecto está logrado por el uso de verbos en presente y futuro del indicativo. Por otra parte, predominan los verbos que denotan movilidad; se ubican al principio y al final, quedando la descripción encajonada entre los segmentos narrativos: "Salidos del *Río del Estero*, ques el que riega esta provincia Norte Sur, como él va corriendo, casi cuarenta leguas desta ciudad, tierra llana y del temple de los llanos del *Pirú*, se caminó...". De particular relevancia en esta Relación es la analogía; su uso reiterado tendrá una función ponderativa de lo nuevo, en orden a la prágmática del texto: "... gente toda, [o] la más, vestida, dellos con lana y dellos con cueros labrados con pulicía a manera de los guadamecís d'España". La analogía pone en relación dos espacios: el primer término se refiere a un espacio de realizaciones virtuales, el segundo ("España") es el espacio valorado positivamente. La estructura comparativa los aproxima, tornando inteligible lo periférico por su relación con lo central y, a la vez, prestigiándolo. Ello determina una tensión hacia el futuro, que incide en el carácter más bien proyectivo ("se entiende puede haber", "se descubrirá", "entrarán los naturales [...] en su santa

---

[21] Gerónimo Luis de Cabrera fue gobernador del Tucumán entre 1572 y 1574; al momento de escribir la Relación marchaba hacia la región de los comechingones con el propósito de fundar una ciudad. La directiva impartida por el virrey Toledo era fundarla en el valle de Salta para consolidar lo conquistado hasta ese momento. En los hechos, esa orden era opuesta a los propósitos de Cabrera quien, siguiendo el plan de su antecesor Aguirre, decidió marchar hacia el sur hasta alcanzar comunicación con el Atlántico. En junio de 1573 funda la ciudad de Córdoba en el lugar que se describe en la Relación, y prosigue luego su marcha hacia el este, circunstancias estas que incidirán en la escritura de la Relación. (Cfr. Levillier 1955; Assadourian 1992).

ley"). Esa tensión hacia el futuro obstruye una descripción detallada de la naturaleza, salvo cuando los elementos funcionan como signos de una posible riqueza; así, por ejemplo, los ríos abundantes, los buenos pastos y asientos, el temple, las "muestras y señales de metales de oro y plata". No sucede lo mismo, sin embargo, con la descripción de los naturales, presencia indudable de riqueza próxima y concreta. Es, pues, en los aspectos etnográficos donde la descripción se torna morosa, destacándose la cantidad de pueblos de indios y de indígenas ("más de seiscientos pueblos de indios", "se hallaron haber casi treinta mill indios"), la vestimenta, el tipo de población y de habitación y se señala que crian ganado y "son grandes labradores". Una gradación ascendente comienza a articularse desde casi el inicio de la Relación, cuando aparece el primer adverbio de cantidad ("muchos"), combinándose a partir de entonces estos adverbios con adjetivos numerales y frecuentes superlativos.

> Es tierra que se hallaron en ella siete ríos caudales y más de setenta o ochenta arroyos e manantiales, todos de muy lindas aguas. Hay grandes pastos e muy buenos asientos para poderse criar ganados en gran número de todos los que en España se crian, y hacer molinos y otras haciendas con que puedan vivir prósperos los que allí vivieren. (Jiménez de la Espada: 1965, II, 387)

Ocurre, sin embargo, que la presencia de los elementos marcados tiende a disolver lo particular en una generalización que no acusa rasgos específicos. No hay distinción, sino más bien acumulación de elementos positivos, aunque éstos en nada coadyuven a distinguir un espacio determinado. La tendencia a la generalización propone un comportamiento de tipo metafórico; surge, así, un objeto verbal que difícilmente podría identificarse con un referente extraverbal; todo ello hace de esta Relación una suerte de metáfora espacial. Ahora bien, cabe preguntarse a qué obedece este comportamiento metafórico. La razón parece fundarse en la actitud discursiva[22] que ese mismo comportamiento expresa en el texto. Quien enuncia cumple el rol social de *conquistador*, y lo ejercita mediante un desplazamiento espacial que en el texto se expresa en el verbo inicial ("Salidos ..."). Existe, por otra parte, un elemento contextual, que es el hecho de una desobediencia al mandato recibido por Cabrera, respecto de las fundaciones. Por lo tanto, el texto propone una transacción (un "trueque", matriz actitudinal de la época): ofrecer un descubrimiento rentable a cambio del perdón por la desobediencia, con la particularidad de que las palabras sustituyen no sólo a las cosas, sino también a las cosas ausentes. Esta especie de

---

[22] Tomamos el término de Jitrik (1983, 17): "Por 'actitudes discursivas' entendemos el aspecto subjetivo de los discursos; dicho de otro modo, la relación que existe entre la producción material de un determinado discurso y la conciencia, concretada en el discurso, de la función que se le quiere hacer cumplir, respecto de otros discursos o de la articulación misma de lo social que es donde el discurso tiende sus efectos".

grado cero de referente posibilita la configuración de lo utópico. De allí que exista una marcada tensión hacia el futuro y que el texto se cierre con la alusión a dos elementos fundamentales para la Corona: la salvación de los naturales y el aumento de su hacienda: "... y será todo para mucho servicio de Dios Nuestro Señor, y que entraran los naturales sin mucha premia en su santa ley y sera ansimismo para aumento de la Corona y real hacienda de Su Majestad del Rey Nuestro Señor".

La "Relación de las provincias de Tucumán que dio Pedro Sotelo Narváez, vecino de aquellas provincias, al muy ilustre licenciado Cepeda, Presidente desta Real Audiencia de la Plata" data de 1583. La condición de *vecino* de Sotelo de Narváez supone una diferencia frente a los enunciadores anteriores, determinada por la permanencia en la región y su conocimiento de la misma. La Relación se estructura atendiendo a la red urbana; comienza por "La cabeza destas ciudades y gobernación", Santiago del Estero. La descripción a ella destinada es muy extensa y abunda en precisiones en materia de topografía y orografía, lo que la constituye en centro de comparación con los otros sub-espacios. Esta primera descripción, entonces, obra como factor de coherencia textual. Se produce un doble movimiento: comparación entre elementos de *la* región y comparación con elementos pertenecientes a *otra* región. Las oposiciones otorgan relieve al diseño regional, al no subordinarlo a su mayor o menor analogía con otros espacios. Ello no significa que no existan espacios subsidiarios y espacios centrales —de hecho se trata de una distinción fundamental en la conformación de marcas de identidad—, sino que tales diferencias comienzan a plantearse en el seno de la región así configurada entre las zonas pertenecientes al ámbito de influencia de cada ciudad. A este importante rasgo estructurante cabe sumarle las franjas de frontera, otro tipo de diferenciación interna que supone una experiencia vivida del espacio. Se trata de lugares de encuentro de culturas diferentes, de espacios de transacción y de interacción, en los que es posible advertir el grado de aculturación alcanzado en la situación colonial.

> Por estos indios se tiene noticia destos *Chiriguanaes* questan la tierra adentro hacia el nacimiento del sol, parte de los cuales tratan con estotros y se comunican y estan repartidos a *Santiago* ...
>
> Criaban avestruces mansas en sus casas, gallinas y patos, y así lo hacen ahora, aunque, después que los xpianos entraron en aquella tierra, se visten todos en general, a fuer de los del *Pirú*, de lana y de algodón. Es gente bien partida; tenían tratos unos con otros con las cosas que había en la tierra [...] no para granjerías, sino para suplir sus necesidades. Hoy tienen algunas granjerías los que son ladinos que tratan con los españoles. (Jiménez de la Espada: 1965, II, 391-92)

El texto ofrece evidencias de un proceso temprano de aculturación bastante complejo. En efecto, un primer nivel refiere a la adquisición de hábitos de vestimenta que debió producirse por contacto entre las etnias que poblaban el Tucumán y los indígenas que acompañaban las entradas de los conquistadores, primero, y más tarde debido al tipo de materias primas producidas en la región. Otro nivel remite a las "granjerías", es decir, a los tratos comerciales entre indios ladinos y españoles. En el plano del léxico se advierte la presencia de palabras de origen amerindio que ingresan sin su correspondiente traducción; así: sábalos, bagres, cardones, tunas, chañar, etc., términos que ya, es dable suponer, no requieren de mayores explicaciones.[23] Los aspectos señalados en el orden espacial inciden en la configuración textual. Vemos así que cobra relevancia la "enunciación enunciada" al incrementarse los operadores discursivos con el propósito de cohesionar el texto: "en la forma que aquí irá declarado", "como dicho es", "de que a su tiempo se hará minción", "donde se dará a su tiempo más abundante relación", "son como los que tengo referidos".[24] Distingue este texto del anterior la reducción de lo utópico; en primer lugar, predominan los verbos en presente y en pretérito imperfecto, salvo en los fragmentos que canalizan propuestas. En segundo lugar, aquellos espacios imaginarios que se sobreimprimían al espacio real tienden a desaparecer: "Tiénese noticia de la jornada que por Chile llaman *de la Sal* y de *Trapanande* y por *Córdoba Linlin*. Fue Gonzalo de Aberu [sic] a descubrirlo y no acertó la jornada; descubrió tierra poco poblada y miserable; volvióse porque le faltó la comida ...". Por este motivo, las propuestas se encaminan, más que a sugerir nuevas conquistas, a consolidar las ya existentes:

> Sería de importancia el sustentalla [a la ciudad de Lerma] por estar en el camino [a Potosí], y della se podrían traer de paz muchos indios de importancia questán de guerra en su comarca, como son los del valle de *Calchaqui*, *Omaguaca* y *Xuxui* ... (Jiménez de la Espada: 1965, II, 394)

En suma, el análisis contrastivo de las Relaciones referidas al Tucumán posibilita relevar los procedimientos mediante los cuales emerge un diseño regional, progresivamente más nítido. Como vimos, en el primero de los textos el espacio se configura apoyándose en topónimos y distancias entre centros poblados, en tanto los límites propuestos

---

[23] Se trata de una situación lingüística de "préstamo": "El préstamo significa, para el idioma europeo en el contexto americano, la adopción del vocablo que nombra, en el idioma autóctono, la realidad nueva que se quiere expresar. Este procedimiento supone una leve interferencia del idioma indígena en el idioma europeo; su generalización puede llevar a la aparición de una especie de leve 'bilingüismo léxico'. El idioma receptor puede naturalizar, poco a poco, el injerto ajeno" (Lienhard: 1992, 97).

[24] Hay, además, una suerte de acomodamiento entre el espacio y el texto que da cuenta del espacio, perceptible en el último párrafo, donde parecen equilibrarse dos planos distintos: "El discurso de las provincias de Tucumán es este cierto y verdadero. No se pone en discreción, porque por la mayor parte de la tierra es tan llana como está dicho ...". El "no se pone en discreción" parece aludir a las Relaciones elaboradas según un cuestionario; en este caso, no sería posible responder según ese modelo debido a la llaneza de la tierra. La frase permite conjeturar que es en la escritura donde una región (entendida como *constructo*) alcanza relieve.

son sumamente imprecisos. El texto de Gerónimo de Cabrera destaca otro ángulo de la cuestión: se trata de la relación entre el sujeto que percibe y el objeto percibido; el texto se escribe en momentos en que se avanza en un periplo de conquista, situación que incide en la configuración de una región más imaginaria que real. El espacio se torna, de este modo, utópico al proyectarse su funcionalidad hacia el porvenir. Por su parte, la Relación de Sotelo de Narváez presenta diferenciaciones en el seno del espacio circunscripto. Las referencias al "Pirú" señalan la relación de dependencia socioeconómica con un espacio central próximo. Los límites, ahora, son más precisos debido a su menor extensión, en tanto que se amplía el registro de lo descripto. Así, pues, la configuración de una región, esto es, de un territorio entendido como construcción social, es un proceso complejo y dinámico. La región se presenta, en una primera instancia, como una imagen espacial preconfigurada. Para el caso del Tucumán, esa imagen emerge de los proyectos, hasta cierto punto contrapuestos, del virrey Toledo –para quien la línea de fundaciones debía servir de defensa y consolidación del circuito minero altoperuano– y del oidor Matienzo –que les instaba a abandonar la ruta Panamá-Portobelo, a favor de una apertura comercial por la vía atlántica. La región se diseña por medio de "recortes" en los que inciden tanto la dimensión heterotópica como la de la heterogeneidad cultural. Las oposiciones fundantes: *aquí vs. en otra parte*, *yo vs. los otros*, y el consecuente surgimiento de las zonas de frontera, proponen un diseño espacial dinámico, en concordancia con los procesos sociohistóricos específicos.

La construcción del territorio

El propósito –reiterado en diversos cuestionarios– de recabar información "para el mejor gobierno de esos reinos" fue fundamental para mantener el control del espacio. Esta noción supone conocimiento, utilización y explotación del mismo, además del control político-administrativo propiamente dicho.[25] En otras palabras, la imposición de organizadores espaciales que expresaban la concepción europea (creación de "límites" naturales o políticos, de circunscripciones relacionadas con la organización fiscal y administrativa) y daban cuenta de la

---

[25] Pilar Ponce-Leiva (1988ª, xxxiv-xxxv) deduce del análisis temático de los cuestionarios que ellos implican la utilización y organización del espacio, más que su control. Se basa en dos evidencias: 1) la cantidad de respuestas a los cuestionarios tuvo escasa repercusión en la legislación del Consejo; 2) el grado de autonomía alcanzado por las regiones y elites locales, lo que desmiente la imagen de una monarquía omnipresente. La autora no toma en consideración, sin embargo, el extraordinario poder simbólico de esa imagen; en segundo lugar, deja de lado el hecho de que tanto la cartografía como las descripciones de tierras son expresiones de una concepción europea del espacio, que se impuso como parte de una política expansionista.

funcionalidad otorgada al espacio colonial (distinción y optimización de sus recursos) vino a coincidir en el nivel de lo imaginario con la consolidación del *territorio*, en los términos en que fuera caracterizado por Walter Mignolo:

> En efecto, mientras que a nivel del individuo construimos descriptivamente una entidad que llamamos "yo", que nos permite conservar nuestra coherencia operacional lingüística y nuestra adaptación en el dominio del lenguaje [...], a nivel del grupo construimos descriptivamente una entidad que llamamos "nosotros" y que situamos en relación a un espacio y a una tradición compartida; es decir, a un territorio. La identidad social y cultural de un grupo humano se construye descriptivamente en un discurso que lo sitúa en un espacio delimitado por fronteras geográficas y cronológicas (v.g., un linaje, una sucesión de acontecimientos que llega hasta "nosotros").
> (Mignolo: 1986, 148)

Interesa, pues, relevar algunos de los aspectos que permiten identificar a las Relaciones como exponentes de una construcción territorial que expresa el lugar de la cultura colonizadora. Como se señaló anteriormente, la amplitud de materias que conformaban la Historia Natural y Moral permitió que ingresaran a las Relaciones multitud de temas que, incluso, iban más allá de lo solicitado. Encontramos, de esta manera, en la mayoría de las Relaciones, fragmentos que traducen el espesor ideológico de la mirada imperial. La apropiación territorial se plasma en aspectos tales como la implantación de un diseño espacial y la colonización del lenguaje y de la memoria. En este sentido, los dos capítulos iniciales de los diferentes cuestionarios operan a manera de sinécdoque del proceso de apropiación. Se observa así en dos pequeñas secuencias de qué modo se inaugura el territorio: un nombre español jerarquizado frente a la traducción de otro anterior y una historia que se inicia con la llegada de su "descubridor"; un origen, pues, que oscurece la presencia anterior hasta casi borrarla. Ligado al tema del origen está la cuestión del providencialismo. La "Relación del cerro de Potosí y su descubrimiento" (1572) de Rodrigo de la Fuente es una extensa narración que se inicia con este argumento:

> Notoria cosa es a los hombres que cristianamente quieren considerar las obras de naturaleza ser guiadas por el Criador della, que dellas producen fines incomprensibles para bien y utilidad del género humano, porque, viéndolas, se alabe el nombre de Dios y sea a gloria y honra suya; al cual suplico me dé lumbre en el entendimiento para que pueda manifestar con verdad lo aquí quiero (*así*) declarar a las gentes que hoy lo quisieren saber y quede en memoria a los venideros siglos cómo y cuándo y en qué tiempo y por quién fue Nuestro Señor servido se manifestase la riqueza de plata tan innumerable que estaba y está abscondida en el cerro que los naturales desta tierra de la provincia de los indios *Caracaras* llamaban y hoy día generalmente por el mundo se llama cerro de *Potosí*, por la mucha noticia que dél se tiene por su gran riqueza. (Jiménez de la Espada: 1965, II, 357)

La frase de aliento largo constituye un tipo de discurso amplificatorio —siempre en consonancia con la riqueza que se va a referir— que trasciende la simple descripción. El tópico de lo indecible aparece una y otra vez, para terminar encauzándose por medio de un relato caracterizado por componentes providencialistas alternados con frecuentes intervenciones del enunciador que muestran al lector cómo, mediante sucesivas revelaciones, se descubre por fin la plata. La anécdota refiere el ascenso al cerro de dos yanaconas, quienes son enviados por unos españoles en busca de una antigua *guaca*; regresa uno con cosas de poca importancia y queda en el cerro el indio Gualpa. La acción se detiene para dar paso a la reflexión:

> Puédese piadosamente creer que la voluntad de Dios Nuestro Señor [fue] que aquel tesoro, que tantos tiempos había estado escondido debajo de tierra, fuese manifiesto a los hombres para gloria y honra suya por mano de un indio que de su majestad divina tenía poco conocimiento [...] e como ya era llegada la hora en que Dios Nuestro Señor tenía por bien para su servicio que este tan innumerable tesoro fuese a las gentes comunicado, abrió los ojos del entendimiento a este indio y conoció ser metal de plata sobre lo que había puesto las manos ... (Jiménez de la Espada: 1965, II, 359)

El relato constituye una parodia de textos bíblicos: el motivo de los simples de espíritu se focaliza en los indios, el motivo del elegido, que en este caso refiere tanto al indio como al español que le presta oídos, el don que en manos de uno se convierte en humo y en las del otro fructifica; todo ello, en fin, contribuye a elevar la anécdota a un plano donde el metal que motiva la narración es resemantizado en un juego disémico: obra como riqueza material y como un don divino. El discurso se amplifica con la presencia de metáforas destinadas a rodear el objeto /plata/ y actúa en el imaginario produciendo un encadenamiento semántico en el que /plata/ es sinónimo de /poder económico/ y /poder político/, y ambos de *monarquía*. Por otro lado, el entrecruzamiento del discurso literario (tal es el nivel connotativo cuando los autores refieren al Cerro Rico) con el religioso produce la segunda serie de identificaciones: *monarquía* (o *César invictísimo*)-*Dios*, con lo cual lo dicho acerca de Potosí viene a constituirse en discurso legitimador de la monarquía. Una cuestión relacionada con la anterior es la referida a la información acerca de milagros e imágenes milagrosas.[26] Dado que ha sido otorgado a los españoles el conquistar las Indias, y que son precisamente ellos los defensores del catolicismo, nada más natural que la frecuente irrupción del caso milagroso para mostrar la indisoluble unidad de lo hispánico con lo religioso. Un ejemplo señero es la "Descripción y Relación del estado eclesiástico del obispado de San Francisco de Quito" (1650) de Diego Rodríguez Docampo, texto en el que la descripción va

---

[26] Esta información se solicitaba, por ejemplo, en la "Real Cédula y Cuestionario para la formación de Descripciones Geográficas y eclesiásticas que sirvan al Cronista de Indias D. Tomás Tamayo", fechada en Madrid en 31 de diciembre de 1635: "Qué imágenes de devoción y casos milagrosos que hayan sucedido" en los arzobispados y obispados; se reitera en la Real Cédula fechada en Madrid en 8 de noviembre de 1648, que contiene el Cuestionario de Gil González Dávila destinado a efectuar una historia eclesiástica indiana.

cediendo paso lentamente al relato de casos milagrosos. Su profusión podría atribuirse a la condición de criollo del descriptor y a la tendencia a mostrar al lector peninsular las bondades de la tierra natal. Pero su gesto no es aislado, se lo encuentra también en textos como la "Descripción de la provincia de los Quixos" (1608) del Conde de Lemos. Allí, en el apartado correspondiente al ámbito eclesiástico, bajo el título "Ermita de los Macas", el autor desarrolla con notorios rasgos barrocos la historia de la Virgen del lugar.

> Dedicó su devoción y el templo a Nuestra Señora y para darle esta vocación con más solemnidad, quiso poner en él su imagen de labor y materia [...] por ser la tierra pobre y el culto divino tratado con menos curiosidad que en las aldeas de España no se pudo hallar sino una estampa de papel y dibujo muy vulgar / desfigurada con manchas de tinta y humo, rota por algunas partes; pero la piedad y fervor del ermitaño cargando más el ánimo en la representación verdadera que en los colores y demostraciones materiales, colocó esta Imagen una tarde a hora de vísperas [...] y al hilo de las 12 comenzó la Imagen a inflamarse de un resplandor y llama celestiales cuyo fuego sobresaltó a Gavilanes [...] La Imagen libre de aquella ardiente claridad que cesó de improviso, quedó ennoblecida y renovada con los colores vivos no posibles al pincel humano y todo el papel zurcido... (Ponce Leiva: 1992a, II, 107-8)

Como en muchos otros casos, la eficacia milagrosa de la imagen será constatada mediante la resurrección de un muerto. Ahora bien, interesa aquí señalar que la presencia del registro religioso —en sus componentes milagrosos— modifica el modelo fundamentalmente descriptivo de las Relaciones, al dar cabida al relato de tipo hagiográfico y al "caso". Esto supone un desarrollo argumentativo y narrativo que se yuxtapone a lo descriptivo. La verdad de los casos milagrosos quedaba certificada por la mención de testigos que acreditaban lo afirmado con su calidad de vecinos o de españoles. Dentro de la esfera de lo religioso se ubican, en estos textos, especulaciones que circulaban en la época referidas al paso de algún apóstol por las Indias, lo que dio pie para plantear la hipótesis de una primitiva evangelización. Esto supone, por cierto, componentes providencialistas, puesto que en todos los casos lo que quedaba en evidencia era la imposibilidad del indígena, en aquel lejano momento, de aprehender los misterios de la fe. Tales teorías parecían tener asidero cuando se apoyaban en la existencia de monumentos con figura de hombres, gigantes o cruces, de antigüedad y origen desconocidos. En la "Descripción de la Provincia de los Angaraes" leemos:

> En el pueblo de *Atungaillay* veneran una imagen de Cristo Nuestro Señor Crucificado muy devota; y no ha muchos años que, abriendo las zanjas para la iglesia que hoy tienen, se hallaron enterradas en ellas dos estatuas de piedra casi del natural, que parecen ser del Apóstol Santiago, y en lo tosco de la una denota mucha antigüedad y a algunos les parece ser de antes de la conquista de este reino; a la otra más distinta del mismo Santo Apóstol, dicen haberle cortado la cabeza y enterrado muchos años antes los indios de aquel pueblo, y hoy las tienen a entrambas en la sacristía de la iglesia con veneración. (Jiménez de la Espada: 1965, I, 203)

La frecuencia del motivo constituye un signo del destino providencial que cabía a España en la conquista de Indias. Ese "origen" acerca del cual hablaban las huellas venía a atestiguar una promesa diferida. Como contrapartida, las historias pertenecientes a la esfera de la religiosidad andina, emergentes del período precolonial, fueron valoradas negativamente, no atribuyéndoseles rango de verdad. En estos casos, el enunciador establece una distancia entre el decir de los indios y su posición; así, por ejemplo, es frecuente que tales relatos sean introducidos mediante frases de este tipo: "Cuentan estos indios desta provincia una fabula donosa que ellos tienen por muy verdadera ..." (Jiménez de la Espada: 1965, I, 161).

En síntesis, las *Relaciones Geográficas de Indias* patentizan una de las formas que asumió el proceso de construcción territorial de las colonias. Muchos aspectos de este complejo proceso se plasmaron en la escritura mediante la *descripción* (entendida en su sentido etimológico: *de-scribere, escribir según un modelo* [Hamon: 1991, 56]). Ese modelo, sistematizado a través de los sucesivos ajustes a los cuestionarios, con el transcurso del tiempo fue "naturalizándose"; por ello, las representaciones territoriales basadas en él terminaron por ser identificadas con *la verdad* de las representaciones, silenciando otros diseños territoriales (Mignolo 1986) con los que entraba en colisión en cuanto al manejo y la cosmovisión espacial.[27] De tales contradicciones también dieron cuenta las *Relaciones Geográficas* a través de los informantes nativos, quienes dejaron constancia de los mecanismos de resistencia y cambio social implementados por la población amerindia (nuevas maneras de reciprocidad, control de espacios determinados, migración de población, retorno a las antiguas tierras de cultivo, litigios judiciales). Las Relaciones actualizan el catálogo exhaustivo de las materias que formaban el mundo natural y moral del europeo de los siglos XVI y XVII; el registro de la mirada que se plasma en ellas estará presente en los relatos de viaje escritos desde fines del siglo XVI.

---

[27] Obsérvese, por ejemplo, cómo caracteriza F. Pease (1985, 208) al *territorio* en el ámbito de la cosmovisión andina: "Una jurisdicción, en Europa, es habitualmente un espacio territorial continuo, mientras en los Andes se va precisando en la investigación una imagen del territorio –del territorio étnico, por ejemplo– determinada por la población que se halla en el mismo; así, el territorio del grupo étnico Lupaca, habitante del S. O. del lago Titicaca, incluía ámbitos específicos en los valles costeños de Sama, Moquegua y otros vecinos, y también en lugares –asimismo más bajos que el altiplano– ubicados al este del mismo. Un 'territorio' en términos étnicos estaba entonces demográficamente determinado, pues en los valles costeños o en las tierras bajas indicadas hacia la Amazonia, había también gentes de otras procedencias étnicas, lo cual no impedía que los Lupacas consideraran dichos ámbitos multiétnicos como su territorio, ni que otros grupos que lo cohabitaban lo entendieran así también. De allí que la noción no fuera equivalente a la europea, en el siglo XVI claramente espacial".

– CAPITULO II –

EL SABER INSTITUCIONALIZADO

La dimensión del Libro

Las "Ordenanzas e instrucciones reales ..." sancionadas en 1573 abordaron la cuestión del *Libro Descriptivo*, cuya elaboración suponía también un circuito de delegaciones. Quienes mandaban hacer relaciones debían, "despues de hechas mandarlas sCriuir enLibros", guardarlas en sus archivos, sacar copias de ellas y enviarlas al Consejo de Indias. Así, por ejemplo, en el orden eclesiástico cada cura en su parroquia o ministro en su doctrina debía "hacer libro", enviarlo al arcipreste y éste al obispo, quien lo haría examinar en su sínodo diocesano y lo presentaría al Concilio Provincial. Luego, el libro debía ser enviado a las sedes de gobernadores, audiencias o virreyes y de allí remitirse al Consejo (Ordenanza 44). Otro tanto ocurría con los concejos de indios y españoles, los caciques y principales, quienes debían entregar al corregidor las relaciones con que éste haría el libro del corregimiento, siguiendo luego la misma vía ascendente de cumplimiento del mandato (Ordenanza 48); en todos los casos, la información requería ser autenticada por un escribano. Tales disposiciones indican que la elaboración del libro descriptivo no se limitaba al ámbito del Consejo de Indias; más bien se pensaba en libros "particulares", que reproducirían la organización colonial administrativa y eclesiástica del espacio. La tarea culminaría –siguiendo siempre el movimiento de lo particular a lo general– en el Libro Descriptivo de las Indias: *suma* o *recopilación* que se efectuaría finalmente en el Consejo. Se advierte, por el carácter normativo de las ordenanzas, que la tarea de recopilación de la información fue pensada según un orden que no dejaba librada al azar la circulación y el destino de la misma. Aun cuando en la práctica el *Libro Descriptivo de las Indias* no llegó a escribirse, el proyecto fue la expresión de una organización perfecta: de los libros particulares al libro general, de lo inferior a lo superior. De la lectura de las ordenanzas se desprende un afán de permanencia –"contra toda mudanza"– que da idea de la solidez con que fue pensado el orden colonial. Ello se evidencia en la previsión de dejar partidas abiertas para incorporar año tras año la información procedente de los nuevos descubrimientos, evitando así datos redundantes que ocasionaran confusión. El *Libro*, pues, se presenta como el epifenómeno del proceso iniciado con la solicitud de informes por parte de la Corona. En este sentido, la dimensión que la figura del *Libro* instala es la de la institucionalización de un saber acerca de *las cosas de Indias*. Este dominio, sumado a la situación de una colonización prácticamente consolidada, sugiere la relación con la noción de *archivo*, esto es, con una memoria cultural que ya ha efectuado la inclusión (apropiación), dentro de sus propios parámetros, de un espacio, una temporalidad y una historia lejanos, que mediante esta operación se vuelven próximos. El *archivo*, por tanto, supone un soporte material –el lugar donde se guardan los documentos– pero también una dimensión simbólica: la conservación y transmisión de una memoria cultural de la cual el *Libro* es su expresión.[1]

Paralelamente, al reglamentarse en 1571 la estructura y el funcionamiento del Consejo de Indias, se instituyó el cargo de cosmógrafo-cronista de las Indias, que recayó en Juan López de Velasco. Señala Luis Arocena (1963, 14) –quien toma la expresión de Juan Bautista Muñoz– que con él se inicia la serie de *cronistas de Indias por oficio*, a quienes se les encarga oficialmente, entre otras tareas, la de elaborar el *Libro Descriptivo*, recibiendo por ello una remuneración. Nos hallamos, pues, en presencia de un *enunciador particular*, cuyo rol institucional legitima su rol textual. Las consecuencias son varias; en primer lugar, este enunciador no se somete a la certificación del escribano porque no es testigo de vista, aspecto nodal en el caso de las Relaciones

---

[1] Foucault (1985, 219-20) no entiende por *archivo* la suma de los textos que una cultura conserva como memoria de su pasado, ni como testimonio de su identidad, ni tampoco las instituciones que registran y conservan los discursos. Señala: "El archivo es en primer lugar la ley de lo que puede ser dicho, el sistema que rige la aparición de los enunciados como acontecimientos singulares. Pero el archivo es también lo que hace que todas esas cosas dichas no se amontonen indefinidamente en una multitud amorfa, ni se inscriban tampoco en una linealidad sin ruptura, y no desaparezcan al azar sólo de accidentes externos ...". Doy a esta noción, sin embargo, tanto los sentidos que Foucault descarta como el que prefiere, en razón de la aparición del término "archivo" en las ordenanzas relevadas. Su constante mención, el hecho de que se dé en el marco de instituciones precisas (el Rey, el Consejo), así como su aparición en un momento histórico de consolidación del régimen colonial, habilita la identificación de tales circunstancias con la figura del *archivo*. En lo que respecta al significado que privilegia el filósofo francés, también está presente. Si el *archivo* define el *sistema de enunciabilidad* (formación y transformación) y de *funcionamiento* de los enunciados, es evidente que lo que vengo denominando una retórica descriptiva que signa un modo de mirar y categorizar los objetos, organizado en un todo coherente en un marco de legalidad específico, constituye una práctica que se encuadra en esta noción.

y también en la instancia de confección de los libros "particulares"; en segundo lugar, trabaja con informes proporcionados por otros y modela su discurso para obtener una escritura uniforme, un todo acabado bajo la forma de libro. Con ello, de alguna manera "traduce" las informaciones particulares para volcarlas en una general. El hecho de que los datos no tuvieran un carácter definitivo, previéndose su modificación periódica, suponía por parte del compilador su cotejo y actualización permanentes. Ni Alonso de Santa Cruz, antecesor de López de Velasco en el Consejo, ni éste, habían estado en Indias, lo que los obligaba a trabajar directamente con escrituras ajenas; esta circunstancia incide en su posición de compiladores, puesto que debían dejar asentadas las posibles divergencias y a la vez lograr que las mismas no alteraran la comprensión general.

Así, pues, las figuras del *Libro Descriptivo* y del *Cosmógrafo Cronista* instalan una dimensión diferente frente a las Relaciones y a los informantes que las producían. Interesa destacar el hecho de que aun cuando la tarea del cosmógrafo cronista se desarrolló en el ámbito específico de un organismo como el Consejo de Indias, su proyección cultural en el sistema colonial fue amplia, en virtud precisamente de la posición que el cargo y la institución ocupaban en el conjunto de la sociedad.[2] En esta dimensión novedosa confluyen cuatro aspectos que habrán de incidir en los relatos de viaje producidos desde fines del siglo XVI: la institucionalización de una retórica descriptiva, la existencia de un mandato de hacer información, la imagen del libro entendido como descripción completa de espacios y grupos sociales, y la figura de un relator particular que ordena y da funcionalidad y coherencia a una multiplicidad de datos.

La Geografía y Descripción Universal de las Indias

Juan López de Velasco, estrecho colaborador de Ovando y Godoy durante dos décadas, no concretó finalmente el encargo de elaborar el libro descriptivo, pero en 1574 entregó un adelanto. El manuscrito se tituló originariamente *Descripción universal de las Indias y demarcación de los Reyes de Castilla en declaración de la Tabla precedente*. Si

---

[2] "The Indies, as the official name adopted by López de Velasco, instead of mapping the Spanish possessions or conceptualizing a 'New World' have a specific locus of enunciation. Hence, the locus of enunciation, indicated in this case by the social role of Chronista Mayor and the institutional functions of the Council of the Indies, is not the same as the locus of enunciation of Castilian and non-Castilian cartographers (Italian, French, German, etc), concerned with the shape and location of the New World or as the locus of enunciation defined by the House of Trades (Casa de Contratación), whose cartographers were concerned with the directions of the winds, costal shapes and port locations for charting navigations". (Mignolo: 1989, 102).

bien permaneció inédito hasta 1880, cuando Justo Zaragoza lo publicó en el *Boletín de la Sociedad Geográfica de Madrid,*[3] su influencia en el ámbito científico contemporáneo fue profunda –aunque indirecta– debido al éxito alcanzado por las varias ediciones y reimpresiones de la obra del cronista Antonio de Herrera, la que en 1601, precedida por una *Descripción* que sintetiza el *Sumario de las Indias* de López de Velasco, aparece en Madrid con el título de *Historia General de los hechos de los castellanos en las Islas y Tierra Firme del Mar Océano*.

La *Geografía y Descripción Universal de las Indias* de López de Velasco consta de dos partes; la primera comprende una descripción general de las Indias y un análisis posterior de las dos grandes Tablas[4] de las Indias del Norte y del Mediodía, abarcando también las islas del Poniente, de la Especiería y la costa de China. Comienza con los "Límites y términos generales de las Indias", continúa con la "Suma del estado temporal y espiritual", para luego avanzar en cuestiones referidas al origen de la población indígena, el descubrimiento, la concesión papal y demarcación, la longitud que se sigue en el libro, el temple, salubridad, vientos, frutos, animales, minas, pobladores de las Indias y, en general, gobierno temporal y espiritual. Finaliza con una descripción de los viajes y navegaciones. La segunda parte aborda la descripción particular de cada virreinato, audiencia, provincia, ciudad y pueblo. Se mantiene, de este modo, la tendencia estructural de partir de lo general para arribar a lo particular.[5] En el nivel metatextual se advierte idéntica tendencia; el texto se nomina *libro* o *suma* y es concebido como resumen o descripción general ("... el año de 74, cuando se acabó esta suma de recopilar"); lo particular remite a las relaciones y descripciones que se toman como fuente ("... en las descripciones particulares de cada provincia se hace larga relación"). Esta distinción opera además como un elemento organizador de la progresión textual: "Queda dicho, en el pri-

---

[3] Probablemente debido a la lentitud burocrática, el texto continuaba archivado en el Consejo dos años después de su finalización. Velasco elevó una petición con fecha 27 de noviembre de 1576: "Juan López de Velasco dice que en el Consejo de Yndias se ha visto el libro y descripción de lo que él hizo. Supca. a V. mgt. mande ... determinar lo que se a de hazer de aquel libro, para que él pueda hazer el que V. mgt. le mandó que hiziese para su camara". Por su trabajo recibió un pago de 400 ducados; el texto se imprimió pero no fue publicado en esa oportunidad (González Muñoz en López de Velasco: 1971, xviii). López de Velasco resumió el texto y en 1580 presentó al rey un *Sumario de las Indias tocante a la geografía*; en la carta que escribe al monarca indica: "Es compendio del otro grande que yo hice de aquel mesmo argumento". (Arocena: 1963, 29).

[4] "Tabla" posee las siguientes acepciones, según *Autoridades*: "Se toma algunas veces por el mapa, ú descripcion, que se hace de alguna Provincia, Reino, etc. / "Se llama tambien el Indice, que se pone en los libros regularmente por orden alphabetico, para que con mayor facilidad se busquen, y hallen las materias, ó puntos, que contienen. / Por extension vale lista, ó catálogo ...".

[5] El texto incluía además catorce mapas de las Indias Septentrionales (de Florida al Canal de Panamá), Indias Meridionales (del Canal de Panamá a la Patagonia) y de las Islas del Poniente (Filipinas, Molucas, etc.).

mer capítulo de la declaración de la Tabla universal, lo que toca a la navegación de estas provincias en general, y así no hay que decir en lo particular hasta la descripción particular dellas" (López de Velasco: 1971, 49).

El hecho de que se trate de un libro pensado como recopilación de múltiples textos que constituyen su fuente, explica que el enunciador se presente como compilador, imagen que se pretende dotada de ecuanimidad. En este sentido, en las secuencias eminentemente descriptivas no hay emergencia del yo relator, manteniéndose un tono impersonal que surge de la circunstancia de operar con un referente exclusivamente verbal (escriturario) en cuanto éste está constituido por las relaciones que cotejó el cronista y no a partir de la realidad observada y descripta a través del cuestionario. Dos resoluciones se presentan en el pasaje de la descripción a la afectación o señalamiento del origen de la información; cuando ésta no ofrece incertidumbre y simplemente se remite al texto fuente, se indica: " tendrá según dicen esta ciudad", "según relación del prelado"; en este caso el *dicen* se toma directamente, sin que aparezcan divergencias; cuando esto ocurre se anota la diferencia de criterio. Así, por ejemplo: "... 4º de altura, según las descripciones de Santa Cruz, y en 6º según relaciones de particulares ...", "... todo, según la descripción de Santa Cruz, y difiere mucho de las relaciones de particulares ...". Se observa de esta manera que el compilador mantiene en todos los casos una distancia con respecto a una u otra versión.

La *Geografía y Descripción Universal de las Indias* se presenta como un fenómeno de intertextualidad, entendiendo por intertexto "[l'] insieme di testi che entrano in relazione in un dato testo" (Marchese: 1979, 126); en efecto, se trata de un texto elaborado a partir de otros que, en el pasaje de incorporación al nuevo texto sufren transformaciones de forma, especialmente, pero también de contenido; se produce una transcodificación, caso específico de la intertextualidad: paso de la Relación como tipo textual que responde a un interrogatorio, al libro organizado por Tablas y por la distinción entre lo general y lo particular. Redimensionamiento de lo particular –que cada Relación expresa– en función de su integración en unidades mayores y éstas en una imagen general; eliminación de datos redundantes o que no se encuadren en los parámetros descriptivos, son entonces algunas de las transformaciones que acarrea la aparición del *Libro*.

Cosmografía, providencialismo y naturalización

Las dos partes claramente delimitadas que conforman la *Geografía* siguen el ordenamiento de materias tal como éstas se enumeran en las Ordenanzas de 1573: Cosmografía (longitud, grados, puntos cardinales, límites naturales), Hidrografía, Geografía, Historia Natural y Moral.⁶ Un orden tan reglado de materias permite suponer que el discurso del enunciador se mantendrá en un plano predominantemente informativo en ambas secciones. Sin embargo, si esto se cumple parcialmente en la segunda, es en la primera donde el discurso canaliza, mediante nociones de cosmografía, la ideología providencialista, a la vez que efectúa un proceso de "naturalización" de la concepción occidental del universo, ya iniciado en la preceptiva de las Ordenanzas, donde se lee:

> 62 ParaComputacion dela Longitud se Tome por Termino dondeseComiença el meridiano dela Ciudad de Toledo destos nros Reynos yseproceda desde halli, deoryente a poniente EnoComo Los antiguos procedian deponiente Aoriente pues esta manera deproceder es mas natural yvaconforme al descubrymiento delas Indias q dios fue seruido darnos... (Torre Revello: 1941, 18)

Es en este punto cuando el enunciado muestra la transformación de un argumento político en uno de carácter cosmográfico. El texto de López de Velasco se ceñirá a idéntico desarrollo: las coordenadas espaciales que determinan el objeto de descripción "descubierto" se establecen en el momento en que se otorga a este descubrimiento el sentido de un don divino.

El parágrafo titulado "De la primera población de las Indias" presenta una reflexión característica de este momento, cual es la que indaga acerca del origen de los indios. Por el tipo de saber que reúne la *Geografía* los razonamientos conllevan, sobre todo, un carácter geográfico. La argumentación se desarrolla partiendo del estado de la cuestión:

> No está descubierto, ni averiguado, si la tierra continente de las Indias, que se va prolongando del mediodía para el norte, se corta con algún estrecho por la parte septentrional por donde se puede pasar de la mar del Norte á la del Sur, ó si llega á continuarse con la tercera parte del mundo que llaman Asia; y así se duda por donde pueden pasar de este mundo á aquél los hombres, y por dónde haya venido á poblarse de tantos naturales como hay en él. (López de Velasco: 1971, 2)

Estamos en presencia de un tipo de discurso con función retórica-persuasiva. La posición de distancia del enunciador frente a las opiniones se advierte en el uso de los pronombres; el arranque de la nueva secuencia se produce mediante la subordinada condicional, lo que coadyuva al efecto de distanciamiento, a la par que constituye una reafirmación implícita de la negación que iniciaba el discurso argumentativo:

---

⁶ Ponce Leiva (1988b, lxxxvii) destaca el estricto paralelismo existente entre las Ordenanzas y la *Geografía*; ello evidencia la influencia de López de Velasco en las Ordenanzas de 1573. Indica la autora: "... posiblemente el retraso con que fueron promulgadas (diseñadas ya en 1571, pero sancionadas en 1573), se debiera a una revisión del proyecto original hecha por alguien con mayores conocimientos cosmográficos que el presidente Ovando".

Y aunque algunos tienen por cierto lo que escribe Platón en el Thimeo, que el mar Atlántico, que es el golfo de las Yeguas hasta las Canarias [...] fué tierra firme más grande y espaciosa que es Africa y Europa, y que se vino a hundir toda en la mar, y que de allí quedaron pobladas las Indias; no se tiene por historia auténtica, ni consta que Platón en el dicho diálogo quiere que lo sea, ni tampoco cuadra á la orden y constitución del Universo, que una tan grande parte de él pereciese y se viniese a anegar. Otros, por conjeturas, quieren introducir ciertas navegaciones de cartagineses [...]; y otros las navegaciones de Salomón [...]; y algunos, la peregrinación de diez tribus de Israel que subieron por el río Eufrates [...], y también algunas ceremonias judáicas que se han hallado en las Indias; que en efecto todas son conjeturas flacas. (López de Velasco: 1971, 2)

Se ha señalado que la argumentación propone una cierta representación construida en el discurso, cuyo objetivo es modificar las representaciones del interlocutor a propósito de un objeto de discurso dado (Adam 1992). La presuposición de existencia de otra creencia en el interlocutor prevé una resistencia, por parte de éste, que la argumentación procurará reducir. López de Velasco enuncia todas estas creencias comunes, para inmediatamente restarles credibilidad. En el caso del *Thimeo*, el argumento se vuelve contra el mismo texto, por una parte, en el sentido en que no es una historia auténtica ni su autor así lo entiende; por otra, se lo rebate esgrimiendo la concepción de un equilibrio ecuménico. En los casos restantes, adscribe las teorías a "conjeturas", reafirmando por medio de la condensación ("en efecto") tal calidad. Refuta pues, más que demostrar la inviabilidad de tales teorías, y lo hace de manera categórica, en un movimiento que, contemporáneamente, valida su propia conjetura. Ello se logra mediante el operador consecutivo con que inicia el tercer segmento de la argumentación ("Y así"):

Y así sólo queda que creer, hasta que haya mayor averiguación, que aquel Nuevo Mundo se junta con estotro por alguna parte, como de ello da indicio la costa de la China y de la Nueva España, que van corriendo en viaje de juntarse por la parte del septentrión; y que siendo así, se habrán por aquella parte dilatado en tantos siglos poco á poco las gentes hasta llegar donde ahora están, y cuando esto no sea, será posible en los años del mundo haber llegado de otras partes dél, vecinos, á aquellas, gentes navegando ó derrotadas, como de Irlanda ó de las partes septentrionales se navega á los Bacallaos, de donde se comenzase á poblar aquel Nuevo Mundo; aunque lo más verosímil *parece*, estar continuados estos dos mundos, ó haberlo estado aunque ahora no lo estén, y que por alguna parte podría el mar haber rompido y hecho algún estrecho por donde, antes que se hiciese, hayan pasado los hombres y los leones, tigres, dantas y venados, y otros animales de estas partes, que se hallan en aquéllas, que no parece que pudieron haber pasado de otra manera. (López de Velasco: 1971, 2)

La tercera secuencia argumentativa contiene la tesis sustentada por López de Velasco. Si se siguiese el proceso inferencial clásico, sería posible advertir la dependencia estructural entre el segmento que concentra los datos o argumentos y el segmento que contiene la tesis, en donde el primero sirve de apoyo al segundo. Vemos, sin embargo, que no ocurre así, pues lo que se produce es la contraposición entre lo que se presenta como *conjeturas flacas* y lo *creíble* o *verosímil*. Más allá de la sorprendente modernidad del planteamiento (González Muñoz en López de Velasco: 1971, xxii), lo que ha hecho es sustituir unas creencias por otra, anulando la resistencia posible del destinatario mediante la exclusión de cualquier otro argumento que no sea el suyo ("Y así sólo queda que creer") y reiterándolo mediante un operador condicional ("y que siendo así"), como extensión del argumento propio. El posible contrario también aparece ("y cuando esto no sea"), pero sólo para enfatizar la posición tomada ("aunque lo más verosímil"). Lo que me interesa señalar es que la nueva representación del objeto propuesta al destinatario llega a éste mediante una petición de credibilidad hasta cierto punto coercitiva, facilitada por la posición del enunciador. El texto expresa la lógica de la imposición de una creencia, ejercida desde un lugar de enunciación "central". En este orden, López de Velasco avanza hacia otros aspectos referidos a las Indias, modelando la imagen que los europeos se forjaron de ellas con una persistencia secular. Aparece, en esta primera parte de la *Geografía*, la oposición aglutinante cultura vs. incultura, referida esta vez a la cuestión "De los granos y semillas".

> Estaba la tierra inculta casi en todas partes, y tan poco ejercitada con cultura que, como sujeto desnudo, no daba otras plantas ni semillas más de las que la naturaleza producía; y así recibió tan bien las que de España se han llevado, que casi ninguna se ha dejado de dar bien en todas ó en las más partes, con aventajada abundancia y mejoría en la calidad y grandeza ... (López de Velasco: 1971, 10)

El segmento nos enfrenta a una imagen recurrente en la época,[7] que ahora se institucionaliza, gestada entre la fertilidad y el exceso, como consecuencia no deseada de esa misma productividad que el texto exalta (son tantos, que vienen a ser perjudiciales).[8] Esta suerte de exceso es, sin embargo, una apariencia inicial, pronto desmentida por la reaparición de la condición esencial de la tierra, que es su debilidad. La comparación novedosa tierra-sujeto desnudo permitirá el deslizamiento hacia otra, implícita: sujeto desnudo-indio, que habilita una imagen generalizada, la del indio como sujeto sin cultura. El esquema opositivo que sustenta la emergencia del estereotipo (España/Indias, cultura/incultura, vestimenta/desnudez) se expande más allá del signi-

---

[7] Y que el propio texto se encarga de reiterar; poco más adelante señala el autor: "No había en parte alguna de aquel Nuevo Mundo, hasta su descubrimiento, género ninguno de frucmento ni grano de los que en estas partes usamos; solamente tenían los indios para su mantenimiento el maíz ..."; "Y como de plantas, frutos y semillas no había en aquella tierra más de lo que naturaleza de suyo producía, así también carecían de todos los animales domésticos, y ganado de crianza que en estas partes tenemos, y solamente se hallaron las ovejas del Pirú ..." (López de Velasco: 1971, 10).

[8] Piénsese en el conocido capítulo "De la hortaliza y yerbas y de la grandeza dellas" (Libro Nono) de los *Comentarios Reales*, que plantea idéntica creencia y argumentación.

ficante /tierra/ para abarcar, más adelante, a los naturales. Si se relacionan los segmentos dedicados a los granos, semillas y animales con los referidos a los indios, se obtiene una representación acabada de incultura y debilidad, contrapuesta a la que ofrece el ímpetu conquistador (varonil). La imagen de carencia –en la cadena de significantes– constituye una isotopía más de las que vienen a confluir en el sentido providencial que se adscribe a la conquista.

Los parágrafos destinados a los animales, aves y peces finalizan describiendo, en todos los casos, aquéllos considerados más feroces y perjudiciales para los hombres, selección que muestra la impronta de una semántica de lo tradicionalmente concebido como *bajo*, que incluso cobra mayor fuerza si se piensa que el lector de la *Geografía* podría relacionar estas representaciones mentales con los bestiarios medievales y la iconografía religiosa. Así, pues, la multiplicación sin cuenta, la variedad, la ferocidad, se presentan como variantes que vienen a expresar la barbarie predominante en las tierras descubiertas. En este sentido, la opinión que los hombres que habitan las Indias le merece a López de Velasco no se encuentra demasiado lejana de la que surge de la descripción del mundo animal.

Indios y criollos en la Geografía de López de Velasco

Los aspectos que se vienen señalando en la obra del cosmógrafo-cronista resumen el tipo de representaciones de la naturaleza de las Indias que circulaban en la época; su descripción –si se tiene en cuenta que se describe para informar, para clasificar y citar el mundo con un propósito generalmente didáctico– canalizó, por medio de las franjas argumentativas del discurso, un conjunto de prejuicios que debido a su reiteración por parte de los letrados del período llegaron a adquirir el valor de estereotipos. Si a las representaciones referidas al orden de la naturaleza (la Historia Natural) se agregan las que caracterizan a los hombres que habitan en las Indias (Historia Moral), se advierte que ambas están articuladas perfectamente para presentar al lector una imagen general de absoluta coherencia. Ésta se apoya –tal es la característica de la *Geografía* ...– en las teorías referidas a la influencia del clima sobre hombres, animales y vegetales que circularon durante el siglo XVI, especialmente difundidas a través de las obras de Jean Bodin y del doctor Juan Huarte de San Juan (Gerbi: 1960, 34-37; Lavallé: 1993, 50). El determinismo climático sustentó la creencia de que las regiones equinocciales producían hombres de tez morena, la que se iba aclarando con la cercanía a los polos; también contribuyó a desarrollar la idea de que el temperamento y las inclinaciones de los hombres estaban en estrecha relación con el ambiente, aspectos todos éstos cercanos a los argumentos a favor o en contra de la esclavitud (Pagden 1988).

En la *Geografía* aparecen todas estas nociones en los parágrafos destinados a describir a los naturales y a los españoles nacidos en Indias. Un "antes" y un "después" de la conquista marcan el tránsito –aunque también ambiguo– de un estado de barbarie a uno de *policía*. El primer estadio se caracteriza por la idolatría, la adoración al demonio, los "nefandos sacrificios de sangre humana, y ceremonias y supersticiones diabólicas". El afán clasificatorio del cosmógrafo cronista no encuentra un cauce orientador, en la medida en que advierte la inexistencia de una lengua única y la falta de reducción a pueblos; así, pues, los naturales se hallaban "derramados por los montes", sin repúblicas. Esta imagen propone la comparación –cara a la ideología imperial– con los "alárabes", confusamente reunidos en "behetrías". Una excepción parecen constituir los Aztecas y los Incas; sin embargo:

> ... se tiene entendido que procedió de tiranía más que de elección ni buen gobierno; y así los naturales eran muy vejados de tiranía y malos tratamientos [...] tanto que afirman que decía el Inga, que para tenerlos sujetos habían de matar de cinco en cinco años la tercia parte dellos ... (López de Velasco: 1971, 15)

La "tiranía", tiende a reforzar la noción de providencialismo; en efecto, frente a este tipo de sujeción, la conquista española propone su reverso al inaugurar un estado justo; pero, además, se presenta a un gobernante separado de su pueblo y con una visión crítica con respecto a sus vicios, obligado a gobernarlo con crueldad. Mientras la primera imagen legitima la conquista, la segunda convalida el tratamiento prodigado a los indios en el presente, ya que vendría a plantearse como la prolongación –necesaria, puesto que los indios en razón del determinismo climático continúan siendo los mismos– de un gobierno severo.[9]

> ... todos por la mayor parte eran sin caridad unos con otros abatidos á sus vicios y pasiones sin levantar el ánimo á tener ni valer, ni á cosa digna de honra ni de nombre de virtud, desapercibidos, humildes y rendidos á sus señores, enseñados á servir, flemáticos y sufridos para las labores y artificios, pero de flaco ingenio y poco riguroso, como lo muestran las obras de sus manos; fáciles de persuadir, pero inconstantes, de poca fe, y mentirosos, y en muchas naciones amigos de hurtar; y así como eran sin ambición ninguna, sin regalo y sin codicia, eran también muy holgazanes, viles y apocados, y estaban tan desordenados y depravados en el entendimiento y uso de razón, que el demonio los había traído á comerse unos á otros; y así, en muchas partes, eran caribes, y tenían carnicerías públicas de carne

---

[9] La imagen de un monarca separado de su pueblo constituye, como lo ha planteado Pagden (1988, 107-108), antes bien, la extensión de la imagen que de sus propios monarcas tenían los europeos. Señala el autor: "La sociedad es jerárquica por naturaleza, como los aristotélicos nunca se cansaban de decir, y las comunidades indias avanzadas, en la superficie al menos, habían logrado una sociedad gobernada desde arriba por un monarca elegido, que estaba rígidamente separado de la masa del pueblo y que era atendido con la ceremonia que los europeos reconocían como la marca de la realeza".

humana, hasta comerse los padres á los hijos, y los hijos á los padres; aunque en otras muchas provincias no lo eran, y en las más ó casi todas, aborrecían el pecado nefando. (López de Velasco: 1971, 15-16)

El argumento se construye progresivamente mediante un movimiento que va de la explicitación de los rasgos temperamentales de los indios a las conclusiones que de ello se derivan. El "todos por la mayor parte" es un sintagma que sirve de modelo a este tipo de argumentación, en tanto se despliega entre lo absoluto y su restricción parcial. El primer movimiento clasificatorio postula la inexistencia de valores ponderados por la cultura española: el tener, el valer, la honra; continúa, en la misma línea, señalando aspectos positivos (humildes, serviciales, sufridos) que sin embargo se atenúan sistemáticamente (flaco ingenio, mentirosos, ladrones). Las dos secuencias consecutivas (y así como eran... eran también) avanzan hacia rasgos que representan un plano superior, acá inexistente, de espiritualidad: trato con el demonio, antropofagia, es decir, la deshumanización absoluta. Llegado a ese punto, el razonamiento parece retroceder hasta pautar una nueva restricción ("aunque en otras muchas provincias no lo eran") para concluir con la mención a la sodomía, otra obsesión de los europeos, que constituye un salto significativo, ya que en rigor una conclusión no se deriva de la otra.[10] El "después" de ese estado –que es el presente de la colonia– supone una transformación con respecto a la barbarie anterior. "Ponerlos en policía y buenas costumbres" resume el programa que lleva a cabo la cultura europea. También en este caso se neutralizan los excesos cometidos (hacer esclavos a los indios, herrarlos) en razón de la tendencia al desorden que aún predomina entre los naturales, producto de su inferioridad innata.

Consecuente con el hecho de que la *Geografía* fue concebida como una *suma*, López de Velasco se ocupa de caracterizar, entre todos los individuos que pueblan las Indias, a los criollos. "De los españoles que pasan á las Indias" resume la memoria de las guerras civiles producidas en el Perú entre 1537 y 1546; aun cuando sólo se aluda a ellas, expresan el estado de zozobra y el peligro latente que para la metrópoli significaba una lejana y heterogénea sociedad colonial, que venía a conformarse como una especie de "mundo al revés".[11] Este parágrafo

---

[10] Este procedimiento se repite en varias oportunidades, marcando rupturas en el razonamiento y llegando a conclusiones sorprendentes. Por ejemplo, al señalar el autor que los indios carecían de hierro y de acero, concluye: "... y así no sabían qué cosa fuesen llaves ni cerraduras, ni otros instrumentos de cortar ...". Los elementos seleccionados constituyen motivos recurrentes en los textos que expresan la ideología colonialista, desde Colón en adelante: la ausencia de armas, de letras, de moneda propone la diferencia que marca la desigualdad cultural.

[11] La imagen de los españoles que mudaban de condición –"olvidados de sí se alzan á mayores, y se andan ociosos y vagamundos por la tierra, hechos pretensores de oficios y repartimientos" (López de Velasco: 1971, 19)– habrá de recibir tratamiento satírico, por ejemplo en la obra de Mateo Rosas de Oquendo.

constituye un pasaje obligado para caracterizar, en el siguiente, a los criollos:

> Los españoles que pasan á aquellas partes y están en ellas mucho tiempo, con la mutación del cielo y del temperamento de las regiones aun no dejan de recibir alguna diferencia en la color y calidad de sus personas; pero los que nacen dellos, que llaman criollos, y en todo son tenidos y habidos por españoles, conocidamente salen ya diferenciados en la color y tamaño, porque todos son grandes y la color algo baja declinando á la disposición de la tierra; de donde se toma argumento, que en muchos años, aunque los españoles no se hubiesen mezclado con los naturales, volverían á ser como son ellos: y no solamente en las calidades corporales se mudan, pero en las del ánimo suelen seguir las del cuerpo, y mudando él se alteran también, ó porque por haber pasado a aquellas provincias tantos espíritus inquietos y perdidos, el trato y conversación ordinaria se ha depravado, y toca más presto á los que menos fuerza de virtud tienen; y así en aquellas partes ha habido siempre y hay muchas calumnias y desasosiegos entre unos hombres con otros. (López de Velasco: 1971, 19-20)

El término "criollo" era, al momento de escribirse la *Geografía,* de aparición muy reciente. Lavallé (1993, 15) observa que se lo encuentra en 1563 en una carta del obispo de Guatemala. En 1567 aparece en el Perú; su sentido era el de español blanco nacido y criado en Indias y viene a significar una delimitación frente al término "indiano", que fuera usado para referir indistintamente a los españoles que pasaban a Indias o a los nacidos en ellas. López de Velasco se cuenta entre los primeros funcionarios de la administración colonial que utilizó el término. Volvemos a encontrar el determinismo climático como baremo caracterizador de los grupos. Lo primero que resalta el cronista-cosmógrafo es el color oscuro de la tez, para tomar luego como "argumento" la posible semejanza entre criollos e indígenas. Una serie de transformaciones físicas –hombres más bajos, oscurecimiento de la piel, encanecimiento prematuro, mortandad temprana, propensión a determinadas enfermedades (Lavallé: 1993, 57)– aparecían como signos de una mutación más profunda, que afectaba a la calidad del ánimo; en todos los casos, la imagen que se va conformando es la de la debilidad corporal y la relajación de las costumbres. Es importante también apuntar el prejuicio referido a la diferencia idiomática frente a la norma cortesana metropolitana. El mecanismo expulsorio de lo que se presenta como alteridad dentro de la identidad se centra, pues, en este grupo que, por ser "tenido y habido por español" se arroga las mismas prerrogativas y derechos que el peninsular. Los temores encubiertos referentes al ánimo levantisco, al hecho de *ser amigos de novedades*, frase repetida en diversas oportunidades para alertar acerca del comportamiento de los criollos, actuaron a modo de base sobre la que se erigió el edificio de los prejuicios peninsulares.[12] Esta actitud no puede

---

[12] Antonello Gerbi se refiere a esta tendencia que pretende mostrar el proceso "degenerativo" del blanco en América en términos de tropicalización. "Tropica-

analizarse sin tener en cuenta la situación colonial en la que ella se inscribe. Ha sido señalado el hecho de que una sociedad de estas características se funda en la existencia de estereotipos, cuya función es cristalizar imágenes que operan mediante la reducción de rasgos y profundizan la separación de grupos o clases. (Balandier 1951; Memmi 1969). Efectivamente, factores como la lejanía entre la metrópoli y las colonias, el recelo generado a propósito de actitudes que de alguna manera menoscabaran el poder metropolitano, la heterogeneidad y el dinamismo propios de estas sociedades, propiciaron la creación de imágenes como las que sirvieron para caracterizar a los criollos. Cuando López de Velasco se refiere primero a los indios, más tarde a los españoles que pasan a Indias y por último a los criollos, está estableciendo una cadena de asociaciones inconscientes, puesto que, más allá de las profundas diferencias entre indígenas y españoles, la coincidencia radica en que todos ellos habitan las Indias; pertenecen, por lo tanto, al mundo de la colonia. Observa Bernard Lavallé:

> Conforme los europeos fueron poniendo en tela de juicio, abierta o implícitamente, la hispanidad de los blancos nacidos en el Nuevo Mundo, se los involucró, por su misma americanidad, en los prejuicios de que eran víctimas los indios. De manera insidiosa, en la mente europea la imagen de éstos fue invadiendo los espacios semánticos y los campos de representación que, normalmente y en un principio, se habían reservado para los vencidos de la Conquista y los demás dominados. Con tal desplazamiento, el retrato del criollo se matizó y cobró significados que hacían de él un ser potencialmente distanciado del grupo peninsular y ambiguamente situado, en lo mental y social, hacia las zonas inciertas donde se marginaba al indio y a las castas. (Lavallé: 1993, 45)

Por la posición institucional que ocupaba López de Velasco, por su cercanía con el círculo más estrecho del poder, la influencia que su obra ejerció en la consolidación de los estereotipos con los que se caracterizó a los *otros* debió haber sido muy grande. Su caso emblematiza la noción foucaultiana del *archivo*, que rige la ley de *lo que puede ser dicho* socialmente.

La obra del cronista-cosmógrafo constituye una suma o recopilación del conjunto de nociones cosmográficas, geográficas y antropológicas del siglo XVI que coinciden con los lineamientos estipulados para la elaboración de las Relaciones Geográficas. La *Geografía* señala la instancia de pasaje de lo particular a lo general, esto es, a la noción del libro, con características específicas. Los procedimientos de cohesión textual, la idea de una organicidad típica de un todo acabado como es el libro, supone la existencia de un lector que ya no será sólo el recopilador o el funcionario del Consejo, aun cuando el mandato de escritura así lo postule.

---

lización del blanco" es designación de G. Terán en su libro de 1931 *La nascita dell' America spagnuola* (Cfr. Gerbi: 1960, 530).

Hasta aquí he intentado relevar el principio organizativo descriptivo conformado a lo largo del siglo XVI, cuya presencia emparienta los cuestionarios generados en el Consejo de Indias con las *sumas* o compendios, las *historias* y los relatos de viaje. Se trata, en este sentido, de comprender los textos en su carácter de "prácticas que forman sistemáticamente los objetos de que hablan" (Foucault: 1985, 20], de observar de qué manera se consolida el saber constituido sobre *las cosas de Indias* en prácticas objetivadoras de ese referente.

La retórica descriptiva que –de manera "teórica"– fijan los artículos de las Ordenanzas y Cuestionarios, constituye un elemento *migrante* en relación con los tipos textuales (Mignolo: 1982, 98); su actualización en diferentes escritos posibilita la construcción de *redes textuales* en una temporalidad paralela a los períodos señalados para la conformación de las Relaciones Geográficas. Una breve mención a dos casos permitirá ejemplificar lo afirmado: Pedro de Cieza de León publica la "Primera Parte" (1553) de su *Crónica del Perú* cuando todavía no se han oficializado los cuestionarios, si bien ya son prácticas comunes la visita indiana y las Relaciones; por su parte, fray Antonio Vázquez de Espinosa escribe su *Compendio y Descripción de las Indias Occidentales* (c. 1623) cuando ya se ha reglamentado el pedido de informes y las materias acerca de las cuales se había de hacer averiguación. Sus posiciones también difieren: uno conjuga "los dos oficios", el de soldado y cronista, el otro es religioso, si bien ambos estuvieron ligados a los círculos del gobierno colonial (Cieza se unió a don Pedro de La Gasca en Andahuaylas en 1548, respondiendo a su llamamiento y llevaba cartas de éste para "inquirir lo notable de las prouincias" [1986, 265] y Vázquez de Espinosa, que estuvo en las Indias entre 1608 y 1622, a su regreso a España fue consultor del Consejo de Indias). Sin embargo, la relación de estos sujetos con los objetos que describen propone un modo común de observarlos y categorizarlos. Sus textos no son relatos de viaje, pero comparten con ellos el hecho de que, ya en parte, ya en su totalidad, se estructuran en función de las rutas y caminos virreinales. La escritura sigue un *itinerario*, lo que produce el efecto de la lectura de un mapa. Este *mapa* requiere, para ser leído correctamente, de la presencia de organizadores textuales similares a los que se encuentran en los relatos de viaje. En los capítulos siguientes me ocuparé de estos relatos.

SEGUNDA PARTE

MIRADAS Y REPRESENTACIONES

Ya no se trata de "explicar" tres o cuatro textos sino de reflexionar sobre ciertos procedimientos o tendencias textuales que tienen relevancia para prácticas discursivas y semiológicas asociadas con el colonialismo en general.

Rolena Adorno

– CAPITULO III –

PROSIGAMOS AGORA NUESTRO VIAJE

El texto y su autor

La *Descripción breve de toda la tierra del Perú, Tucumán, Río de la Plata y Chile*, escrita entre 1591 y 1605 por fray Reginaldo de Lizárraga, permaneció inédita hasta 1909, cuando Serrano y Sanz la incluyó en la *Nueva Biblioteca de Autores Españoles*. Una primera noticia del texto proviene de Antonio de León Pinelo, quien en su *Epítome de la Biblioteca Oriental y Occidental, Náutica y Geográfica* (1629) señalaba en el apartado dedicado a los "autores de cuyos escritos hay duda": "De fray Reginaldo de Lizárraga, dominico, Obispo de la Imperial de Chile, tengo noticia de que escribió un curioso libro de cosas del Perú, y que le envió a este Reino" (Sánchez-Barba: 1964, 439). Se conjetura que Lizárraga envió el manuscrito a un vecino de Madrid con el propósito de que fuese impreso; en esta ciudad lo vio el cronista dominico fray Juan Meléndez, quien transcribió y comentó parte de la obra, a la que denominó la *"Historia"* de Lizárraga, en los capítulos XIV y XV de *Tesoros verdaderos de las Indias*, impreso en Roma en 1681 (Tieffemberg: 1994, 136). El manuscrito fue encontrado en la Biblioteca de San Lázaro en Zaragoza; de él se sacó en 1735 una copia defectuosa que se conserva en la Biblioteca Nacional de Madrid. Serrano y Sanz editó la obra en 1909 ateniéndose a la versión original; en 1916 Ricardo Rojas la publicó en Buenos Aires en los volúmenes 13 y 14 de su *"Biblioteca Argentina"* con el título de *Descripción Colonial*.

Los datos que de su autor se conocen provienen, casi en su totalidad, del propio texto. En efecto, Baltazar de Ovando –tal fue su nombre de bautismo– nació en Medellín, Extremadura, en 1545; siendo niño acompañó a sus padres al Nuevo Mundo, estableciéndose en Quito. Su familia estuvo relacionada con el Marqués de Cañete, quien casó a dos de sus hermanas y tomó a su servicio a un hermano. Ingresó en el convento del Rosario de la Orden Dominica en Lima, donde fue compañero de noviciado de Francisco de Vitoria, más tarde primer obispo del Tucumán. En 1560 tomó el hábito; al consagrarle, su maestro fray Tomás de Argomedo le cambió el nombre, "... diciendo que á la nueva vida, nuevos nombres se requerian. Yo me llamaba Baltazar; mandóme llamar Reginaldo, y con él me quedé hasta hoy" (1916, I, 97-8). Residió en Lima, donde llegaría a ser prior del convento del Rosario, y en Arequipa, Cusco, Guamanga y Trujillo, como doctrinero o como prior de su Orden. La Provincia dominica San Juan Bautista del Perú, fundada en 1539 por el Papa Paulo III, se dividió en 1586, creándose entonces la de San Lorenzo Mártir, cuya jurisdicción abarcaba los actuales territorios de Paraguay, Argentina y Chile. Lizárraga fue nombrado provincial y siendo general de la orden Sixto Fabro se le ordenó visitar los conventos del territorio dominico:

> ... el Rmo. General de nuestra Orden, desde Lisbona, sin yo imaginarlo ni pedirlo, dividió esta provincia de la del Perú, y me nombró Provincial della, sin merecerlo; hice lo que se me mandó y vine por tierra desde la ciudad de Los Reyes, donde era prior de nuestro convento, por tierra, que como dicho tengo arriba, son más de ochocientas leguas, las más de las trescientas despobladas y de diversos temples ... (Lizárraga: 1916, II, 284-85)

El primer viaje que realiza a Chile, como visitador de la Orden, fue entre 1586 y 1591, retornando luego a Lima para ocupar el cargo de maestro de novicios. En 1594 acompañó en calidad de capellán a la armada que salió en busca del pirata Hawkins. El virrey García Hurtado de Mendoza lo recomendó ante Felipe II para el obispado de la Imperial, en Chile; fue nombrado en 1599 y viajó en 1602,[1] haciéndose

---

[1] No es posible resolver, por lo contradictorio de los datos que aporta el propio texto, si el viaje por tierra fue el primero o el segundo que realizó a Chile, ya que en una oportunidad dice, al hablar de la pobreza del convento de Santiago del Estero en el Tucumán: "Pasando yo por esta provincia (y esto me compelió ir por ella á Chile) ..." (1916, II, 242), en otro momento anota que la primera vez fue "por mar desde el puerto de la ciudad de Los Reyes", y más adelante señala: "La primera vez que fuí á Chile, agora 22 años, no tardamos en llegar al puerto de Coquimbo más que veintidós días ..." (1916, I, 171). Ricardo Rojas (1957, III, 171-72) observa al respecto que, "... cuando fray Reginaldo describe las ciudades de Santiago del Estero y Mendoza, o pinta los paisajes de la llanura cuyana, se refiere a aquellos lugares tal como los viera en su primer viaje de 1589, cuando pasó para Chile como visitador de los conventos de su orden, y no como pudo verlos en 1602, si es que pasó por tierra argentina, cuando fue a tomar posesión de su obispado transandino. El viaje que describe es tan penoso por lo largo de las jornadas en el desierto y lo precario del hospedaje en los tambos indios, que sólo pudo realizar aquel viaje terrestre por necesidad de visitar los conventos. Parece explicable que el viaje episcopal, libre de ese deber, lo realizara por la costa del Pacífico". Los datos aportados por Lizárraga sobre las fundaciones y gobernantes del Tucumán parecen abonar la hipótesis de Rojas. Por mi parte, tomaré esta indeterminación como una señal de que el propósito de escritura se centra en la descripción de las tierras conocidas, más que en un relato con rasgos autobiográficos.

cargo de la sede entre 1603 y 1607, año en que fue trasladado a Asunción del Paraguay. Rojas y Vargas Ugarte indican que murió en 1615; por su parte, Torre Revello afirma que murió, siendo obispo del Río de la Plata, el 13 de noviembre de 1609.[2]

También hay divergencias con respecto a la época y el lugar en que Lizárraga escribió su obra. José Toribio Medina sostuvo que fue escrita en Chile; Sánchez-Barba (1968, x), basándose en el dato de que la *Descripción breve* está dedicada al conde de Lemos, presidente del Consejo de Indias entre abril de 1603 y diciembre de 1609, deduce que "... entre esos seis años la escribió fray Reginaldo, es decir, durante su estancia en Chile como Obispo de La Imperial e inmediatamente antes de ser nombrado Obispo de la Asunción ...". Rojas, por el contrario, considera que el texto fue elaborado en lugares y tiempos diferentes; esto es, la primera parte y algo de la segunda habrían sido escritas en el pueblo de Chongos, cerca de Jauja y de la villa de Oropesa, después de 1591, al término de su primer viaje, en tanto que los capítulos finales de la segunda parte, referentes a Chile, serían escritos en La Imperial, a partir de 1603. Basa esta hipótesis en una frase de Lizárraga –"Yo confieso verdad que en dos años que vivo en este pueblo de Chongos", capítulo LXXVIII de la primera parte– que presenta diferencias con el tiempo y el espacio a los que parece aludir la frase "... por ser obispado paupérrimo, que apenas se puede sustentar, y no tengo casa donde vivir, que si en San Francisco no me diesen dos celdas donde vivir, en todo el pueblo no habría comodo para ello ...", del capítulo LXXXI de la segunda parte referido a Chile. Considero –haciéndome eco de las reservas de Ricardo Rojas– que esta hipótesis es la más plausible, y que "... la obra fue en su conjunto formada con notas de diversas épocas de la vida de Lizárraga, reunidas con el ánimo de imprimirlas en España" (Rojas: 1957, 170).[3] A pesar de las constantes referencias temporales, es evidente que el dominico no se preocupó por dotar a su texto de una cronología exacta; las referencias puntuales no permiten establecer un eje temporal preciso, lo que indica que su interés no se centró en ese punto. El texto se data hacia 1605, pues ésta es la fecha que aparece en él, en referencia al presente de la escritura: "Entraron en él este año de 1605 cinco monjas de la Encarnación ..." (1916, I, 123).

---

[2] Se basa para ello en la Carta del Cabildo de Asunción del 1º de diciembre de 1609, en la que se dice que "el obispo desta Ciudad abra veinte días que murió de puro biejo" (Torre Revello: 1955, 381, nota 3).

[3] En una oportunidad Lizárraga (1916, I, 236) anota: "Esto oí á personas que conocieron á este soldado, y lo nombraban; cuando lo oí no tenía intencion de escrebir esto y así no encomendé á la memoria el nombre", lo que permite inferir que el texto responde a un ordenamiento posterior a los hechos relatados, tal como lo sugiere también el segmento dedicado a la enumeración de prelados y gobernantes.

Los nombres del texto

El texto se compone de dos libros. El "Libro Primero" se titula: "*Descripción breve de toda la tierra del Perú, Tucumán, Río de la Plata y Chile*", seguido de la dedicatoria al conde de Lemos; contiene 116 capítulos encabezados por breves epígrafes. El "Libro Segundo" lleva por título: "*De los prelados eclesiásticos del Reino del Perú, desde el reverendísimo don Jerónimo de Loaisa, de buena memoria, y de los Virreyes que lo han gobernado, y cosas sucedidas desde don Antonio de Mendoza hasta el Conde de Monterrey, y de los gobernadores de Tucumán y Chile*" y contiene 88 capítulos. Sin embargo, a pesar de lo que indica este título, 18 capítulos (LXII-LXXX) retoman la descripción de los caminos virreinales, materia predominante en el primer libro. De este modo, Lizárraga concibe su obra como integrada en el dominio de la Historia Natural y Moral. El amplio campo de aquélla se despliega en el "Libro Primero" y reaparece en el segundo. Dos son los ejes semánticos que organizan este dominio de objetos: los caminos y las ciudades. La Historia Moral, por su parte, refiere al gobierno civil y eclesiástico español, y se extiende a las calidades y costumbres de los naturales de Perú y Chile y de los criollos. Ambos dominios constituyen el entramado a partir del cual intenta ofrecer una visión integrada de todos los aspectos atingentes al virreinato del Perú.

Las referencias metatextuales, sin ser muy abundantes, dan cuenta de esta perspectiva amplia. El término de mayor frecuencia es *descripción*. Aparece en el título general y en el "Libro Primero"; se reitera en sus tres primeros capítulos y opera como término elidido –para evitar una reiteración enojosa– en prácticamente la totalidad de los epígrafes que titulan los capítulos. Reaparece en varias oportunidades: "y esto cuanto á la descripcion de la costa del Pirú"; "Habiendo tractado con la brevedad posible la descripcion deste reino del Perú". Dicha nominación es inseparable del adjetivo "breve", aunque también –si se observa el diseño general del texto– remite al sentido etimológico del término: escribir según un modelo. Como en otros textos de la época, en el de Lizárraga los vocablos que lo nominan se utilizan indistintamente. Por ello, en relación también con la "brevedad", el texto será denominado *compendio*: "donde al presente escribimos este breve compendio"; "Muchas cosas, si de años atrás fuera mi intento hacer este breve compendio, se pudieran escrebir"; de esta manera, el vocablo actualiza los semas de brevedad y resumen de lo esencial.

Por otra parte, el texto también será denominado *historia*: "... ya se puede decir que de historiador me he vuelto médico; no es inconveniente tractar en historia, ó descripcion de tierras, las cosas provechosas que en ella se hallan para la salud de los hombres". (1916, I, 209). Los términos equiparados son "historia" y "descripción" (esta última claramente relacionada con el factor espacial); en Lizárraga el vocablo parece aludir a la actividad indagatoria de formular preguntas o ser testigo de vista de lo que se describe, en relación con el propósito didáctico que recorre el texto. Por las materias de ambos Libros, es evidente que *historia* abarca tanto los aspectos sujetos al orden temporal –los sucesivos gobiernos civiles y eclesiásticos del Perú– como aquellos que, por pertenecer a la órbita de lo natural, no están sujetos a él, tal la *descripción* de las tierras.

La ambigüedad terminológica que se presenta en la obra del dominico encuentra su punto de cohesión en el término "brevedad";[4] se trata de un rasgo característico del texto que se relaciona con la función testimonial; ello se evidencia en la separación que parece establecer entre su texto, resultado de una experiencia personal y de su actividad religiosa, y los que son obra de "historiadores". Señala, por ejemplo, "Esto en breve, que es más recopilación de historia que historia". Es un caso similar al de Fernández de Oviedo y revelador, igualmente, de las "preocupaciones de la conciencia letrada" (Mignolo: 1982, 78) respecto del estilo y tema de la historia, que debía referir a hechos importantes. En Lizárraga habrán de sumársele, a la conciencia de que su obra es fruto de la experiencia, ciertas facetas que lo presentan como un exponente de la "conciencia criolla" del siglo XVII. Ahora bien, más allá del reconocer que su obra no se ajusta a un "estilo alto", el autor parece seguir la línea de Bartolomé de Las Casas en lo referido a las condiciones que habrá de tener quien escriba historia, esto es, ser un varón docto y probo.[5] Por otra parte, en la convicción de que su experiencia puede ser valiosa para otros, coincide con el concepto de historiografía esbozado en 1611 por Cabrera de Córdoba en *De historia para entenderla y escribirla*: "Yo digo, es la historia narración de verdades por hombre sabio, para enseñar a bien vivir" (cit. en Mignolo: 1982, 77-78, nota 78).

El término *relación* aparece en su acepción de "relato" para referir al propio texto o a la información dada por otros individuos, si bien es probable que Lizárraga haya tomado contacto con las Relaciones demandadas por la corona. En todo caso, parece prevalecer el sentido de relato caracterizado por la brevedad y encauzado en un propósito de escritura que se ajusta sustancialmente a aquello que fue presenciado o experimentado por el autor: "... lo cual por ser largo de referir, y ser más de escuelas que de relaciones breves, no se tractará más dello". Evidencia así claridad respecto de su propósito; el texto no se ciñe a

---

[4] En la acepción de *Autoridades*: "También significa concisión y compendio, como la brevedad del discurso, de la oración, etc.".

[5] Dice Las Casas en su *Historia de las Indias*: "Tampoco conviene a todo género de personas ocuparse con tal ejercicio, según se entendía de Methástenes, sino a varones escogidos, doctos, prudentes, filósofos, perspicacísimos, espirituales y dedicados al culto divino como antes eran y hoy son los sabios sacerdotes" (cit. en Mignolo: 1982, 78).

principios ni preceptos propios de una enseñanza metódica[6] impartida en centros universitarios según las teorías vigentes en la época. Al mismo tiempo, la brevedad del relato no sólo está marcando un estilo de escritura, sino que diseña la figura del letrado en su texto. En este sentido, puede decirse que ella coincide con la pergeñada por Las Casas, autor cuya obra fue ampliamente conocida entre los miembros de su Orden en el Perú. Lizárraga se presenta a sí mismo como un religioso que, en virtud de su conocimiento de décadas de la realidad peruana, ha adquirido una sabiduría que autoriza su escritura; ésta, por el propósito didáctico que conlleva, no necesita presentarse con ornato, sino de manera directa y simplemente como resultado de su experiencia.

El propósito de escritura: la "descripción breve"

El "propósito" o "intento" de escritura se señala por primera vez en el capítulo II, "De la descripcion del Pirú":

> Descendiendo en particular á nuestro intento, trataré lo que he visto, como hombre que allegué á este Perú más ha de cincuenta años el día que esto escribo, muchacho de quince años, con mis padres, que vinieron á Quito, desde donde, aunque en diferentes tiempos y edades, he visto muchas veces lo más y mejor deste Pirú, de allí hasta Potosí, que son más de 600 leguas, y desde Potosí al reino de Chile, por tierra, que hay más de quinientas, atravesando todo el reino de Tucumán, y á Chile me ha mandado la obediencia ir dos veces; ésta que acabo de dicir fué la segunda, y la primera por mar desde el puerto de la ciudad de Los Reyes; he dicho ésto porque no hablaré de oidas, sino muy poco, y entonces diré haberlo oido mas á personas fidedignas; lo demás he visto con mis propios ojos, y como dicen, palpado con las manos; por lo cual lo visto es verdad, y lo oido no menos; algunas cosas diré que parece van contra toda razón natural, á las cuales el incrédulo dirá que de largas vías, etc., mas el tal dará muestras de un corto entendimiento, porque no creer los hombres sino lo que en sus patrias veen, es de los tales. (Lizárraga: 1916, I, 42-43)

Todo el capítulo[7] expone un programa de escritura, encaminado a

---

[6] Como parece desprenderse de la acepción del término utilizado: "Escuelas en plural. Los sitios o parajes donde están los estudios generales, en que se enseñan las Ciencias, Disciplinas y Facultades de Theología, Filosofía, Cánones, Leyes, Medicina, Lenguas y otras Artes Liberales: como las Universidades de Salamanca, Alcalá, París, etc.". (*Autoridades*).

[7] Por sus características programáticas puede considerarse al capítulo II una especie de prólogo, ya que el capítulo I dedicado al origen de los amerindios aparece como algo desgajado del conjunto descriptivo; en éste, Lizárraga más bien se ajusta a convenciones letradas de la época. Sigue así a Floriano de Ocampo en su interpretación de que los cartagineses fueron los primeros en arribar al Nuevo Mundo. El origen pretendidamente "prestigioso" de tal conquista legitima, al mismo tiempo, la posición de la metrópoli y de la colonia: "Empero por aquellos senadores cartagineses fué acordado por entonces se dejase de tratar de aquello, mandando con mucho rigor nadie volviese á aquellas islas, porque tenian por más importante el señorio y riqueza de nuestra Es-

explicitar varios aspectos. En primer lugar, acota la materia que ha de tratar mediante la frase "en particular"; si se considera que el capítulo I está dedicado al tópico del origen de los amerindios, se advertirá que focaliza ahora la materia ciñéndola al Perú. Ingresa, pues, el texto en el marco de la Historia Particular, topográficamente delimitada como "el Perú", tendencia que se considera más marcada durante el siglo XVII (Mignolo 1982). Tal lineamiento se relaciona con el carácter testimonial que el autor adjudica a su texto, al señalar que tratará solamente acerca de lo que ha visto y de la información recabada a personas fidedignas; en ello fundará la verdad del texto. Se trata, pues, de un saber adquirido mediante una larga experiencia –de allí la frecuencia con la que se reiteran los años de conocimiento–, y no de un saber basado en la frecuentación de los textos.[8] Al diseñar su figura como autor anticipa que hablará de cosas que podrán ser consideradas "ficciones peruleras", previniendo así al lector "incrédulo". Lizárraga parece dirigirse a un lector europeo, poco preparado para aceptar las verdades que no puede ver y, por ello mismo, con un criterio cerrado. Por eso, el lector ideal es, para el religioso, el "prudente lector"; es decir, el que acepta –a partir de las condiciones que habilitan al autor para hablarlo que éste dice. Como vemos, se esboza a partir de este capítulo, la conciencia de una "diferencia" –una marca de la heterogeneidad– en la medida en que escribe para un público desconocedor de la realidad indiana. Por otra parte, señala que el texto es el resultado de haber visto todo el virreinato del Perú desde Quito hasta Chile "en diferentes tiempos y edades". Ello evidencia que no se propone dar cuenta de uno o varios itinerarios pautados en tiempos específicos. Su intención es describir toda la tierra del Perú, acudiendo para ello a su experiencia de caminante, pero sin que ésta prevalezca por sobre su propósito. Es significativa además la presencia de un elemento que será característico del relato de viaje del período: el viaje es el resultado de la obediencia a un mandato; no se trata, pues, de un recorrido hecho por el simple afán de conocer. Vemos así diseñarse la figura del "caminante" clásica de este momento, cuya relevancia fue tan importante como para ser contemplada en el interrogatorio de 1605 elaborado por el conde de Lemos.

Aparte del capítulo "prólogo", Lizárraga menciona en varias oportunidades su propósito. Se trata de referencias breves, que por lo general tienden a puntuar una restricción en la materia, reencauzando el proyecto y acentuando la relación texto-viaje: "Volviendo á nuestro propósito, desde Xayanca á Trujillo, agora 43 años, poco más o menos,

---

paña que poblar nuevas tierras" (1916, I, 40).

[8] La afirmación de su calidad de testigo va acompañada de una frase de tipo coloquial ("y como dicen, palpado con las manos"), a la que añade la primera parte de un refrán ("de largas vías, etc."). En la obra de Lizárraga es muy frecuente la presencia de proverbios y sentencias populares, lo cual es otro índice de que el texto fue concebido como resultado de una experiencia personal y no como actividad de gabinete.

se caminaba á la tierra adentro ocho leguas y diez de la costa de la mar, ó se declinaba la costa; yo vine por la costa ... (1916, I, 64). En otros momentos, acota la materia y establece un corte en el discurrir de lo que está relatando: "Los rayos son muy frecuentes que hacen daño, y si no fuera por salir de mi intento dijera cosas raras que han sucedido en el tiempo que viví en ella". (1916, I, 250). Este movimiento muestra que se ajusta a un plan que determina una menor frecuencia de casos en los tramos del texto en que predomina la descripción de las rutas y ciudades.

El propósito de escritura refiere también a la brevedad con que será tratada la materia; cuando se alude a ella vuelve a producirse una restricción textual: "Otras muchas limosnas hizo á caballeros pobres y á personas necesitadas, que sería largo de contar, y nuestro intento no lo permite; pero decillas en breve, pídelo ... (1916, II, 85). El segmento pertenece al conjunto de capítulos destinados a la exposición de las cualidades de los gobernantes del Perú, en los que prevalece la dominante narrativa. En este caso, no se produce un pasaje hacia lo descriptivo, sino una llamada al lector para que advierta que la brevedad es el estilo elegido. En otras oportunidades queda explicitado el propósito remitiendo a la materia y a su modo de tratamiento; se presenta como resumen recolector de lo expuesto. Esto ocurre en cuatro momentos; el primero, hacia el final del Libro I: "Habiendo tractado con la brevedad que prometimos de las ciudades, caminos y otras cosas particulares tocantes á los españoles, ya es tiempo tractemos de las condiciones destos indios" (1916, I, 290). Se retoma en los capítulos I y VII del Libro II (11 y 38) y también en el capítulo LXI, cuando, al finalizar el tratamiento de los gobernantes, y antes de continuar con la descripción "Del camino de Talina á Tucumán", señala:

> Con lo hasta aquí tractado nos parece haber concluido con la brevedad posible dejando escriptos los caminos desde Quito á Talina, y lo demás digno de memoria subcedido en tiempos de los Virreyes que han gobernado los reinos del Perú, desde el marqués de Cañete, don Hurtado de Mendoza, de buena memoria, hasta don García de Mendoza, su hijo, subcesor en el marquesado; todo lo cual, á lo menos la mayor parte, habemos visto o sabido por relaciones verdaderas, que es lo menos que en estos ringlones dejamos á ésta escritura encomendado, porque no quedase anegado en el profundo del río del olvido. (Lizárraga: 1916, II, 223)

De este modo, el propósito de escritura se conjuga con la puntualización de la materia tratada. Los "caminos" y "ciudades" constituyen uno de los temas de mayor relevancia pues, como veremos, forman el soporte estructural del texto en su conjunto y son el objeto de la descripción. Luego está el otro grupo de materias, dedicadas a marcar las diferencias entre españoles, criollos y naturales y al gobierno civil y eclesiástico. Lizárraga volverá a insistir en la condición de "brevedad" de su texto[9] y finalizará con la mención al tópico del olvido. Historia

---

[9] Como ha señalado Curtius (1975, II, 682-83), la brevedad era una de las "uirtu-

Natural y Moral son, pues, dos órbitas que se consolidan mutuamente en la búsqueda de un equilibrio de materias. La remisión de las mismas al testimonio de lo visto y lo vivido tiene efectos en el tipo de texto. En este sentido, es evidente que la *Descripción breve* difícilmente puede adscribirse a un tipo textual único; participa más bien de una familia de textos con una nota que puede agregarse ahora, presente en la mención al vocablo "viaje".

El libro como relato de viaje

Algunos elementos específicos evidencian que el texto se configura como un relato de viaje, además de conjugar otros aspectos. En primer lugar, está la cuestión del *tipo de viaje* de que se trata, explicitado en varias oportunidades:

... y á Chile me ha mandado la obediencia ir dos veces ...

... como lo he visto y pasado con no poco riesgo, compelido por la obediencia, con la cual en medio del i[n]vierno caminaba.

... yo bajaba de la ciudad de La Plata por órden de mi perlado á la ciudad de Los Reyes por este mismo mes, y venía á la ciudad de Arequipa ...

... yo he visto muchas veces esta tierra desde Los Reyes á Potosí, donde la obediencia me ha enviado á servir ... (Lizárraga: 1916; I, 42, 208 y 214; II, 102)

Se trata de viajes realizados en cumplimiento de un mandato de obediencia a los superiores, pertenezcan éstos al orden civil o eclesiástico. Puede considerarse entonces que el relato del viaje constituye un informe que da cuenta a los superiores de su realización y les impone acerca del estado de las cosas que demandaban inspección. Por el tiempo que insumía, por el carácter de la *visita*[10] y por la experiencia que se

---

tes narrationis"; esta recomendación de concisión en la "narratio" está presente en la *Rhetorica ad Herennium*, en Cicerón y Quintiliano.

[10] Céspedes del Castillo (1946, 991) resume en estos términos sus características: "1º, tener carácter de inspección; 2º, los funcionarios visitados continúan ejerciendo sus cargos [...]; 3º, no se aplica universalmente, y la tendencia a utilizarla de un modo periódico, ya que no habitual, abarca sólo a ciertos tipos de visita y no triunfa en muchos casos; 4º, tiene carácter colectivo, afectando siempre a organismos jurídicos con todo el personal que los integra; 5º, tiene cierta amplitud en cuanto a lugares donde se efectúa; 6º, carece en su desarrollo de limitaciones cronológicas, que se intentan establecer sin resultado". Por su parte, Jiménez de la Espada (1965, I, 34) observa: "... se instituyeron las visitas, que eran generales y sin tiempo fijo, y a cargo, casi siempre, de la suprema autoridad que entraba a gobernar, o periódicas y encomendadas a los oidores de las Audiencias o, en su defecto, a otras personas seglares o eclesiásticas de práctica, inteligencia y honradez conocidas". Ahora bien, es importante destacar que, aunque hablemos de Lizárraga o de Ocaña, ellos no se desplazaban de manera individual; constituyen el ápice de una pirámide, es decir, de un equipo que contaba con sus "lenguas" y ayudantes, quienes cumplían diferen-

adquiría en los extensos recorridos, quienes se desplazaban adquirían una competencia que los habilitaba para hablar de otros asuntos no contemplados en principio; por ello, el informe abarca en este momento aspectos como el etnológico, el social, el moral y el histórico. Sabemos por Lizárraga que la obediencia lo llevó a desempeñar funciones diferentes, permaneciendo por largos períodos en las ciudades o pueblos de doctrina.[11] La estada en los centros urbanos o el recorrido entre ellos es lo que permite que el relato de viaje se conforme según la distinción espacial ciudad/campo. En segundo lugar, en el texto aparece el vocablo "viaje"; si bien en sólo una oportunidad dice "prosigamos agora nuestro viaje", es evidente que el uso del plural conlleva una invitación al lector para situarse en los marcos de un determinado tipo de texto (aunque no excluyente). El "viaje" o la "relación de viaje" no tiene por objeto expresar las impresiones que suscita lo nuevo o extraño en una subjetividad, sino que conlleva un propósito didáctico, relacionado con la presencia en el texto de la figura del "prudente lector". Ésta será una nota permanente en el relato de viaje en los siglos XVII y XVIII y cristalizará en textos como *El lazarillo de ciegos caminantes*. Dentro del campo semántico de "viaje" encontramos además el vocablo "camino" como sinónimo de aquél:[12]

> Volviendo á proseguir nuestro camino y description de la provincia de Tucumán, de Jujui se llega en una jornada al valle de Salta ...
>
> ... por este camino que voy siguiendo, de cuando en cuando, á trechos, damos en unas mesas llanas, como descansaderos, y como bajamos se va moderando el tiempo hasta llegar á la dormida, siete leguas buenas, que llaman El Camarico, pero no hallaréis de comer si no lo lleváis. (Lizárraga: 1916, II, 230 y 259)

El primer ejemplo muestra la relación entre la materia tratada y la actividad escrituraria; la perifrástica señala el pasaje al tiempo presente, nota característica de este tipo de relato, que propone la imagen de un texto que es leído a medida que se produce el tránsito de los caminantes; de allí a los consejos apropiados para realizar un viaje en buenas condiciones hay un solo paso; el uso del plural reafirmará este efecto de inmediatez y co-presencia. El didactismo que impregna el relato tiene incidencia en la organización del texto según el modo de la

---

tes funciones. Ilustrativos, en este sentido, son los datos aportados por Arriaga en *La extirpación de la idolatría en el Perú* (1621) (1999, 114-15), en cuyo capítulo XII, al referirse a las calidades del visitador, indica que debía llevar la menor cantidad de criados en su séquito, pero que no se podía excusar la presencia de un notario y un fiscal, así como de religiosos que catequizaran y confesaran a los indios.

[11] Al referirse a la ciudad de Guamanga y a la excelencia de su temple, cuenta el sacerdote que se había puesto de acuerdo con un vecino en fundar un colegio en la casa de la Orden, proyecto que se frustró pues, señala "... sacóme la obediencia para este asiento y quedóse" (1916, I, 193).

[12] La relación viaje-camino tiene su correlato en la de su sujeto: viajero-caminante; este segundo vocablo es propio de los siglos XVI-XVIII.

lectura de un mapa; por esa razón, como se observara, hay una endeblez cronológica que impide rearmar los diferentes recorridos del religioso; así, por ejemplo, dice: "En toda esta provincia (Omasuyo) no he visto, dos veces que por ella he caminado, cosa digna de memoria ..." (1916, I, 228). Tales alusiones refuerzan el carácter testimonial del texto y, si por una parte impiden establecer fechas exactas, por otra otorgan al decir un poder persuasivo sustentado en la preeminencia del verbo "ver".

En cuanto a la organización espacial –que la *Descripción breve* comparte con otros textos de la época– ésta se adecua a los caminos virreinales. La descripción se inicia en el capítulo III, desde Puerto Viejo o Manta y avanza por la punta de Santa Helena, Guayaquil, valle de Chicama, La Puná, Tumbes, Paita, Piura y valle de Xayanca; en este punto se produce una detención en el camino para presentar las características de los llanos y sierras y luego se retoma el camino de la costa, desde Trujillo y los demás valles hasta Los Reyes, ciudad a la que se dedican treinta y cuatro capítulos. Reiniciada la descripción en el Callao, ésta avanza por la costa a través de los valles (Pachacámac, Chilca, Mala, Acra, Cañete, Lunaguaná, Chincha, Ica, Guayuri, Nazca, Ocaña, Camaná, Arequipa) y se detiene en Arica. En ese punto, indica Lizárraga: "Agora volvamos á las ciudades deste nuestro Perú por el camino de la Sierra ..." (I, 172), para describir a continuación Quito, los Quijos, Riobamba y Tumibamba ("por el camino real del Inga"), Loja, Cajamarca, Chachapoyas, Huanuco, Jauja, Oropesa, Castrovirreina, Guamanga, Cuzco, Vilcanota, la laguna de Chucuito, Copacabana, Cepita y Desaguadero, Tiaguanacu, Omasuyo, La Paz, Calamarca, La Plata, valle de Cliza o Mizque, Santa Cruz de la Sierra, La Plata, Potosí, Talina, la frontera chiriguana, Porco y Arica. Como se advierte, esta segunda ruta confluye en el mismo punto en que se detuvo el camino de la costa. En el Libro II, cap. LXI, se retoma el camino desde Talina a Tucumán; se describen Salta, Esteco, Santiago del Estero, Córdoba, el reino del Paraguay, Buenos Aires, Mendoza y Santiago de Chile. En el cap. LXXXIII anota: "Habemos de volver al otro camino de Chile que corre por la costa, hasta llegar á la misma cibdad de Santiago", completándose entonces el recorrido con la descripción de Morro Moreno, Coquimbo, Concepción, Valdivia, Osorno y Castro. Si ahora se consideran los capítulos de la Segunda Parte dedicados a los prelados, se observará que se adecuan al mismo diseño espacial:

> Habiendo tractado con la brevedad posible la discripcion deste reino del Perú, sus ciudades, caminos, y las costumbres y calidades de los naturales, y de los que nacen en él, nos es también forzoso tractar de los obispos y arzobispos que habemos conocido y tractado, y comenzando desde la ciudad de Quito ... (Lizárraga: 1916, II, 11)

El orden seguido en este ámbito comprende el obispado de Quito, el de Los Reyes, el Cusco, La Plata y el Tucumán y Paraguay o Río de la

Plata; de cada una de estas jurisdicciones se enumeran cronológicamente los obispos y prelados que actuaron en ellas.

Se advierte de este modo la existencia de una estructura de base, predominantemente descriptiva, que responde a un modelo topográfico común. Este nivel, correspondiente al de la Historia Natural (cuestiones geográficas, botánicas, zoológicas, físicas, experimentales, que Lizárraga como "hombre curioso" registrará en sus viajes) se entrama con el referido a la Historia Moral, estructuralmente conformado por secuencias narrativas; a veces éstas tendrán derivaciones moralizantes por medio de sentencias, refranes o alusiones religiosas, en las que juega un papel importante la enciclopedia del autor. En este plano, además, se estructura el sistema axiológico del texto por medio de vectores como antes/ahora o allá/aquí; éste será el nivel de la modalización de imágenes en el juego del nosotros/los otros.

Los caminos recorridos

A diferencia de textos como los de López de Velasco y Vázquez de Espinosa, más apegados a un ordenamiento que parte de lo general para llegar a lo particular según las divisiones político-administrativas coloniales, la obra de Lizárraga enfoca cada espacio en particular; esta modalidad se relaciona con el carácter testimonial de la misma. No obstante, y siendo el propósito la descripción breve de "toda la tierra", su autor hará sumarias aclaraciones respecto de los espacios no vistos por él. Las nominaciones de los capítulos son una guía para el lector, ya que funcionan como señaladores del espacio que tratarán. La descripción opera por contigüidad, quedando esbozada por lo general al inicio de cada capítulo mediante verbos que señalan acción de tránsito. Cada capítulo se compone, en función del esquema general, de dos segmentos; el primero comprende un sintagma que presenta el itinerario mediante gerundios y verbos en presente del indicativo en primera persona singular o plural. El segundo segmento focaliza el espacio al que se llega; se trata de descripciones breves, casi siempre dedicadas a anotar el temple, el tipo de cultivos, los animales.

Una particularidad que conviene anotar es que no existe un predominio descriptivo de lo urbano; exceptuando la extensión otorgada a la ciudad de Los Reyes, se advierte un equilibrio descriptivo en relación con los espacios rurales. En este sentido, es evidente que Lizárraga prefiere otorgar mayor atención a las particularidades del camino. Los aspectos relevados se orientan a dotar al lector-caminante de una información precisa sobre el tipo de clima, las calidades del terreno, la forma de vadear los ríos o de atravesar los desiertos, el tipo de enfermedades, en fin, todos aquellos datos que permitan mejorar las condiciones de viaje.

Desglosados los sintagmas iniciales de los capítulos y colocados uno a continuación del otro, se observa de qué modo se entrama el itinerario. Veamos unos ejemplos, correspondientes a tres capítulos sucesivos:

> "De aquí al puerto de Paita debe haber diez leguas, poco más ó menos. Es muy bueno y seguro; no le he visto; es escala de todos los navíos ..." [...].
>
> "De aquí nos metemos un poco la tierra adentro, deben ser otras doce leguas, á la ciudad llamada San Miguel de Piura ..." [...].
>
> "Desde esta ciudad de Trujillo, 18 leguas más adelante, la costa en la mano, llegamos al valle y puerto llamado Sancta ...".

Estos sintagmas iniciales canalizan la descripción de tipo "ambulatoria", en tanto que el resto del capítulo propone una descripción "fija" de las características relevantes del tramo; ellas conforman el universo de objetos describibles, dedicado a prevenir a los caminantes de inconvenientes o particularidades. En el mismo sentido, la ya clásica división que emanaba de los cuestionarios entre pueblo de indios/ pueblo de españoles, responde a un propósito práctico no especificado en el texto, pero corroborado en los segmentos dedicados a las costumbres de los indígenas, de informar al lector-caminante acerca de las pautas de conducta más adecuadas al medio. Los sintagmas iniciales "reducen" el espacio a la *dimensión perceptiva del caminante*, es decir que si bien se ajustan a la norma descriptiva común a los cuestionarios y textos que participan de ella en cuanto a la organización del relato, pretenden dar cuenta de la experiencia directa del viaje. Las marcas de esta "reducción" se observan en el tipo de señaladores espaciales; los más concretos son "a mano derecha", "sobre mano izquierda", que establecen un vínculo estrecho entre los miembros corporales y el espacio; los puntos cardinales o el "arriba" y el "abajo" y la cantidad de leguas "contadas" o "andadas" proyectan esta espacialidad concreta en señaladores convencionales.

Otro aspecto que coadyuva al efecto de inmediatez es el uso de la primera persona del plural en presente del indicativo, lo que en parte desprende el relato de su carácter de testimonio personal y le otorga un tono de experiencia compartida con el lector; así, "llegamos", "llegamos luego", "entramos", "comenzamos a bajar", "metiéndonos", "nos metemos", "llegándonos a", forman parte de esta constelación de frases con carácter instructivo. La frecuencia del gerundio en los verbos de tránsito es absoluta; "siguiendo", "corriendo", "pasando", "prosiguiendo", "caminando" al inicio de los segmentos establece la progresión en el espacio de referencia y en el texto. Es, pues, en este punto, en el que puede caracterizarse al relato de viaje como *la puesta en presencia en un texto del tránsito en el espacio*.

El universo de lo concreto

Cuando Reginaldo de Lizárraga establece la diferencia entre su texto y aquellos que son producto de "escuelas" está alertando acerca de las preocupaciones del letrado del siglo XVII, pero también subrayando la finalidad inmediata de servir de guía al caminante. La selección de la información tiende de este modo a dibujar un universo de objetos concretos, que es el que debe conocer el caminante. Esto supone en primer lugar, la importancia del "ver" y "palpar con las manos" anunciado en el capítulo "prólogo"; en segundo lugar, un orden temático ligado a lo cotidiano e inmediato, e incluso a lo sensitivo térmico. Por tales razones, la suya se presenta como una "relación breve", es decir, concisa, que aleja al texto de la visión panorámica. El afán didáctico, sostenido en la competencia del descriptor, se volcará hacia los aspectos del cotidiano. De este modo, puede decirse que la práctica inaugurada por los Cuestionarios y Relaciones y por los textos que dan cuenta de la preeminencia de un modelo retórico descriptivo hegemónico está presente igualmente en la *Descripción breve*, aunque acotada a la específica dimensión de guía.[13] Tal núcleo de intereses se visualiza, como vimos, en la estructura de los capítulos; a los sintagmas iniciales demarcadores del camino le seguirán, generalmente, los que canalizan la información acerca del tipo de camino, sus accidentes, y las prevenciones necesarias para el tránsito. Estas franjas articulan la descripción del espacio con la experiencia del mismo. Especial relevancia se otorga, por ejemplo, a las características de los ríos y puentes, la calidad de las aguas, el temple y el tipo de vientos:

> Tiene [Sancta] muchas y muy buenas tierras, todas de riego, con acequias de un rio de bonísima agua y muy grande, que pocas veces se deja vadear; pásase en balsas de calabazos, y es lo más seguro. Estas balsas las hacen los indios mayores ó menores, como es la gente ó hato que se ha de pasar. Los calabazos son muy grandes y redondos; ponen en una red á la larga ocho o diez, otros tantos en otra, y así la ensanchan conforme son los que han de balsear; hácenla de seis, siete y ocho hileras de calabazos. Las redes atan unas con otras; atadas, encima echan leña y rama porque no se mojen las personas y el hato. Luego dos indios, grandes nadadores como lo son todos los de los Llanos, atan unas sogas á la balsa, y ciñéndosela por el hombro toma cada uno su calabazo grande, y echándose sobre él nadan, y desta suerte llevan, y pasan la balsa de la otra parte del rio, por poco precio que se les da. Este rio desemboca viniendo de Trujillo, un poco más abajo del puerto, por cuya boca no se puede entrar ni tomar agua; empero de la acequia principal que pasa por cima del pueblo, sale una pequeña que cae en la playa del puerto. (Lizárraga: 1916, I, 76-77)

Teniendo en cuenta la general brevedad de los capítulos, se advierte que, "Del valle de Sancta" Lizárraga ha seleccionado unos pocos

---

[13] Con ello recupera una antigua tradición. Paul Zumthor (1994, 180) observa: "Las guías destinadas a los peregrinos reúnen informaciones y consejos (género documentado desde la Alta Edad Media, que prolifera entre el siglo XII y el XV) y son indisociables de la literatura hagiográfica".

elementos, anotando sólo su abundancia de productos, sus trapiches de azúcar y mencionando de pasada el daño que ocasiona a los serranos el poblamiento de españoles cerca del puerto. Estos datos, por lo escuetos, contrastan con el detallismo de la descripción de las balsas y del modo de atravesar el río, encapsulada en las frases que refieren a la calidad del agua, que obran como aviso al caminante. Las referencias de este tipo son abundantes:

> Más adelante llegamos al rio de Aporimac; éste también no se vadea; pásase por una puente de creznejas asaz larga y angosta, donde hay cantidad de mosquitos zancudos cantores, amicísimos de beber sangre humana, y no menos cantidad de los rodadores, tan sedientos como esotros; hay agua gruesa y muy cálida ... (Lizárraga: 1916, I, 196)

En relación con los elementos descriptos, la mención a insectos o "sabandijas" también ocupa un lugar destacado; por las páginas de la *Descripción breve* desfilan multitud de animales perjudiciales para el hombre. Ellos configuran una suerte de universo de "lo inferior" que, por cierto, habrá de tener resonancia en las teorías que derivaban la inferioridad del Nuevo Mundo de la presencia de reptiles e insectos. En la obra del dominico la mención a tales creaturas no supone ningún prejuicio; antes bien, su caracterización obedece a una finalidad pragmática preventiva:

> Las hitas que dijimos haber en la provincia de Los Charcas, grandes y asimismo pequeñas en gran cantidad; en el verano mucho mosquito de los zancudos y rodadores, moscas en este tiempo son innumerables, y de tal calidad, que si se acierta á tragar una en la comida, revuelve de tal manera el estómago que hace lanzar hasta la viva sangre, por lo cual, en las comidas, sobre el fuego, están dos indios con sus aventadores ahuyentando las moscas. (Lizárraga: 1916, II, 227-28)

A la animación que evoca el mundo de los insectos se le suma la ferocidad de otras bestias –osos, tigres, leones–; su mención convoca creencias comunes de la época:

> Es fértil de las sabandijas que dijimos haber en los demás Andes. Críanse allí osos muy grandes, que trastornan las mujeres, y ellas viéndoles, ninguna resistencia hacen; hay terribles tigres, y ha sucedido llegar un tigre á la casa donde dormian muchos indios, y de en medio dellos, si habia alguno no baptizado, llevárselo en las uñas sin hacer daño á los baptizados; esto no es fábula. (Lizárraga: 1916, I, 236-37)

Donde se advierte un mayor detenimiento es en las referencias al camino y los caminantes o pasajeros. Dentro de este campo se proveen datos sobre el modo de viajar y los aprestos necesarios. Es, pues, en estas franjas discursivas donde el texto adquiere un tono acentuado de guía o instructorio:

> ... de donde se camina por un despoblado de ochenta leguas hasta Atacama, por el cual sin guia no se puede caminar. [...] no es camino que sufre mucha compañía ni de hombres ni de caballos; camínanse estas 120 leguas de Atacama á Copiapó en veinte dias, dos más ó menos, si las nie-

ves no lo impiden [...] el matalotaje de los caminantes es biscocho, queso y tocino; los indios de guia, que son dos, se pagan primero que se pongan en camino, doce pesos á cada uno ... El hato y comida se lleva en las carretas; las personas, en caballos; pero no se ha de caminar más de lo que los bueyes pueden sufrir, que es á cuatro leguas cada dia, y para cada carreta son necesarios por lo menos cuatro bueyes; pastos, muchos y muy buenos; agua, poca.

El bajar no es dificultoso ni malo, más de que es más larga la bajada que la subida, por este camino que voy siguiendo, de cuando en cuando, á trechos, damos en unas mesas llanas, como descansaderos, y como bajamos se va moderando el tiempo hasta llegar á la dormida, siete leguas buenas, que llaman El Camarico, pero no hallaréis de comer si no lo llevais. (Lizárraga: 1916, I, 167-68; II, 237, 259)[14]

Los ejemplos citados permiten advertir la cantidad y detalle de la información que el dominico brinda a los lectores; ella se vierte como descripción del espacio, o en instrucciones. Se trata de una información precisa, que atiende no a asombrar –de allí que el registro de las "cosas notables" se reduzca a lo que el caminante puede ver en su recorrido–, sino a indicar cómo se debe transitar; por lo tanto, se despliega una semiosis que atiende a la confluencia espacio-individuo. Alerta acerca de los peligros, tanto de los ríos como de los cimarrones, y llega a la apelación directa al lector. En el relato de viaje vemos así configurarse *una imagen de lector que coincide con la del (posible) caminante*.

La atención puesta en las particularidades del camino impide que en estas zonas textuales haya un deslizamiento hacia lo argumentativo, lo que se evidencia en el modo de registrar la presencia de edificios, fenómenos o elementos curiosos. Lizárraga los describe desde la perspectiva de un caminante observador. Así, por ejemplo, la mención a la guaca de Trujillo se inicia con la frase: "A la entrada del valle vemos aquel famoso adoratorio..." y ofrece luego una percepción actualizada: "Hoy la vemos casi cubierta de arena ..." (1916, I, 146). Al señalar la presencia, en los campos del Tucumán, de unas bolas de piedra con puntas de cristal transparente, anota: "yo las he visto y tenido en mis manos", describiéndolas en analogía con los dedos de la mano y la pluma de ansar. La selección de los términos de comparación es indicativa de la *relación cosmos-cuerpo humano* que muestra que el universo de objetos es describible en función de la corporeidad, es decir, de una perspectiva concreta. "Ver", "palpar" son los verbos que expresan constantemente este rasgo. Este *a priori* corporal supone que la relación con lo sensorial es el basamento a partir del cual se construye una dimensión cognoscitiva. El texto de Lizárraga despliega, entonces, una profunda coherencia con el programa anunciado en el capítulo-prólogo. Es el ver con los "propios ojos, y como dicen, palpado con las manos" lo

---

[14] Cfr. también Lizárraga: 1916, I, 62-3, 70, 156, 159, 170, 181, 194-95, 196, 225, 289; II, 229, 230, 250, 253, 255, 258, 259, 260, 261, 265, 271, 274, 275.

que otorga el atributo de verdadero al relato ("por lo cual lo visto es verdad").

Los saberes sobre el mundo

Esta "verdad" del texto se funda en lo sensorial y se expresa en el carácter testimonial, es decir de experiencia, siempre en la órbita de lo cotidiano; está encauzada en dos órdenes: uno, temático, otro lingüístico. Con respecto al primero, se concentra en la referencia a las enfermedades y a sus remedios. En este ámbito, Lizárraga se presenta como el "hombre curioso" que encuentra por vía de la experiencia el remedio en la naturaleza a los males que ésta ocasiona. Ello, por cierto, señala una posición alternativa del sujeto, y la consecuente apertura hacia otra zona textual, prevista por el descriptor: "... ya se puede decir que de historiador me he vuelto médico ...". En sus recorridos observa la presencia de varias enfermedades; por ejemplo, con particular incidencia en Piura, pero también en los valles cercanos a Trujillo, la ceguera o afecciones a la vista, el catarro o el sarampión en el valle de Jauja, anotando, al describir los sitios, si son "enfermos" en razón de su clima. En los pueblos del norte chileno encuentra hitas, pero anota que "No pican a ninguna persona que de suyo sea melancólica, o que tenga mal olor de cuerpo, o pies, con ser ellas de muy mal olor; lo he visto por experiencia ..." (1916, I, 234). Pero donde su conocimiento se muestra muy amplio es en las variedades de hierbas medicinales (aspecto, por otra parte, valorado por autores como Alonso de Ovalle o Antonio de la Calancha). Al iniciar su descripción, se detiene en la punta de Santa Helena; menciona dos elementos que constituyen una constante descriptiva de la época:[15] la presencia de gigantes y "una fuente como de brea líquida", cuyo copey era utilizado para calafatear los barcos provenientes de Panamá. A la índole práctica de tal información, añade otra: "Dicen es bonísimo remedio para curar heridas frescas como no

---

[15] Francesco Carletti, en su *Ragionamenti del mio viaggio intorno al mondo* (1989: 36-37) señala, refiriéndose a Santa en 1595: "Nel qual luogo io veddi due cose che mi parvero maravigliose, sí come prima mi era stato raccontato esservi: che furno certe pozze d'acqua, dalla superficie della quale si cava una grassezza o bitume, quasi pece strutta molto piú untuosa, rada e liquida, della quale si servono gli Spagnuoli per catramare e impeciare le corde e sarte delle loro nave; di questo bitume se ne cava grandissima quantità e rende assai proffito alli segnori della terra che lo genera, e chiamasi in loro lingua 'coppei'. L'altra maraviglia fu un dente grande come un pugno, e uno stinco, o cannetta d'una gamba, piú grande che non sarebbe un mezzo uomo; le quale due cose, dente e stinco, dicevano quelli Indiani essere state d'uno uomo molto grande quivi, affermando che in altri tempi ve ne siano state una gran quantità, venutavi come forestieri, che poi furono disfatti e morti dalla moltitudine delli naturali del paese, e questo per li loro mali portamenti e vizi nefandi che usavano con l'Indiani". La descripción de Carletti tiende a inscribir los objetos en el orden de lo "maravilloso" o extraordinario.

haya rotura de niervo [sic]". En el capítulo siguiente, al hablar del pueblo de Guayaquil, anota las propiedades curativas de la zarzaparrilla, recomendada para el mal francés. Para reafirmar lo dicho, acudirá al relato de un caso de curación por él presenciado. En ocasiones, puede tratarse de una mención escueta, como cuando señala: "Tiene este asiento poca agua; una fuentecilla hay en él, que para deshacer la piedra de los riñones es muy probada ..." (1916, I, 162), o más amplia, añadiendo entonces la receta: "Esta agua, si es de piedra azufre, es singularísimo remedio para el mal de ijada é piedra; bebiéndola caliente cuanto se pudiere sufrir, deshace la piedra de los riñones y límpialos: es experiencia hecha, y si se trae y se vuelve fria hase de calentar y beberla caliente como está dicho, y tiene el mismo efecto ..." [1916, I, 209]. Cuando predominan estas explicaciones extensas, van acompañadas de casos que ilustran los remedios; especial atención merecen las picaduras de serpientes venenosas:

> Estos Andes [...] es tierra calidísima, muy lluviosa, llena de mil género de sabandijas ponzoñosas, que en las mismas chácaras se crian y hacen no poco daño, y la picadura es irremediable, hasta agora, que de pocos años se ha hallado el remedio, y es el más fácil del mundo y más manual. Uno de los primeros que lo supo fuí yo, y lo enseñó un perro. Pasó así: que andando á caza de perdices un soldado gentilhombre, arcabuz, llamado Pedro Ruiz de Ahumada, á un perro suyo picóle una víbora en el hocico [...] Venido al pueblo, luego me lo dijo: esto era en la ciudad de La Plata; sabido, escrebí a un religioso nuestro [...] que hiciese la experiencia en dos perros ... [Lizárraga: 1916, I, 204]

Una serie sucesiva de legitimaciones recorre este fragmento, tendientes a lograr credibilidad; en primer lugar, el caso le ocurre a un gentilhombre español, quien es el primero en relatarlo; luego Lizárraga escribe a un religioso para que vuelva a hacer la experiencia. Tres notas posibilitan, pues, certificar la experiencia: el ser español, el ser religioso y la escritura que demanda y provee el testimonio. Este pasaje es el que habilita la siguiente zona textual, que opera a manera de conclusión extrapolada de lo anecdótico: "De suerte que en picando la víbora habemos de buscar el agua; si es corriente es mejor, si es embalsamada no es inconveniente, y poner el pie ó la mano en el agua, de suerte que sobrepuje un jeme el agua á la picadura, y dejarlo estar allí espacio de una hora, y no es necesario más cura". (1916, I, 205).[16] El bocio, una enfermedad endémica a la que más tarde prestará atención

---

[16] Interesado en los ofidios, anota en otro pasaje: "... en las montañas y árboles se suben otras y de allí se arrojan á picar á los caminantes; estas dicen ser áspides. Todas las picaduras destas víboras son irremediables si luego no se les acude con el remedio que ya dijimos y enseñamos; otro se me olvidó poner allí: cúrase con una raizilla de que hay abundancia en esta provincia, junto á la ciudad de La Plata; ésta es delgada como el dedo, negrilla, huele como higuera; dase en polvo poca cantidad, súdase con ella, y hase de tener dieta; llamámosla en estas partes contrayerba". (1916, I, 234). Observando el comportamiento de los animales descubre que los puercos son enemigos mortales de las víboras y describe la lucha entre ambos (1916, I, 238).

Carrió de la Vandera, puede curarse, según el dominico, atándose dos cabezas de víboras a la garganta (1916, I, 238). Su conocimiento de las propiedades curativas de las hierbas y las piedras es evidentemente muy amplio; además de la contrayerba, menciona raíces para las cámaras de sangre y árboles como el tareo, cuya flor alivia el mal francés, la quinaquina cuya goma sirve para sahumerios contra la tos y el catarro, el molle, que purga flemas. La descripción de los métodos para obtener el remedio revela que el dominico se ocupó especialmente de estos temas.[17]

El saber acerca de las cosas del Nuevo Mundo se revelará, por otra parte, en el orden lingüístico, mediante la inclusión de proverbios, que proponen un acercamiento a los usos coloquiales, y en la traducción de términos desconocidos para el lector europeo. Los proverbios o refranes sintetizan alguna nota característica del lugar que se describe o del temperamento de sus habitantes, cristalizado en una frase que recoge el fruto de una experiencia generacionalmente renovada.

> El pan de aquí es de lo bueno del orbe, por lo cual ya es proverbio: *en Cañete toma pan y vete*, porque como no hay servicio de indios en el meson y muy poco recado para los caminantes, no se puede parar mucho en el pueblo. (Lizárraga: 1916, I, 149)

André Jolles, quien estudia el proverbio o sentencia como "forma simple" de la narración, considera que éste se sustenta en un "mundo de la experiencia". La sentencia constituye una suerte de imperativo categórico que es fruto de la experiencia; por lo tanto, posee una tendencia retrospectiva, es una conclusión. Desde esta perspectiva, Jolles rechaza el carácter didáctico –señalado por otros autores–, puesto que "todo lo didáctico es un comienzo sobre lo cual se debe construir" (1972, 144). No obstante tales recaudos, considero que este rasgo está presente en los proverbios actualizados por Lizárraga, en la medida en que se inscriben en un contexto de tipo didáctico. Muestra también su saber sobre el mundo en el conocimiento de términos y su traducción al castellano; los vocablos pertenecen en su mayoría a la toponimia: "... el valle ancho y fertilísimo, llamado Guarco, de los indios, y de nosotros Cañete ..."; "... Cusipampa, que es tanto como decir: valle de placer ..."; "Cajamarca, que quiere decir tierra ó provincia de espinas ó cardones espinosos ..."; "... Cachimayo, que es decir rio de la sal ..." (1916, I, 148, 182, 183, 264); aunque también se encuentran términos pertenecientes a otros ámbitos: "... la Puna, ó Xalca (Puna ó Xalca llamamos á la tierra fria donde se cria el ganado) ..."; "... totorales, que son una juncia gruesa como el dedo pulgar ..." (1916, II, 99; I, 213).

Sea, pues, en el orden temático o en el lingüístico, en estas zonas se afirma el saber-decir del descriptor. Si el universo de objetos describibles refiere a lo más concreto y cotidiano es precisamente porque

---

[17] Véase también Lizárraga: 1916, I, 255, 280-81; II, 247.

el propósito de escritura se encauza hacia lo didáctico. Al tornarse de "historiador" en "médico" Lizárraga profundiza aspectos que se hallan reglados en los cuestionarios, muestra una competencia que ora se expresa en el conocimiento de los caminos, ora en el de los insectos o los remedios. Este universo concreto diseña un tipo de autor que finca la "verdad" de su texto en la experiencia[18] y que se dirige correlativamente, a un lector "prudente".

Las figuras: el "hombre curioso", el "prudente lector"

Cuando el dominico anota, a propósito de los edificios antiguos de Tiawanacu, que "... casi no pasa por aquel pueblo hombre curioso que no las vaya á ver. La primera vez que por allí pasé con otros dos compañeros las fuimos á ver ..." (1916, I, 226), está diseñando su figura como la de un "hombre curioso", preocupado por averiguar la causa o la verdad de las cosas; esta verdad se alcanza mediante el interrogatorio o la experimentación. En varias oportunidades dará cuenta de su actitud indagatoria, que no pocas veces le lleva a desmentir una creencia generalizada; así, por ejemplo, al referirse a la profundidad del Desaguadero, nos dice:

> Comunmente se trata en este reino que no se le halla fondo, y que el agua por abajo corre con tanta velocidad que, por mucho que pese una piedra, si con ella la quieren sondar, se la lleva el agua. La primera vez que pasé por este Desaguadero llevaba intención de sondarlo y averiguar esta verdad; llegando con más de cincuenta brazas de sogas que saqué de Cepita, me puse en medio de la puente con una piedra como medio adobe; echéla al agua y luego se fué la piedra derecha al fondo como si no hobiera corriente alguna; sompeséla [sic] y sacándola hallé cuatro brazas y media de agua, de suerte que lo que se dice es fábula; tambien decian que cayendo alguna cosa en el agua era imposible salir; también lancé un perro y fácilmente salió nadando; y que por abajo no haya corriente es fácil de persuadir, aunque no lo hobiera experimentado con la sonda, porque como toda aquel agua sea un solo cuerpo, si por abajo fuera tan raudo y corriente, por el medio y por arriba habia de correr de la misma suerte. (Lizárraga: 1916, I, 224-25)

De este modo, Lizárraga se presenta como un individuo interesado en dilucidar creencias, atento a las peculiaridades que encuentra al paso; el lenguaje cobra entonces un matiz argumentativo de exposición de creencia y de prueba. En estos segmentos el yo descriptor se presenta revestido de la autoridad que le confiere el haber visto y experi-

---

[18] Es lo que se denomina "competencia de un sujeto", definida por Kerbrat-Orecchioni (1986, 24-25) como "la suma de todas sus posibilidades lingüísticas, [el] espectro completo de todo lo que es susceptible de producir y de interpretar"; a esta competencia estrictamente lingüística se suman sus "competencias culturales" o conjunto de saberes sobre el mundo, e "ideológica" o conjunto de sistemas de interpretación y evaluación del universo referencial.

mentado aquello de lo que habla. Ahora bien, si se considera que los cuestionarios emanados del Consejo de Indias durante los siglos XVI y XVII transmiten, a nivel institucional, una modalidad descriptiva que supone, consecuentemente, una actitud indagatoria, aparece en su estrecha relación lo individual y su práctica social. El texto del dominico, más allá de sus particularidades específicas, se enmarca en la retórica diseñada en los cuestionarios. Tres textos pertenecientes a esta serie jurídico-administrativa –además del texto-base, el "Cuestionario de 1577"– modelan la figura del "hombre curioso" y su presencia en la *Descripción breve;* ellos son emergentes "teóricos" de las prácticas escriturarias de los letrados indianos. Se trata de la "Real cédula inquiriendo de los obispos de Indias detallada descripción de la situación de sus distritos: iglesias, parroquias, curatos, hospitales, canongías, prebendas y beneficios, costos y alcances económicos de sus obispados", datada en Portalegre, el 5 de marzo de 1581; el "Interrogatorio" de 1604 de 355 capítulos y la "Real Cédula y Cuestionario para la formación de Descripciones geográficas y eclesiásticas que sirvan al cronista de Indias D. Tomás Tamayo", datada en Madrid el 31 de diciembre de 1635. Lizárraga, que fue obispo de la Imperial y del Paraguay, debió conocer la Real Cédula de 1581; los aspectos que según ésta debían relevarse están presentes en la *Descripción breve*: iglesias, conventos, fundadores de capellanías y hospitales de Lima y del Cusco; en cuanto al resto de los espacios –además de adecuar el itinerario a las jurisdicciones de la Provincia dominica– dan respuesta al ítem: "Y de los lugares que hay en todo el territorio y jurisdicción de ese obispado, así de españoles como de indios, y qué doctrina hay en ellos; y de los que están religiosos y de qué Orden, y clérigos ..." (Solano: 1988, 94). La Real Cédula de 1635 solicitaba información para que el Cronista Mayor de las Indias Tamayo de Vargas escribiera en latín la historia eclesiástica; estaba destinada a este sector y pedía a los arzobispos y obispos del Perú y de la Nueva España que de sí mismos indicaran nombre de la patria y padres, parroquia en que fueron bautizados, universidad donde cursaron estudios, si fueron colegiales, si obtuvieron cátedras, si escribieron libros sobre qué materias; si eran religiosos, en qué convento tomaron el hábito, en manos de qué prior profesaron, el día, mes y año; qué obispo los consagró; en qué día entró en su iglesia y dijo la primera misa; cuántas veces había visitado su obispado, etc. (Cfr. Solano: 1988, 113). En este plano, la información que de sí mismo proporciona Reginaldo de Lizárraga en su *Descripción breve* coincide absolutamente con los datos que, unos años después, serán la materia de los capítulos 1-14 del apartado correspondiente a la información personal del cuestionario. En la segunda parte del documento, tres capítulos, concernientes a la descripción del arzobispado u obispado, suponen una actividad indagatoria encauzada hacia aspectos muy puntuales: "7. Su descripción con todos los lugares que tiene [...]. 13. Qué ríos, fuentes, lagunas, volcanes y cosas notables. 14. Qué frutos más señalados y yerbas medicinales tiene" (Solano: 1988, 114). Como se ve, buena parte de las materias tratadas por Lizárraga responden a este dominio de objetos. La cercanía entre los aspectos descriptos por éste y el Cuestionario de 1635 es otro dato indicativo del entrecruzamiento entre lo personal y lo institucional en este período. A la luz de este documento, queda evidenciado que el texto del dominico constituye la puesta en práctica, en tanto "descripción", de un proyecto informativo institucionalizado. El tercer texto que puede relacionarse con el de Lizárraga es el Cuestionario de 1604 elaborado por el Conde de Lemos y Andrade; en él, como se señaló, adquiría importancia la descripción del *espacio despoblado* o no urbano y se prestaba atención a las dificultades y peligros del camino; además, se mencionaba por primera vez la figura del *caminante*. Los capítulos 130 a 168 y 207 a 209 indagan exhaustivamente acerca de las materias que toca Lizárraga en su descripción.[19]

Ahora bien, la figura complementaria a la del "hombre curioso" es la del "prudente lector", según se configura en el texto. En dos ocasiones el dominico apela directamente a él; cuando relata el modo en que el puerco mata a la víbora, finaliza diciendo: "He dicho esto para alivio del prudente lector", y al criticar el modo de crianza de los hijos de españoles y la nociva costumbre de usar como amas de leche a las indias, anota: "Luego algo va en esto, y porque no quiero cansar al prudente lector, le ruego lea el segundo libro del *Teatro del Mundo* ..." (1916, I, 238 y 308). Este "prudente lector" al que se apela tiene, por cierto, coincidencias con el "pasajero" o "caminante" a quien se destinan los avisos del viaje en repetidas oportunidades. Tiene, además, puntos de contacto con los "caminantes" nombrados en el Cuestionario de 1604 y con sus capítulos 80 a 99, que indagaban acerca del camino real, los despoblados, los tambos y sus recaudos, indicadores de la importancia que tuvo en el virreinato el tránsito de las personas que por motivos comerciales, burocráticos o religiosos recorrían constantemente sus caminos. De otro lado, que Lizárraga, en su doble carácter de letrado y obispo tuvo relaciones con el Consejo de Indias en la época en que escribe su *Descripción breve* o que, al menos estaba en contacto con las

---

[19] Las que con mayor frecuencia se desarrollan en el texto son: "137. Qué temperamento natural tiene este pueblo. 138. Qué variación de calor y frío, y a qué tiempos. 139. Si es enfermo, cálido o frío con exceso. 140. Qué enfermedades más ordinarias tiene. 141. Qué remedios experimentados contra ellas. 142. Qué yerbas, raíces, piedras, fuentes o baños medicinales. 143. Qué géneros de enfermedades se curan con cada cosa de éstas. 144. Qué río pasa por este pueblo, y en qué distancia. [...]. 150. Si es río navegable, y para qué disposición de bajeles y en cuánta distancia. 151. Qué puentes y pasajes tiene este río ... 152. Si son de madera, o piedra, o de otras composiciones y arte los puentes de este río. 153. Qué género y manera de balsas hay en este río [...]. 155. Qué lagunas hay en el distrito y comarca de este pueblo. 157. Cuánto tendrá de circunferencia y de ancho y largo cada laguna. 158. Si es de agua dulce o salobre [...]. 159. Qué fondo tendrá de agua la laguna por lo más hondo ... [...]. 207. Qué animales y sabandijas ponzoñosas hay en este pueblo y su distrito. 208. Qué yerbas y frutas ponzoñosas. 209. Qué contrayerbas y remedios (Solano: 1988, 102-105).

Cédulas Reales que demandaban información a los obispos y prelados, lo demuestra el hecho de que su texto fuera dedicado al "Excelentísimo Señor Conde de Lemus y Andrada, Presidente del Consejo Real de Indias".

La ciudad: suma y centro de las Indias

En los relatos que dan cuenta del itinerario del caminante aparece la oposición *espacio no urbano-despoblado/espacio urbano*, representativa de las operaciones ideológico-discursivas practicadas durante la colonia en relación a los espacios y a la composición étnico-social de los mismos. Los estudios que José Luis Romero y Ángel Rama dedicaron al proyecto urbano en América, llevado a cabo durante los siglos XVI y XVII, han puesto de relieve la importancia ideológica de la *ciudad* como expresión de la cultura y del orden emanado de la metrópoli. En un ensayo reciente dedicado a la *Descripción breve*, Silvia Tieffemberg puntualiza que, de los 204 capítulos de que consta el texto, 59 de ellos están destinados a la descripción de ciudades y 60 refieren a los prelados eclesiásticos y virreyes del Perú. "Pero lo más interesante –agrega– es que, en los capítulos restantes, el autor realiza una descripción subsidiaria en relación con las ciudades, por una parte, y con los prelados y virreyes, por otra" (1994, 139). Tal afirmación es cierta parcialmente, puesto que, salvo en tres casos específicos –Lima, Cusco y Potosí– no puede hablarse en rigor de una "descripción de ciudades". Lizárraga se ocupa del espacio urbano, pero no se muestra interesado más bien por aspectos como el temple, las estaciones, los vientos o las enfermedades a que son proclives sus habitantes. Tampoco puede decirse que la descripción del camino sea subsidiaria de la de las ciudades, sino que ambas conforman un todo enfocado desde la óptica del registro de cosas describibles de la época.

No obstante, los treinta y cinco capítulos dedicados a la ciudad de Los Reyes alertan acerca de la función ideológica que la *ciudad* cumple en el sector de los letrados indianos. En el caso de Lizárraga, es evidente que el tópico de "alabanza de ciudades" (Moraña 1994) está sustentado en el carácter emblemático que atribuye a la religiosidad limeña. Así, luego de un capítulo "introductorio" destinado a describir las excelencias del valle y las aguas de la ciudad, siguen diez capítulos dedicados al convento dominico, su iglesia y sus religiosos destacados. Los restantes refieren a las demás iglesias, los conventos de otras órdenes, la veintena de cofradías, la universidad, los colegios, hospitales y edificios, la vestimenta de las mujeres, la cristiandad del pueblo y las calidades de los allí nacidos. Unos trescientos noventa religiosos y alrededor de trescientas monjas y novicias conforman el sector de la población que Lizárraga prolijamente menciona.[20] Hay, pues, un orden de prelación en el que claramente el primer lugar se otorga a lo espiritual; probablemente ésta sea la causa del hiato estructural que relega al Libro Segundo el gobierno temporal. El sentido de este ordenamiento se desprende de las alusiones del dominico, que parece optar por las excelencias de los beneficios eclesiásticos, más que temporales, de la ciudad. A partir, pues, del capítulo introductorio, la descripción cobrará un tono de franca exaltación, hasta llegar al clímax: la noción de *patria*. Una serie de sintagmas con preponderancia de adjetivos superlativos irá forjando la imagen de la ciudad como epicentro de religiosidad; a la vez, en el contrapunto analógico, ella se revelará como superior a las ciudades del Viejo Mundo:

> En este breve tiempo, como acabamos de decir, han salido deste convento siete obispos, y tres casi á un tiempo juntamente, en lo cual excede á todos los conventos, no sólo de nuestra Orden, pero de los demás en España y fuera de España, porque á conventos de muchos años fundados no ha sucedido otro tanto. (Lizárraga: 1916, I, 105-106)

A lo largo de los diez capítulos consagrados a la Orden Dominica se despliega un panegírico de los beneficios espirituales de su accionar. La preeminencia es evidente en relación con las otras Ordenes, a las que superan en vocaciones logradas en breve tiempo, motivo que parece contrapesar el del "retardo" americano (Moraña 1994). Tal exaltación puede relacionarse con el contexto, estudiado por Bernard Lavallé (1993), de enfrentamientos tempranos entre criollos y peninsulares en el seno de la Orden Dominica de Lima; este historiador señala que, hacia 1565, el gobernador García de Castro daba cuenta de "grandes bandos y pasiones" que agitaban las rivalidades de ambos grupos en ocasión de las elecciones capitulares, conflicto que finalmente se zanjó al instituirse en 1617 la "alternativa", sistema de reparto alternado del gobierno de los provincialatos.[21] Lizárraga no alude en ningún momento al problema, prefiriendo mantenerse en el tono de alabanza. Sin embargo, él emergerá de manera solapada en el Libro II, cuando refiera su enfrentamiento con el virrey Toledo a propósito de la avanzada hacia territorio chiriguano, y se concentrará en el episodio de Valdivia, como veremos. Por el momento, la imagen religiosa que construye de Lima se consolida fuertemente en la labor que allí realizan los dominicos. En

---

[20] De hecho, es su rol social el que incide en la selección del aspecto religioso para exaltar Lima. Un viajero contemporáneo del dominico, el comerciante italiano Carletti, que residió en Lima entre enero y mayo de 1595, destaca la abundancia de la ciudad, el lujo de los mobiliarios, la vestimenta y joyas riquísimas con que se engalanan las limeñas, la devoción de sus habitantes con un tono entusiasta que no alcanza sin embargo la dimensión de panegírico (Cfr. Carletti: 1989, 38-46).

[21] La "alternativa" procuró resolver, en una instancia inicial, las rivalidades entre los frailes antiguos, o hijos de la provincia, y los frailes modernos, hijos de España; posteriormente, permitió zanjar los conflictos entre criollos y españoles (Cfr. Lavallé: 1993, 188).

un alarde retórico interroga: "¿A dónde, en todo el mundo en la cristiandad, hay ciudad cristiana que haya sucedido tanta grandeza?", para afirmar rotundamente: "No conocemos ciudad en ningun reino cristiano que tal tenga" (1916, I, 136). Dejándose llevar por el entusiasmo de sus propias palabras, a manera de recolección termina estableciendo una comparación en términos absolutos con Roma:

> Son, pues, tantos los jubileos que en esta ciudad á los monasterios, iglesias y capillas son concedidos, que no sé yo si, fuera de Roma, hay otra en toda la cristiandad de tantos, ni donde con tanto fervor se acuda a ganarlos, haciendo y tomando los medios que para ganarlos los Sumos Pontífices que los concedieron mandan se tomen. (Lizárraga: 1916, I, 139)

Concluye en este punto el tono exaltatorio que hace de Los Reyes uno de los centros más importantes de la cristiandad; para elaborar esta imagen, Lizárraga casi ha prescindido de otros aspectos, nombrando muy rápidamente el gasto en vino, pan y carne, los frutos de las chacras aledañas o las enfermedades más comunes, y desechando referencias concretas a edificios que simbolizan el poder temporal. Esta operación de selección celebratoria se articula con la noción de *patria* que resume su vínculo personal:

> Dejo otras particularidades, por no ser prolijo, y no se diga de mí que como aficionado las trato. Serla aficionado no lo niego, por tenerla por patria; en lo demás no digo tanto de bien como en ella, por la bondad de Dios, ha crecido en tan breves años. (Lizárraga: 1916, I, 141)

La *patria* en su sentido de afirmación de la ciudad, a la vez que de reivindicación de una identidad, habrá de integrarse en una compleja malla de determinaciones identitarias que incluye la perspectiva respecto de los demás grupos sociales. Esta malla se conformará por medio de imágenes del sí mismo y de los otros, que dará por resultado un lugar complejo, contradictorio incluso, en el que se inscribe el sujeto de la escritura como igualdad y diferencia frente a "los que en estas regiones vivimos". El criollismo del siglo XVII se constituirá en la tensión que marca la rivalidad con la Península y la búsqueda de comparaciones halagadoras con Europa.

Si Lima es arquetipo de esplendor y fervor religioso, Potosí lo es de riqueza. Pero, en este caso, la relación metrópoli-colonia que está a la base de la configuración de la imagen de ciudad adquiere un tono diferente. Lima precisa, para su descripción exaltatoria, de la analogía con una ciudad europea; Potosí, en tanto símbolo y suma del imperio, se ubica en una situación de superioridad frente a cualquier ciudad europea. Lima y Potosí canalizan las valencias religiosa y económica que constituyen los pilares sobre los que se yergue la colonización. En orden a la categorización espacial, la oposición centro-periferia queda claramente delimitada según la imagen geométrica que el texto propone:

> Volviendo a nuestro Potosí, porque siendo el centro de las Indias habemos de tractar ó traerle á la memoria muchas veces, como del centro salen mu-

chas líneas á la circunferencia, así de Potosí hay y salen muchos caminos y entran en él de diferentes partes ... (Lizárraga: 1916, I, 287)[22]

Esta centralidad marcada en el texto da cuenta de la importancia de la ciudad minera, de su incidencia en la creación de un mercado interno[23] en razón de que la circulación del capital se basaba en el consumo de mercaderías producidas en los espacios regionales que fincaban su economía en la demanda potosina.[24] Además, Potosí aparece como un foco expansivo de la frontera colonial.[25] Es pues esta urbe la que muestra el profundo carácter colonial de la empresa española en Indias.

Por otra parte, este "centro" es, al mismo tiempo que generador de riquezas para el imperio, productor de una escritura que se carga de epítetos para nominarlo mediante un conjunto de enunciados que amplifican, por acumulación, la abundancia que connota el cerro:

---

[22] Idéntica imagen geométrica utilizará, para referirse a la ciudad de Lima, el franciscano fray Buenaventura de Salinas y Córdoba en el *Memorial de las Historias del Nuevo Mundo Pirú*: "La figura y planta es cuadrada con tal orden y concierto que todas las calles son parejas tan anchas [...] y tan iguales que estando en la plaza principal se ven los confines de toda la ciudad, porque como del centro salen las líneas a la circunferencia así de la plaza hasta los fines de ella corren las calles largas ..." (Cit. en Lavallé: 1993, 135-36).

[23] Señala Lizárraga: "... se sacan destos Andes, para Potosí particularmente, cada año más de 60.000 cestos de coca, que cada uno debe pesar de 20 á 25 libras [...] Desde Potosí vienen al Cuzco con las barras de plata á comprar esta coca" (1916, I, 203).

[24] Observa Assadourian (1982, 319): "... los grandes centros mineros cumplen con una función de avanzada en el proceso de división del trabajo entre el campo y la ciudad, dentro de la formación colonial".

[25] Apunta Lizárraga: "Finalmente, todos los pueblos que se han poblado y se pueblan de españoles en aquella provincia de los Charcas, podemos decir que Potosí los puebla, porque con la confianza de llevarle lo que tienen de labranza y de crianza, anima á los españoles á meterse en las montañas de los Chiriguanas, y fundar pueblos en valles calorosísimos, llenos de las plagas referidas, y todo lo allana Potosí" (1916, I, 274). A propósito de la relación entre frontera minera y frontera agraria, Assadourian cita el testimonio del padre Cobo, en 1653: "... vemos que las provincias más estériles y de más áspero y riguroso temple de este reino, cuales son las que se incluyen en el distrito de la Real Audiencia de los Charcas, son el día de hoy las más pobladas de españoles y bastecidas de cuantas cosas se requieren para el sustento y regalo de los hombres, y esto por la incomparable riqueza de minas que hay en ellas, mayormente las del famoso cerro de Potosí y de la villa de Oruro, cuyos términos con ser los más estériles y ásperos del Perú, no sólo se han poblado de españoles, sino que, con ocasión de proveer de comidas los asientos de minas, se han dado muchos dellos tan de veras a la agricultura, que han fundado muy gruesas heredades en su comarca, no sólo en las tierras habitadas de indios, sino en muchos valles que han descubierto, los cuales eran inhabitables e incultos" (Cobo, Bernabé. *Historia del Nuevo Mundo*. Cit. en Assadourian: 1982, 283).

> Este cerro es conocidísimo entre mil que hobiera; parece que la naturaleza se esmeró en criarle como cosa de donde tanta riqueza había de salir; es como el centro de todas las Indias, fin é paradero de los que á ella venimos. Quien no ha visto a Potosí no ha visto las Indias. Es la riqueza del mundo, terror del Turco, freno de los enemigos de la fe y del nombre de los españoles, asombro de los herejes, silencio de las bárbaras naciones. Todos estos epítetos le convienen. Con la riqueza que ha salido de Potosí, Italia, Francia, Flandes y Alemaña son ricas y hasta el Turco tiene en su Tesoro barras de Potosí, y teme al señor deste cerro, en cuyos reinos corre aquella moneda; los enemigos del magno Filippo y de los brazos españoles y de su cristiandad, en trayendo á la memoria que es señor de Potosí, no se atreven a moverse de sus casas; los herejes quedan como despulsados, y cuando los potentados del mundo se quieren conjurar contra la Majestad católica, no aciertan á hablar. Es el más bien hecho cerro que se ha visto en todas las Indias, y si dijésemos en el mundo no creo seria exageracion... (Lizárraga: 1916, I, 265-66)

La identificación metafórica con los espacios europeos prestigiosos por antonomasia, elevan a Potosí a un plano de universalidad:

> ... finalmente, Potosí, podremos decir es España, Italia, Francia, Flandes, Venecia, México, China, porque de todas estas partes le viene lo mejor de sus mercaderias [...] y quien no ha visto á Potosí no ha visto las Indias, por más que haya visto, como habemos dicho. (Lizárraga: 1916, I, 278)

La referencia a Potosí se despliega entonces en dos niveles, el real, que circula por el carril descriptivo propio de las demás zonas textuales, y el simbólico que hace del cerro emblema de la monarquía. Ambos, sin embargo, se entrelazan a propósito del relato del descubrimiento de la veta, al ingresar abruptamente por medio del adverbio la marca de pertenencia española: "Jamás por los indios, antes que los españoles entrasen en este reino y lo poseyesen, fué conocido tener plata, ni jamás indio lo labró, ni vivió en él ..." (1916, I, 266). Convalida esta línea de apropiación-explotación la historia según la cual un guanaco perseguido por el yanacona resbala y descubre la veta, relato que implica un mecanismo de naturalización justificatoria de la apropiación, pues es aquí la propia naturaleza la que descubre para los españoles sus riquezas.

En contraste con el lenguaje metafórico con que se exalta a Los Reyes y Potosí, la descripción del Cusco es sumamente escueta, dedicándosele solamente un capítulo. La mala calidad de las aguas, el temple desabrido, la escasez de leña, las sombrías casas de los españoles, la suciedad de sus calles y su desproporción –desorden que emana de una disposición que no obedece al damero– proponen una percepción disfórica de la ciudad. Incluso los antiguos edificios incas no atraen demasiado la atención del dominico. Es clara la preeminencia que ha ido cobrando Los Reyes frente al Cusco:

> Esta ciudad es cabeza de obispado, y lo era de todo el reino, y aunque así se nombra en los contractos y escrituras que se hacen en ella, va perdiendo este título, porque la ciudad de Los Reyes se lo lleva con la asistencia

del virrey, Audiencia y Santa Inquisición, y otras calidades. (Lizárraga: 1916, I, 201)

Tampoco el antiguo esplendor incaico, exaltado en otros textos como imagen de orden, es abordado en esta instancia por el dominico, tal vez por la preocupación que su Orden había demostrado por el estado actual de los naturales, sometidos al rigor de los encomenderos, a tributos altos y a la mita potosina. Fray Domingo de Santo Tomás había expresado, en los tiempos de La Gasca, que Potosí era "boca de infierno que para tragar ánimas ha permitido Dios que se haya descubierto en esta tierra" (cit. en Assadourian: 1994, 178); por su parte, nuestro autor se referirá al traslado forzoso de los indígenas: "En estos Andes no hay indios naturales; llevan, para el beneficio de la coca, del distrito del Cuzco, indios bien contra su voluntad, porque es llevarlos á la casa de la muerte ..." (1916, I, 207). Es así que el Cusco, imagen viva de ciudad en la que coexisten dos culturas y que fuera centro del Tawantinsuyo, aparece en un presente desligado del pasado incaico; *tour de force* que tiene implicancias en la percepción recortada e insuficiente que de la ciudad brinda el descriptor a los lectores.

Se ha señalado que el lugar privilegiado que el indio tuvo en las obras españolas del siglo XVI desaparece en las del XVII; para esta literatura "criolla": "El indio, el habitante de la sierra y de los campos está prácticamente ausente y las pocas páginas sin originalidad que le están dedicadas conciernen solamente al pasado y a los esplendores del imperio inca a los que, por lo demás, el indio parece ajeno" (Lavallé: 1994, 119-20). Quizás sea ésta la razón por la cual la imagen que del Cusco propone Lizárraga carezca del tono exaltado con que se recrean las otras dos ciudades. El gesto de exclusión descriptiva es otra faceta de la contradictoria posición del letrado peruano, quien buscará afirmar su lugar de enunciación dignificando las ciudades que son creación de la mentalidad metropolitana.

El gobierno del reino

Un aspecto que llama la atención al abordar el texto es el ordenamiento discontinuo de los constituyentes de la *ciudad*. En efecto, en el Libro I se destinan 35 capítulos a la ciudad de Los Reyes, pero sólo en el Libro II se presentará el gobierno de prelados y virreyes. Tal disposición es ajena a la que predomina en los relatos de viajeros del período, los que al abordar el espacio urbano registran la totalidad de aspectos que lo conforman: edificios, planta, gobierno, grupos sociales, etc. En el caso de Reginaldo de Lizárraga este ordenamiento responde a una orientación general, dada por la mención a los centros y caminos virreinales; en el marco de este esquema se delimita un espacio (Los Reyes), al que se le otorga una funcionalidad específica (el ser centro de cristiandad), y al que más adelante se le agregará un segundo atributo (el ser centro del gobierno temporal); el diseño estructural expone así claramente un orden de prelación religioso. Por su parte, los capítulos dedicados al gobierno eclesiástico y temporal del Libro II reproducen el ordenamiento general, al tratar en primer lugar el gobierno eclesiástico y luego el temporal. Se trata de una cuestión que trasciende la elección de uno u otro tipo de disposición estructural; desde el punto de vista de los "lugares" que se construyen en el texto, es evidente que, en tanto la presentación de Los Reyes en el Libro I por su carácter laudatorio ofrece una perspectiva prácticamente homogénea, construyéndose como imagen cristalizada en su positividad, en el Libro II por el contrario, al evocarse los sucesivos gobiernos, la representación primera adquiere complejidad evidenciando las tensiones que solapadamente se gestan al interior del gobierno de la ciudad letrada. Tales tensiones no refieren únicamente a conflictos políticos o criterios de gobierno divergentes, sino que afectan a las posiciones que los actores ocupan en ellos. El texto del dominico estará expresando, en la forma de una "recopilación de historia", el juego de imágenes cruzadas de los sujetos en relación, lo que permite leer las notas caracterizadoras del criollismo del siglo XVII,[26] irrumpiendo de manera encubierta en un relato destinado a *dar aviso* y prevenir acerca de situaciones que rebasan las atingentes al "caminante".

En el marco de la "recopilación" interesa observar que la selección de cuestiones específicas que, a su tiempo, ocuparon a los prelados, contribuye a dar cuerpo a la problemática colonial. La semblanza del dominico Gerónimo de Loaysa se elabora por comparación con la figura de García de Loaysa, obispo de Sevilla, pariente y compañero de Orden; se propone así la similitud de dotes religiosas desarrolladas en los espacios metropolitano y colonial. La figura de Loaysa posibilita el desarrollo de un tema importante en este segmento del texto: la defensa de los naturales:

> Celosísimo del bien y conservación de los naturales deste reino, tanto como ha habido en todas las Indias prelados, y si dijere más no engañaré; por el bien de los cuales no temía barbadamente oponerse á los Virreyes y Audiencias, en lo cual á Nuestro Señor hacia servicio, y no menos al Rey ...
> (Lizárraga: 1916, II, 15)

Son los religiosos dominicos quienes mayor celo demuestran en esta defensa, la que a su vez expresa el vínculo con el poder real.[27] Un

---

[26] Señala Susana Zanetti (1993, 219): "Si bien es cierto que estos letrados cumplieron un papel relevante en el control social por su manejo de los lenguajes simbólicos, llevaron adelante esta función en un ambiente de tensiones y rivalidades, de límites y postergaciones diversas, vinculadas a la vida social y cultural de sus centros específicos, cuyas marcas son más que perceptibles en sus textos. Los une el hecho de que los letrados son parte de la emergencia de formas de conciencia criolla hacia 1620 y aún antes".

[27] El relato de casos ocurridos en el tiempo de Loaysa, que conforman secuencias como las del clérigo mal vestido y la endemoniada fingida, contribuye a deli-

tratamiento igualmente laudatorio recibe Toribio de Mogrovejo; entre todas las virtudes destacadas reaparece la de la preocupación por los indígenas:

> El cual no creo que ha vivido, en más de 26 años que tiene la silla, los tres en la ciudad de Los Reyes, ocupado en caminos bien ásperos, confirmando á los niños y desagraviando á los indios que halla agraviados de los sacerdotes que entre ellos residen. (Lizárraga: 1916, II, 20)

En los capítulos siguientes, al mencionar a los reverendos del Cusco y La Plata, sumará al tema de la defensa de los naturales otro de paralela importancia en el texto: el de la justa recompensa a los conquistadores, cuestión que tendrá diferentes desarrollos y que, por cierto, se relaciona con la línea reivindicativa criollista. Así, al delinear la figura de fray Tomás de San Martín, destaca su actitud de oposición a la tiranía de Gonzalo Pizarro –Lizárraga muestra verdadera repulsión por las rebeliones insistiendo siempre en la necesidad de evitar "el riesgo de perderse el reino"– aquietando los ánimos de quienes pretendían mayores repartos. Esta posición de absoluta lealtad a la corona permite que se expongan los reclamos considerados justos. Por ello, se demora en el relato del sermón de fray Tomás:

> Diré lo que á personas que le oyeron el sermon dijo hablando con el presidente Gasca en favor de un caballero de Cáceres que habia servido bien, y habia quedado sin suerte; llamábase el caballero Mogollon; quejósele que no le habian gratificado sus servicios, y rogóle con el presidente Gasca fuese parte para ello; prometióle hacerlo, y en un sermon que se ofreció, presente el Presidente, muy a propósito trujo: Agora, señor, cosa es digna de que nos admiremos que coman todos de mogollon, y que Mogollon muera de hambre; no es de vuestra señoría consentir tal cosa. Esto fué bastante para que se le diese un repartimiento, creo en Arequipa, y así fué. (Lizárraga: 1916, II, 28)

El juego bisémico entre el patronímico "Mogollón" y la frase "de mogollón" ("De balde, gratuitamente", según el *Diccionario de la Real Academia*), expresa el descontento por el reparto de beneficios efectuado por La Gasca; al mismo tiempo, muestra la importancia del púlpito como espacio letrado de confrontación ideológica.

El capítulo VII inicia la serie de los gobernantes civiles; Lizárraga advierte que tratará esta cuestión "sin género de adulacion ni malevolencia", prevención que reaparecerá más adelante y que halla su explicación en el episodio del enfrentamiento entre el dominico y el virrey

---

near el carácter de los personajes y la sociedad de la época; varios de estos "casos" serán retomados en el siglo XIX por la línea tradicionalista. Ricardo Palma recoge los dos nombrados en la tercera serie de sus *Tradiciones Peruanas*: "Oficiosidad no agradecida" relata el caso del clérigo avaro y mal vestido, a quien Loaysa le demanda una barra de plata con la que le hace confeccionar trajes nuevos. "La endemoniada", cuya historia Palma toma del cronista Meléndez, también es referida por Lizárraga (Cfr. Palma, Ricardo. *Tradiciones Peruanas*. Madrid: Espasa Calpe, 1954, Tomo II: 36-39).

Toledo. Es interesante observar que la sección dedicada a tratar la serie de los gobernantes del Perú a lo largo de cincuenta años se concentra especialmente en dos de ellos: el marqués de Cañete, don Andrés Hurtado de Mendoza, a cuyo gobierno de cuatro años se destinan catorce capítulos, y Francisco de Toledo, a cuyo prolongado gobierno (1569-1581) se dedican veintiún capítulos. Ambas figuras se irán contraponiendo a través de situaciones que, a modo de anécdotas, se insertan en el texto. Con respecto al marqués de Cañete, el dominico se extenderá en un pormenorizado relato de su viaje, desde la partida de España en 1556. Las alternativas del periplo se encadenan con las expectativas de los descontentos por los repartos y con el clima de inseguridad existente en el Perú luego de las guerras civiles. La alternancia de escenas en este tramo narrativo va diseñando la figura de Cañete, caracterizada por su honradez y su sentido de justicia. Al respecto, es significativa la elección del episodio de don Francisco de Mendoza, su hijo, quien había cometido "no sé qué liviandad de caballero gentil hombre" en Piura. El marqués resuelve como castigo ejemplar enviarlo a España, a pesar de los requerimientos de la comitiva. El dominico transcribe sus palabras, cuyo sentido trasciende el episodio para relacionarse con la axiología desplegada en el texto:

> No traigo yo hijos, deudos ni criados, para que agravien al menor indio del mundo, cuanto menos á ningun hombre honrado y vecino, sino para que los sirvan, agasajen y honren. A estas palabras no se atrevió su hijo á replicarle más, y todos aquellos caballeros quedaron muy tristes y entendieron el pecho cristiano que el Marqués traia, y que no se habian de burlar con él. Todo esto y lo que se sigue vi con mis ojos. (Lizárraga: 1916, I, 46)

Este episodio, seguido del que refiere la liberalidad del Marqués con el capitán Rodrigo Niño, evocador del ánimo de quienes habían conquistado el Perú, señala el comportamiento paradigmático de los actores sociales. Lizárraga se sitúa en un punto de equilibrio para juzgar la conducta de los conquistadores; de este modo, si aquilata la necesidad de una justa recompensa para quienes ganaron el reino, también rechaza la soberbia y la desmesura de las exigencias. El virrey Cañete, por su parte, se muestra como un gobernante severo, prudente, preocupado por conocer la realidad peruana y respetuoso de los grupos. Al referir las entradas que se hicieron en esta época para *descargar la tierra,* el dominico se ocupa de la jornada de Omagua liderada por Pedro de Ursúa. En éste, como en otros relatos de la época (Cfr. Jos 1927), la desgraciada empresa tiene un valor emblemático; sus personajes –Ursúa, Lope de Aguirre, Fernando de Guzmán, Inés de Atienza, Elvira– constituyen las figuras de un drama de gran repercusión en el momento. La muerte de Ursúa, la toma del mando de la expedición por parte de Aguirre, la rebeldía de los "marañones" en plena selva amazónica y el fallido intento de retornar al Perú y liberarlo de España resumían todos los temores del grupo de poder. El sentido de ruptura que esta empresa entrañaba en el seno del orden colonial fue estigmatizado en todos los textos que de ella se ocuparon; Lizárraga no fue ajeno a esta perspectiva. En su texto, Aguirre opera como la contrafigura de Cañete ("Cuando aquel más que impio tirano Lope de Aguirre tractaba de crueldades y de hacer grandes ofensas contra Nuestro Señor, el marqués de Cañete tractaba de componer la tierra ..." [1916, II, 72]). Como se advierte, la estrategia compositiva del relato dedicado a los gobernantes consiste en delinear sus figuras mediante sutiles contraposiciones emergentes de los episodios seleccionados, ejemplificadores de las diversas actuaciones. Otro hecho, acaecido durante el gobierno del marqués de Cañete, permitirá deducir las diferencias con la política de Toledo. Se trata del caso de Sayri Túpac, hijo de Manco II, a quien heredó en 1545; el joven, a instancias del virrey abandonó Vilcabamba en 1558, aceptó la autoridad española y vuelto al Cusco casó con la Colla Cusi Huarcay. La hija de ambos, doña Beatriz Clara, se desposaría más tarde con Martín García de Loyola.[28] La circunstancia del acercamiento pacífico de Sayri Túpac ejemplifica la política integracionista del virrey Cañete; ésta habrá de contrastar con la que ordene el ajusticiamiento de Túpac Amaru en 1572. Integración, en un caso, y expulsión de lo indio, en otro, señalan los diferentes modos de entender las relaciones con el linaje incaico y se conectan con la posibilidad de una mayor comprensión de lo andino por parte de los gobernantes enviados por la metrópoli.[29]

El buen gobierno de don Andrés Hurtado de Mendoza es emblematizado en un episodio que tiene por protagonista a su hijo; refiriéndose a las limosnas dadas por el marqués, relata Lizárraga:

> ... su hijo, don García de Mendoza, bajando de Chile, bien pobre, hallando muerto á su padre y en el gobierno al conde de Nieva, que consigo trujo á don Juan de Velasco su hijo, estando juntos los dos, don Juan de Velasco dijo á don García de Mendoza, como por baldón y mofando: ¿Qué hizo su padre de vuestra merced en este reino? al cual con mucha prudencia respondió don García de Mendoza: Un monasterio de San Francisco, donde se

---

[28] Raquel Chang-Rodríguez estudia las distintas representaciones de este desposorio en la pintura y en la literatura La reelaboración teatral del enlace de doña Beatriz y Martín de Loyola, que acentúa la unión de dos linajes del Viejo y Nuevo Mundo es expresión, según esta autora, del contradictorio criollismo del siglo XVIII peruano (Cfr. Chang-Rodríguez 1996).

[29] Ciertamente, esta crítica es expresada por Lizárraga de un modo indirecto; puede verse, por ejemplo, en los momentos en que el discurso adquiere un tono sermonial, desgajándose de lo episódico: "En todo el tiempo que el generosísimo Marqués gobernó, se mostró gran republicano, y quien lo es merece nombre de padre de la patria, y el que no mira por el bien de la república no merece el nombre de padre della, y en una de las cosas en que el buen príncipe se muestra ser padre de la patria, es en traer siempre delante de los ojos lo que los filósofos antiguos con lumbre natural alcanzaron, que el príncipe es por el reino, y no el reino por el príncipe; de donde luego el buen príncipe, con todas sus fuerzas procura la conservación de su república y augmento della; que se guarde justicia y se haga que los vasallos sean ricos y prósperos, y otras cosas que ni deste lugar ni tiempo es agora tractarlas" (1916, II, 75).

enterró, y un hospital de españoles, donde como á pobre me den de comer; y guárdele Dios á vuestra merced no muera su padre en el Perú, y vuestra merced entonces se halle en él, porque se verá uno de los más desventurados caballeros del mundo. Parece le fué profeta, porque se vió paupérrimo y con suma pobreza, y esto allí le vimos y tractamos. (Lizárraga: 1916, II, 86)

El relato tiene un valor paradigmático en una doble dirección; la primera parte es una constatación de las calidades del buen gobernante que nuestro autor concentra en la figura del marqués, en tanto la segunda parte de la respuesta, de carácter anticipatorio, parece exceder la situación individual de don Juan de Velasco para simbolizar la de quienes viven en el Perú sin recibir justa recompensa por sus servicios. Otra cuestión relevada por el dominico es la de la política tributaria; en este punto se refiere a la visita ordenada por Cañete en 1567, como consecuencia de la cual García Diez de San Miguel propone un acrecentamiento del tributo en la provincia de Chucuito.[30] Lizárraga destaca la respuesta del virrey y desliza una alusión a Toledo: "Escribiéradesme vos que abajara los tributos, de muy buena gana lo hiciera, pero augmentarlos, no haré tal; ¿qué cosa hay más grave que el tributo? Otro lo subió á 102.000 pesos ensayados en plata y ropa, como diremos" (1916, II, 89). En suma, el accionar de este virrey constituye el máximo ejemplo de buen gobierno en la *Descripción breve*; protección de los naturales, reconocimiento de los reclamos justos de los conquistadores y comprensión de la situación peruana son los pilares del mismo. De allí que los otros gobiernos sean confrontados indirectamente con éste, en la medida en que desarrollan o excluyen alguna de las tres directrices mencionadas.[31]

La otra figura central es la del virrey Toledo, cuyas decisiones en gran parte contrastan con las de Cañete. Entre las muchas disposiciones tomadas por este gobernante unas pocas merecen aprobación, como la de reducir a pueblos a los naturales; la mayoría, sin embargo, es objeto de una crítica velada que en todo caso se prefiere focalizar en los funcionarios menores. La cuestión del aumento de la tasa del tributo, por ejemplo, es censurada mediante la exposición de las consecuen-

---

[30] Franklin Pease (1978, 133 y 192), haciendo suyas aseveraciones de Murra y Lohmann, destaca la actuación de un grupo de hombres que en la década de 1560 mostraron una real preocupación por comprender las instituciones andinas, aun cuando la finalidad siguiese siendo la dominación española. Esta "generación", constituida por García Diez de San Miguel, Polo de Ondegardo, Domingo de Santo Tomás, el licenciado Francisco Falcón, Cristóbal de Castro, expresaba la influencia del pensamiento lascasiano respecto del tratamiento hacia los indígenas.

[31] Refiriéndose al gobierno de Lope García de Castro, señala que fue "... muy amigo de hacer merced á los hijos, nietos y demás descendientes de los conquistadores, porque como vacase repartimiento destos tales, no lo habia de quitar á los hijos segundos, nietos ó tataranietos de los conquistadores ..." (1916, I, 93).

cias que acarreó en la disminución de los indios. Lizárraga acude entonces a su experiencia como visitador de la región, relatando algún caso mostrativo del sometimiento de los indígenas al poder de curacas y corregidores. El episodio del ajusticiamiento de Túpac Amaru presenta a don Francisco de Toledo en una actitud soberbia, dejándose mal aconsejar y engañar; aun cuando en este momento tales notas no estén acabadamente presentadas, como sí ocurrirá cuando se trate la guerra contra los chiriguanos. En cuanto a las informaciones que Toledo recaba acerca del Inca, cabe observar que las mismas le llegan por vía de un intérprete o "ladino", personaje hacia el cual el dominico no oculta su resquemor:[32]

> El Visorrey procedía y hacia sus informaciones contra el Inga é los demás, que cometió al capitan general, y por lengua á un mestizo que consigo traia para este objeto, muy gran lengua y en la nuestra muy ladino, llamado Fulano Jimenez, empero en comun llamado Jimenillo; hechas, pareció, conforme á lo que el Jimenillo interpretaba, tener mucha culpa el Inga de los robos é muertes que los suyos hacian, saliendo á hacerlos al distrito de Guamanga y camino Real de allí al Cuzco, y condenóle el Visorrey á cortar la cabeza ... (Lizárraga: 1916, II, 107)

Es, pues, este "mestizo" y "ladino" quien tiene un lugar relevante en orden a la decisión tomada por el virrey; la preponderancia que se le otorga —en un texto en el que predomina una visión negativa del mestizo— contribuye a marcar la necedad de Toledo, poco dispuesto a escuchar consejos atinados, dejándose influenciar por quienes tergiversaban la verdad. Las alternativas del ajusticiamiento refuerzan la impresión de su obcecamiento frente a la mayoría de los vecinos y religiosos del Cusco:

> ... hicieron en la plaza su cadalso para el día señalado, y aunque fué importunado el Visorrey por el reverendísimo de Popayán, augustino que se halló en el Cuzco, varón religiosísimo, tenido en su obispado y acá por un hombre perfecto, no quiero decir sancto, amado de todo el reino, que, de rodillas, no es encarecimiento, le suplicó no le ajusticiase, sino lo enviase á Su Majestad[33] [...] los prelados de las Ordenes no fueron poderosos para que no ejecutase la sentencia dada ... (Lizárraga: 1916, II, 107)

La escena del ajusticiamiento del Inca expresa la congoja generalizada ante un castigo considerado injusto y atribuible —como expresa la versión de Guamán Poma— a la arrogancia sin remedio del virrey.

---

[32] En las dos ocasiones en que actúa un intérprete o "ladino" mestizo la información que este personaje entrega a los españoles es falaz e interesada.

[33] Guamán Poma de Ayala indica que fue el obispo del Cusco, Sebastián de Lartaún quien, hincado de rodillas pidió al virrey Toledo por la vida del inca. En la nota a este pasaje, Rolena Adorno señala que Lartaún fue obispo de esa ciudad entre 1573 y 1583; a este personaje le atribuye la intervención Garcilaso Inca de la Vega, en tanto que otras versiones del siglo XVII, como la de Murúa, dicen que fue fray Agustín de la Coruña, obispo de Popayán, quien intercedió (Cfr. Guamán Poma de Ayala: 1992, 450 [452] y Adorno en Guamán Poma: 1992, nota 1 a 452).

Como en el caso del viaje del virrey Cañete hasta Lima, cuyas instancias permiten perfilar el temperamento del funcionario y su relación con los otros, el viaje de Toledo en ocasión de la visita general también posibilita conocer las actitudes del gobernante. Al concluir la tasa de los indios sujetos a La Plata, éste recibe una embajada chiriguana. El episodio, narrado con detenimiento, tiene como actor en alguno de sus momentos al propio Lizárraga. Son trece los capítulos destinados a dar cuenta de la "ficción chiriguana" y los reveses de la campaña que contra ellos lleva adelante el propio virrey. El desarrollo de esta "ficción" se modela estratégicamente según la oposición verdad/ mentira (ficción). Ubicándose en todo momento del lado de la "verdad", tanto por su saber acerca de las intenciones de los chiriguanos como por su consecuente actitud crítica, el dominico delínea su propia imagen a la vez que la del virrey: "... salieron ocho indios chiriguanas, no llegaron á diez, á besar las manos al Visorrey don Francisco de Toledo; alegróse dello, recibióles muy bien y agasajóles, y fingidamente (como es su costumbre) le dijeron no querian ya más guerra ni enemistad con los cristianos ..." (1916, II, 116). La frase parentética, marcando la intervención directa del enunciador, alerta al lector acerca de la diferencia entre el ser y el parecer. Esta diferencia, mantenida a lo largo del segmento, se ejemplifica en la conducta de los "indios ladinos", mediadores no veraces.[34] Lizárraga relata a continuación el engaño urdido por los chiriguanos para saber qué ocurría con los compañeros que habían quedado en la ciudad;[35] de este modo, llegan portando cruces y preguntando por el virrey, pero al quedar en su presencia prefieren arrodillarse ante un adoratorio antes de saludarlo, actitud devota que maravilla a Toledo. La reacción del virrey y los prelados de llevar las cruces a la iglesia mayor y de hacer relación de lo dicho por los chiriguanos parece, desde la perspectiva que nos ofrece el enunciador, ciertamente desmesurada, en correlato con la dimensión del engaño.[36] Lizárraga es comisionado por su Orden para asistir a la audiencia citada por el virrey para discutir el tema: " ... pidió parecer si seria bien

---

[34] "... entre los Chiriguanas que quedaron fué un muchachón de 18 á 20 años, que se comenzó á hacer medio chocarrero, á quien, aunque no le baptizaron, llamaron en palacio don Francisquillo; vistiéronle como á español, y entraba é salía en palacio, y comenzaba a gorjear en nuestra lengua, agudo y vivo como un fuego ..."; este personaje tiene similitudes con la figura del bufón de palacio, pero es evidente que aquí se trastrueca su función por la de espía. El otro indio ladino es "... Baltazarillo, baptizado, á quien desde niño le crió en este reino el capitán Baltazar Velázquez [...] en la lengua general y en la nuestra bien ladino. No le pareciendo bien vivir como cristiano, ni en su natural, se pasó á los Chiriguanas, y habia ya tomado sus costumbres, y los capitaneaba contra nosotros y contra su propia nación y sangre" (1916, II, 116 y 177).

[35] "... deseando saber si los suyos eran muertos ó vivos, hacen y componen una fiction [...] para que con ella engañando al Visorrey los dejase volver á todos, y la fiction fué ..." (1916, II, 118).

[36] En una doble dimensión de lo sacralizado: el espacio de la iglesia y el espacio de la escritura.

enviar á la tierra Chiriguana algunos sacerdotes, creyendo ser milagro la fiction destos come gente; porque pedir parecer si era fiction, no le pasó por el pensamiento; siempre el Visorrey y los de su casa, creyeron ser verdad" (1916, II, 122). Se deslindan así dos cuestiones que soterradamente, aluden a las visiones contrapuestas de metropolitanos y criollos. Al virrey le interesa el parecer de los sacerdotes acerca de si lo acaecido con los chiriguanos es un "milagro", efectuando un pasaje directo entre lo ordinario –supuesto que éste se apoyase en algo verdadero– y lo extraordinario; para el dominico, en cambio, la cuestión se centra en la veracidad de lo dicho, negada de plano al denominársela "ficción". Por lo tanto, hay una contrariedad absoluta entre "el Visorrey y los de su casa" y Lizárraga; mientras aquéllos están posicionados en el lugar de la "mentira", éste se halla en el de la "verdad". De hecho, lo que queda evidenciado es la manipulación que los chiriguanos, con la ayuda de los "ladinos", ejercen sobre el virrey; en esta suerte de contrato fiduciario, el virrey "no puede no aceptar" la mentira que le proponen los indígenas con ropajes de verdad; en el lado contrario, Lizárraga "no puede aceptar" la mentira (Lozano-Peña-Marín 1982). Ahora bien, lo que en el texto se evidencia es el desconocimiento de la realidad por parte del gobernante y su gente, conocimiento y experiencia que para sí se atribuye el enunciador, pero que no puede expresar libremente debido a su posición de subalternidad frente a los otros.[37]
"... y viendo el crédito que se daba á estos más que brutos hombres, come gente, me carcomia dentro de mí mismo, y quisiera tener autoridad para con alguna cólera decir lo que sentia, sabia y habia oído decir de las costumbres destos Chiriguanas y sus tractos" (1916, II, 122). Sin embargo, y a pesar de esta restricción en el orden del "poder", habrá de apoyarse en el del "saber" para tratar de desmadejar el engaño,[38] desnudando las intenciones de los indígenas. Su opinión será puesta en duda por otros prelados, provocándole un estado de intimidación; como consecuencia, el texto se abre hacia una reflexión moralizadora:

> ... é yo quedé por gran necio y hombre que habia dicho mil disparates, sin haber quien por la verdad ni por mí se atreviese á hablar una sola palabra. Es gran peso para inclinarse los hombres, aun contra lo que sienten, ver inclinados á los príncipes á lo que pretenden, por ser necesario pecho del cielo para declararles la verdad. No digo lo tuve ni lo tengo, mas dióme Nuestro Señor entonces aquella libertad cristiana. (Lizárraga: 1916, II, 128)

---

[37] En dos oportunidades subraya esta circunstancia: "yo tomé el lugar de mi Orden", y: "yo, aunque no era prelado, sino representaba el lugar de nuestra religión". Momentáneamente, esta posición será la que le impida "hacer hacer".

[38] A la creencia en un milagro de conversión de los chiriguanos, Lizárraga opondrá el decir de fray Domingo de Santo Tomás respecto de un carmelita que había doctrinado en sus tierras unos años antes.

En el capítulo siguiente el lector asiste al desenlace; en este segmento, elaborado en base a la tensión permanente entre ficción y verdad, reaparecerá el intérprete Francisquillo; su intervención evidenciará el engaño, que termina con la huida de los chiriguanos y el apresamiento de Baltazarillo; por cierto, el dominico no dejará de señalarlo: "de suerte que lo que yo dije salió verdad". El episodio, ocurrido en 1574, pone de manifiesto las tensiones existentes entre la administración pre-toledana y la de Toledo; nombres como los de fray Domingo de Santo Tomás o García Diez de San Miguel, e incluso la intervención de nuestro autor, evocan la idiosincracia anterior al decenio toledano. El hecho de que se insista permanentemente en la oposición verdad/engaño expresa una conflictividad mal disimulada. Para Lizárraga, que ocupa el lugar complejo de quien "vive de antiguo en estos reinos", a lo que se suma su condición de religioso dominico, la conducta de Toledo es cuanto menos soberbia.[39] Así, es posible interpretar que, más que la "ficción" creada por los indígenas, es la necedad del propio virrey la que lo envuelve en el engaño; en suma, lo que se está sugiriendo es una incapacidad para percibir los reales problemas del reino.[40] Como consecuencia de ella, la campaña que el virrey emprende contra los chiriguanos estará condenada al fracaso; queda clara en el desarrollo de las alternativas de esta empresa la diferencia de pareceres entre el virrey, por una parte, y los vecinos y la Audiencia, por otra, respecto de la estrategia a seguir. En este contexto se producirá la discusión concerniente al derecho de esclavizar a los chiriguanos; en ella nuevamente

---

[39] Señala Franklin Pease (1978, 192-93), a propósito del carácter de las visitas y de las directrices de gobierno entre mediados del siglo XVI y la década toledana: "Fue básicamente en los diez años anteriores a la llegada de Toledo –ocurrida en 1569– cuando se hizo visible en la vida administrativa de la colonia la influencia de un grupo de hombres que de alguna manera resultan relacionados con Bartolomé de las Casas y con sus luchas en busca de una mejor justicia en el tratamiento de la población americana. Gente como Domingo de Santo Tomás, Cristóbal de Castro, Juan Polo de Ondegardo, Francisco Falcón, incluso Juan de Matienzo que quería comprender para mejor dominar, y otros más sin duda alguna, representaron una opción que buscó la comprensión de lo andino [...]. Las visitas que se hicieron a partir de la derrota de Gonzalo Pizarro, a raíz de disposiciones del Presidente La Gasca, sentaron un precedente en la búsqueda de información sobre la vida anterior de los hombres andinos. Domingo de Santo Tomás coordinó la visita general que se hizo en 1549 bajo esta orden [...]. Esta tendencia es visible, asimismo, en la preocupación administrativa que presidió las visitas posteriores (de los años 60 del XVI) [...] iniciadas durante los gobiernos del Conde de Nieva y del Licenciado Castro, respectivamente, [...] hay que destacar que en esta generación de hombres que influyó tanto en la administración española colonial anterior a Toledo, no estuvo presente el violento etnocentrismo y la autosuficiencia europea inaugurados de nuevo con la administración toledana".

[40] Es evidente que hay también, por parte del enunciador, un proceso de manipulación que se apoya, sobre todo, en la estrategia de lograr que el lector esté en conjunción con el objeto "verdad" y, por lo tanto, en el mismo lugar de quien enuncia.

tendrá intervención Lizárraga para sostener una opinión contraria a la del virrey. Como en el caso de la "ficción" anteriormente relatada, las anticipaciones acerca del fracaso de la empresa revelan la ineptitud de los "chapetones". Reaparece así el tema del no reconocimiento de la experiencia de los conquistadores:

> ... persuadido con estas conjeturas no hizo caso de los buenos consejos; digo también que la gloria de la conquista de los Chiriguanas se la quiso atribuir á sí y á los suyos, y no á los capitanes y soldados viejos, como la del Inga, porque al mismo fray García oí decir que si los chapetones no fueran á ella, no se hiciera el efecto que se hizo ... (Lizárraga: 1916, II, 144)

La estrategia de acudir a la versión de fray García de Toledo, sacerdote cercano al círculo del virrey, convalida la opinión del relator, quien a su vez expresa la de aquellos que no se sienten escuchados ni reconocidos en su experiencia por los "nuevos". Por ello, todas las acciones son ejemplares en el sentido de que muestran "la gran soberbia" del virrey; ésta afecta tanto a la relación con el "otro" indígena como a la que se establece con los "vecinos" y conquistadores. Una compleja red de prejuicios queda planteada en el nivel ideológico desplegado en esta sección del texto, en que éste se aleja de su carácter de relato de viaje para explayarse en la construcción de un lugar de enunciación complejo –anunciado en el capítulo "prólogo" y refrendado en este sector de "recopilación de historia"– desde el cual se proyectan imágenes cruzadas del sí mismo y de los otros.

Imágenes y autoimágenes heterogéneas

La peculiaridad de la *Descripción breve* de Reginaldo de Lizárraga radica tanto en el hecho de presentar los diferentes grupos que conforman la situación colonial, como en desplegar la complejidad de las relaciones entre quienes la conforman. La posición conflictiva de los miembros de la sociedad blanca se evidencia en el tipo de contacto producido entre los "criollos" y los "chapetones". Ambos términos son designaciones que funcionan para marcar una oposición de tipo general, puesto que en realidad están implicando posiciones dinámicas y cambiantes. El vocablo "criollo" servirá para designar un lugar de enunciación en sí mismo lábil, determinado por la percepción que expresa el "otro" metropolitano, situado en una posición de superioridad ideológicamente consolidada. En este juego de imágenes el criollo ocupa una posición de subalternidad, lo que habilitará el resentimiento y la necesidad de legitimación que se demanda del metropolitano. De otro lado, esta posición se invierte en relación con el "otro" indígena y mestizo, en grados diversos; así, por ejemplo, no es idéntica la relación que el criollo establece con los andinos que con los "bárbaros", vocablo que normalmente refiere a los grupos de la frontera amazónica.

Mabel Moraña ha observado, en acuerdo con la opinión de los historiadores de este periodo, que la emergencia de la "conciencia posible" del criollo se produce alrededor de 1620. Una de las características de este proceso consiste en que: "... ese avance criollo, consecuencia de un largo proceso reivindicativo originado ya en la Conquista, generó el desarrollo de la conciencia social de ese grupo, la cual surge no solamente de los logros conseguidos sino principalmente de las postergaciones y los límites de ese avance" (1988, 238). Esta perspectiva es particularmente relevante en la *Descripción breve* y puede rastrearse en los comentarios vertidos a lo largo del texto, así como en dos episodios encadenados, medulares para la comprensión de la conciencia criolla del dominico; se intercalan, no por acaso, en los capítulos dedicados al gobierno del virrey Toledo. Lizárraga relata el primero recurriendo al estilo directo; esta ilusión de suspensión de la voz narrativa (Reyes 1984) expresa, a la vez que la supuesta fidelidad de lo dicho, su importancia en el contexto extraverbal:

> ... salió el Visorrey don Francisco de Toledo del Cuzco, prosiguiendo su visita para el Collao, en el cual, en el pueblo llamado Pucara [...] se encontró ó halló al gobernador Castro, que bajaba de la visita de la Audiencia de la ciudad de La Plata, á quien preguntando el Visorrey y diciendo: ¿Qué le ha parecido á vuestra señoria de la tierra que ha visto, é yo tengo de ver? respondió: Paréceme, señor, que Su Majestad debe hacer merced á los hijos é descendientes de los conquistadores, muy crecidas, porque si nosotros, que caminamos en hombros de caballeros (y es así, en lo llano caminaban en literas de acémilas, y en los malos pasos, ó cuestas, en literillas de hombros), comiendo á cada paso gallinas, capones, manjar blanco, con todo el regalo posible, y no nos podemos valer del frio por la destemplanza del aire y altura de la tierra, los desventurados que andaban por aquí á pie, descalzos, las armas a cuestas, con un poco de maíz tostado y papas cocidas, conquistando el reino á Su Majestad ¿qué no merecen, y por ellos sus hijos? (Lizárraga: 1916, II, 109-10)

La escena dialogada está trabajada de manera que la respuesta del gobernador Castro explicita cabalmente las diferencias entre la posición de los que vienen a gobernar y la de los que ganaron el reino, así como la esperanza de un justo reconocimiento para sus descendientes. Sus palabras tienen el valor de ser dichas por un representante del poder metropolitano y se fortifican ante el silencio de su interlocutor. El discurso argumentativo-apelativo de Castro es refrendado por la intervención parentética del narrador, que vuelve a tomar la palabra para valorar este decir, deslizándose luego hacia una argumentación propia:

> Palabras verdaderas que procedieron de un ánimo cristiano, benignísimo, muy prudente y gran servidor de Su Majestad, pues conocia las mercedes que Su Majestad, para descargo de su conciencia, debia hacer á los descendientes de los conquistadores; pero es la desventura de los conquistadores, pobladores, y de los que de muchos años en estas partes vivimos, ó por mejor decir, son nuestros pecados, y de nuestros padres, que no hay quien venga de España, en la cual no se saben tener en una burrica, ni limpiar las narices, ni en su vida echado mano á la espada (hélos visto, en todo género de estado), que no les paresca, los que vivimos en estos reinos de an-

tiguo, que somos poco menos que indios, y merecen ellos más en venir, que los miserables conquistadores, pobladores, ni sus hijos é nietos, ni los que ayudan á sustentar este reino y lo han ayudado á sustentar de cincuenta años á esta parte; pero hase de cumplir como se ha cumplido y se va cumpliendo, que por ser un discurso notable lo quiero escrebir. (Lizárraga: 1916, II, 110)

Al ubicar al gobernador en la misma posición de reconocimiento que atribuye al soberano, Lizárraga parece excluir de ella al virrey Toledo y a "los que vienen de allá". Esta es la reflexión que se inicia con la frase adversativa, que pone en juego la oposición ser/parecer para plantear la construcción de imágenes portadoras de los prejuicios característicos de la relación colonial centro-periferia. El "ser" se atribuye a un "nosotros" que, como señala Kerbrat-Orecchioni (1986, 52), salvo en situaciones muy específicas corresponde a un "yo plural"; el "nosotros" que en el texto se conforma (= yo + no-yo, es decir, un "nosotros exclusivo" que supone un yo + él) comprende a los conquistadores, a los pobladores y a "los que de muchos años en estas partes vivimos", reunidos en un conjunto que sustenta el reino. En tanto, el "parecer" se atribuye a los que vienen de España; la referencia a la burrica connota la inexperiencia y la impericia; sus contrarios constituyen, en cambio, las notas caracterizadoras del "nosotros". Por otra parte, el parecer "que somos poco menos que indios" indica la percepción de una posición de subalternidad a la que son relegados todos quienes en rigor, sustentan el reino. La elección de este verbo (según *Autoridades*: "sostener, o mantener algún peso") refuerza el sentido del "ser" frente al "parecer".[41] La frase que cierra el párrafo resulta ambigua si no se relaciona con el episodio siguiente; este relato puede leerse como el cumplimiento de una profecía cuya gravedad se acentúa con el tono sermonial que adquiere el discurso:

> En el reino de Chile hay una ciudad llamada Valdivia, de la cual trataremos cuando de aquel reino tractáremos; poblóla don Pedro de Valdivia, el primer gobernador de aquella tierra; fué muy rica de oro y de indios; estaba el don Pedro de Valdivia en la plaza sentado en un poyo arrimado á la pared de la iglesia, en buena conversación, alegre, con otros vecinos conquistadores con él allí asentados; levantóse á deshora y comenzóse á pasear delante dellos, la cabeza baja y mustio; admirados los vecinos, uno dellos le preguntó: Señor, ¿no estaba vuestra merced agora (no habia señoria para los gobernadores) aquí con nosotros en buena conversación y alegre? ¿qué tristeza es esa? Respondió: Rueguen vuestras mercedes á Nuestro Señor por mi salud; paréceme tengo de vivir poco (y no vivió seis meses); y la causa de parecer estoy triste es que se me ha representado aquí agora que estan en Valladolid (la corte residia allí entonces) los niños en las cunas y otros que se andan paseando ó pasearán por ella muy pintados con medias de aguja y zapatos acuchillados, que han de venir á gozar de nuestros trabajos, y nuestros hijos é nietos han de morir de ham-

---

[41] El "nosotros" que conforma la representación no siempre mantiene las mismas valencias; en repetidas oportunidades Lizárraga critica severamente a los hijos de los conquistadores que dilapidaron lo ganado por los padres.

bre; si así pasa, testigo es todo el reino, éste y el otro, y el otro. (Lizárraga: 1916, II, 110-11)

En esta secuencia se observa que los actores han cambiado; ya no son dos gobernantes quienes dialogan, sino conquistadores y vecinos del reino austral; de este modo quedarán evidenciadas perspectivas atinentes a representantes de grupos distintos. Se ponen en juego dos espacios absolutamente diferentes, uno "real", próximo, y otro "imaginado" y distante. El primero se define por su extrema sobriedad: la plaza, el poyo, la pared de una iglesia; el segundo evoca la corte y su boato. Acorde con el ambiente, el tratamiento de los personajes es diferente: los vecinos y conquistadores se hallan en "buena conversación", sin que se añada ninguna otra nota; en tanto, los cortesanos "se andan paseando ó pasearán", en alusión directa a la ociosidad, remarcada por el lujo de las vestimentas. Austeridad en un caso y fasto en el otro remiten a posiciones diferentes de los sujetos, puesto que Valdivia y sus compañeros son presentados como soldados, en el breve descanso de la vigilancia continua que demandaban los ataques de los araucanos, mientras los otros gastan su tiempo en frivolidades. Hacia el final de la secuencia ambas escenas se proyectan al futuro a través de la profecía de Valdivia. En este contexto, el verbo "gozar" adquiere la valencia de algo que se disfruta sin que sea merecido, lo que por cierto es condenado por la axiología cristiana desplegada en el texto. "Morir de hambre" y "gozar" definen la opuesta situación de conquistadores y vecinos y de chapetones. Este desequilibrio, por otro lado, ha sido acentuado a lo largo de la secuencia por las intervenciones parentéticas del autor, al señalar el tratamiento de "vuesa merced" y "señoría", y el valor diferente que adquiere la movilidad en el caso de la corte frente a la de los conquistadores, obligados a desplazarse constantemente para sustentar las fundaciones. La crítica de Lizárraga a este desequilibrio adquiere mayor fuerza desde el momento en que el personaje elegido, don Pedro de Valdivia, constituye el arquetipo del guerrero para la mentalidad conquistadora. Por último, cabe acotar que la dramaticidad de la escena deriva del carácter profético del enunciado de Valdivia, aspecto que tiene su correlato, en la *Descripción breve*, en la contraposición entre el "antes" y el "ahora". Estas breves secuencias, en síntesis, presentan al lector la no coincidencia de los proyectos de ambos grupos.

Ahora bien, el sector de los "chapetones" o metropolitanos es el que se halla mejor delineado; la relación nosotros-ellos, en este caso, queda emblematizada en la frase "los que vienen de España tiénennos por más que bárbaros" y es desarrollada en las secuencias encadenadas. La imagen se consolida en base a la matriz enunciativa-interpretativa "quién soy yo para el otro".[42] Desde esta perspectiva, se observa que

---

[42] Se trata, señala Kerbrat-Orecchioni (1986, 28), de "... 'imágenes', de representaciones, que los sujetos enunciadores construyen a partir de ellos, y que es necesario en particular admitir en su competencia cultural las imágenes (I) que el

el sujeto despliega un discurso que puede caracterizarse como marginal y subalterno, escrito desde "estas partes" o "estas remotas regiones" (donde "remota" supone una delimitación de la distancia desde la perspectiva del "otro" peninsular) que acentúa la oposición acá/allá. Se arriba así al nudo de la conflictiva posición del letrado colonial, en la que conviven el resentimiento de saberse percibido como "bárbaro" y la búsqueda de un reconocimiento que, necesariamente, debe provenir de la metrópoli; no por azar, Lizárraga dedica su obra al conde de Lemos,[43] lector "privilegiado" para quien el texto debe tener la función de "aviso" acerca de inconvenientes que sólo podrán ser subsanados desde el "allá". La conciencia de la posición diferente frente al letrado metropolitano se trasunta en las palabras que remiten a la propia tarea escrituraria: "... para tractar dellas [las virtudes de Cañete] se requería otro talento qu'el mio, y facundia más aventajada; por lo cual confieso ser atrevimiento mio, criado (puedo decir) en estas remotas partes, á quien lenguaje y órden de escribir le falta, que ni he visto cortes de Reyes ni príncipes, ponerme á escribir lo que otros, haciéndome grandes ventajas, han reusado [sic] ..." (1916, II, 40).

Esta conciencia de la subalternidad parece adquirir un sesgo diferente al profundizarse en el "nosotros", lugar en extremo provisorio. Lizárraga habita "de antiguo" en estos reinos, habiendo sido su padre un conquistador. El orgullo genealógico que tal situación supone emerge a menudo en su propuesta reivindicativa; sin embargo, una notoria restricción acompaña tal encuadre social, expresada mediante la confrontación entre el ayer y el hoy: "Los vecinos viejos eran ricos; sus hijos son pobres, porque no siguen la prudencia de sus padres, y los nietos de los conquistadores y vecinos serán paupérrimos" (1916, I, 163-64). La frase, que cobra la valencia de un *leit-motiv*, expresa desde la posición del religioso un tono admonitorio sermonial; no obstante, es ambigua si se la considera en el contexto del discurso reivindicativo, pues no queda claro si el estado presente de pobreza obedece sólo al derroche de los bienes, o si en ella incide además la relación que establece la metrópoli con la colonia. En fin, más allá de esta ambigüedad, el "nosotros" se conforma como un "yo más quienes vivimos aquí" cuando se plantea la

---

emisor (A) y el receptor (B) se forman de ellos mismos y de su interlocutor, es decir, los cuatro elementos que Michel Pécheux (1969) simboliza de la siguiente manera:
Ia (A) (Imagen de A para A): "¿quién soy yo para hablarle así?"
Ia (B) (Imagen de B para A): "¿quién es él para que yo le hable así?"
Ib (B): "¿quién soy yo para que él me hable así?"
Ib (A): "¿quién es él para que él me hable así?"

[43] Esta percepción es común a los letrados de la época; Tieffemberg (1993) cita la frase de Espinosa Medrano en su *Philosophia Thomistica*: "Pues los europeos sospechan seriamente que los estudios de los hombres del Nuevo Mundo son bárbaros", y recoge el decir de Juan de Meléndez acerca de que escribía "desde los fines de la tierra". En Lizárraga esta convicción se relaciona con el tópico de la humildad.

relación con el chapetón o metropolitano, pero es sometido a una serie de desgajamientos cuando refiere al "quienes vivimos aquí", para acudir a un sintagma deliberadamente neutral. Así, los criollos no parecen ser integrados al plural, cuando dice Lizárraga "criollos, así los llamamos", estableciendo una distancia que se reduce al referirse a los nacidos en Lima:

> Los que nascen en esta ciudad meros españoles son gentiles hombres por la mayor parte y de buenos entendimientos, y animosos, y lo serían más si los ejercitasen en cosas de guerra; son muy buenos hombres de á caballo y galanos, y para otras cosas que adornan, la policia humana, no les falta habilidad. Por la mayor parte son más pródigos que liberales, y transportados hacen muchas ventajas á los naturales. (Lizárraga: 1916, I, 142)

Interesa observar que las "calidades" de los criollos surgen de su mayor o menor grado de identificación con los "españoles" y los "naturales"; es, pues, en esa indeterminación como se va construyendo esa compleja imagen. En ella, por cierto, tienen particular incidencia los prejuicios conformadores de rasgos de identidad, algunos de los cuales se encontraban presentes en la *Descripción* de López de Velasco y provenían del conjunto de teorías médico-filosóficas de la época. El criollo posee todas las excelencias del español metropolitano pero, sea por la influencia de un ambiente pródigo en riquezas, sea por su contacto cotidiano con indios o con negros, sufre un deterioro en sus calidades:

> Pero críanse ó críanlos sus padres muy mal, con demasiado regalo, y no ha nacido el muchacho, cuando ya le tienen hechos los griguiescos, monteras, etc., y lo llevan á la iglesia, cuando lo van á baptizar, en fuentes de plata grandes; un abuso jamás oido, digno de ser prohibido. Nacido el pobre muchacho, lo entregan á una india ó negra, borracha, que le crie, sucia, mentirosa, con las demás buenas inclinaciones que habemos dicho, y críase, ya grandecillo, con indiezuelos, ¿cuál ha de salir este muchacho? sacará las inclinaciones que mamó en la leche, y hará lo que hace aquel con quien pace, como cada dia lo experimentamos. El que mama leche mentirosa, mentiroso; el que borracha, borracho; el que ladrona, ladron, etc. ... (Lizárraga: 1916, I, 307)

Lo que afecta, pues, el desarrollo pleno de los criollos, es el lujo desmedido –crítica que se relaciona con la pérdida de la herencia– y, especialmente, la convivencia con los otros grupos. Su cercanía produce en el dominico una aversión profunda, resultado de las creencias deterministas a propósito de las ayas y el amamantamiento. Es interesante constatar que textos tan conocidos como el *Examen de ingenios para la ciencia* (Baeza 1575) de Juan Huarte de San Juan, presta especial atención a este punto en el parágrafo destinado a describir "Qué diligencias se han de hacer para conservar el ingenio a los niños después de estar formados y nacidos".[44] Desde esta perspectiva, es

---

[44] Según Huarte de San Juan (1976, 369): "Lo tercero que conviene es buscar un ama moza, de temperamento caliente y seca, o –según nuestra doctrina– fría y húmida en el primer grado, criada a mala ventura, acostumbrada a dormir en el suelo, a poco comer y mal vestida, hecha a andar al sereno, al frío y al calor.

indudable que la calidad del "mero español" se mantiene impoluta sólo a condición de que no se produzca el contacto con negras ni indias, imposibilitadas, en razón de su condición, de proveer "buena leche". La insistencia en esta cuestión delata la persistencia de tal costumbre en los criollos, lo que indica que en el espacio privado se desarrollaron contactos inter-raciales estrechos que no pudieron ser desterrados por medio de sermones. En síntesis, puede decirse que la visión de los criollos que nos ofrece Lizárraga está trasvasada por prejuicios metropolitanos pero, a la vez, conjuga éstos con los lazos que, inevitablemente, devienen de su propia situación de "acriollamiento" producida por su pertenencia a la Orden dominica, por su situación de letrado indiano y por su vivencia personal.

No se advierte, por el contrario, ninguna vacilación en la opinión que le merecen mestizos e indios. Con respecto a los primeros, y al igual que en el caso de los chiriguanos, al referirse a ellos produce una interrupción textual, que es índice del interdicto social: "De las costumbres de los nacidos de españoles é indias (que llamamos mestizos) ó por otro nombre montañeses, no hay para qué gastar tiempo en ello" (1916, I, 309). Con esta frase, Lizárraga da fin al Libro Primero, obturando la posibilidad de cualquier valoración positiva del mestizo. Este gesto de exclusión lingüística expresa el rechazo hacia quienes, participando de dos culturas, se constituyen en necesarios agentes de contacto. En cuanto a los indígenas, la percepción –si bien estereotipada– variaría según se refiera a sus costumbres o al trato que reciben, sobre todo en los asientos mineros, lo que evidentemente forma parte de la denuncia de los abusos que venían haciendo los dominicos en el Perú. El capítulo CXII: "De la calidad y costumbres de los indios destos reinos" del Libro Primero, constituye un muestrario de anatemas hacia los indígenas peruanos, elaborado en base a la oposición con los valores hispánicos. La cobardía, el ánimo vil, la propensión a la mentira, la crueldad, el falso testimonio, el disimulo, la deshonestidad, el vicio de la borrachera, la promiscuidad que deriva del tipo de vivienda, la suciedad, el amancebamiento, el adulterio, la sodomía, el afán pleitista son las marcas negativas del conjunto. Por contraposición con este estado emerge, en una operación típica de la mentalidad colonialista, la representación de un pasado incaico caracterizado por la rigurosidad de las leyes y el respeto al Inca. La distancia entre éste y sus súbditos abona

---

Esta tal hará la leche muy firme y usada a las alteraciones del aire, de la cual manteniéndose muchos días los miembros del niño, vernán a tener mucha firmeza. Y si es discreta y avisada, le hará mucho provecho al ingenio; porque la leche de ésta es muy enjuta, caliente y seca, con las cuales dos calidades se corregirá la mucha frialdad y humidad que el niño sacó del vientre de su madre. Cuánto importe a las fuerzas de la criatura mamar leche ejercitada, pruébase claramente en los caballos, que siendo hijos de yeguas trabajadas en arar y trillar salen muy grandes corredores y duran mucho en el trabajo; y si las madres están siempre holgando y paciendo en el prado, a la primera carrera no se pueden tener".

la idea de las bondades de una sociedad jerarquizada por naturaleza, proveniente del pensamiento aristotélico (Pagden: 1988, 107-108). En este sentido, la presencia de anécdotas quizás apócrifas, sustenta la imagen estereotipada del pasado:

> Acuérdome de haber oído decir á algunos antiguos, que cuando Atabalipa, el último señor destos reinos, se vió preso en poder del marqués don Francisco Pizarro, le dijo. El mejor reino tienes del mundo, pero cada tercer año, has de matar la tercera parte dellos ... (Lizárraga: 1916, I, 298)

Para ejemplificar el orden anterior –y en consonancia con la materia tratada– el dominico destaca el cuidado que se ponía en mantener los tambos y caminos reales, motivo que se reitera en textos del período y que encubre la crítica hacia el desorden presente; cuando ella se manifiesta está centrada en los corregidores. En cuanto a los propios indígenas, su abulia y sus vicios operan como causantes del estado en que viven sumergidos. La historia indígena se conforma como un gran hiato entre el esplendor incaico y un presente que muy poco se relaciona con aquél; el espacio entre ambos tiempos es suplantado por la historicidad inaugurada con la conquista. De igual modo, araucanos y chiriguanos, extremos de la barbarie, se presentarán en el texto disociados de la sociedad colonizada.

Lizárraga, pues, se ocupa largamente de las relaciones desplegadas entre los grupos que conforman la sociedad colonial, manifestando sus tensiones de un modo indirecto pero es precisamente su inmersión en esta conflictividad lo que le lleva a practicar, en tanto miembro letrado de esa sociedad colonial, una operación de recorte y exclusión de la sociedad colonizada. Al hacerlo, reproduce una buena parte de los prejuicios con que los metropolitanos encasillaban y desvalorizaban a la sociedad colonial en su conjunto.

En síntesis, el acercamiento a la *Descripción breve de toda la tierra del Perú, Tucumán, Río de la Plata y Chile* ha posibilitado relevar los siguientes aspectos: se trata de un texto en el que convergen distintas nominaciones: "compendio", "historia", "descripción", "viaje". Tal ambigüedad terminológica, si bien constituye una práctica común en la época, da cuenta cabal de todas las instancias que convergen en el texto. El hecho de que pueda reconocérselo como "relato de viaje" se fundamenta en la estructura del texto, organizada en función del principio espacial de las rutas, caminos y ciudades coloniales. Este soporte estructural permite a Lizárraga enhebrar la instancia histórica, correspondiente al gobierno eclesiástico y civil, y dar paso mediante el relato de episodios específicos a reflexiones que adquieren sentido a la luz de la axiología desplegada en el texto.[45]

---

[45] Son episodios de estructura cerrada; se diferencian de segmentos más extensos, algunos de los cuales ocupan varios capítulos, como los dedicados a las expediciones de Pedro de Ursúa, Alvaro de Mendaña o la entrada a tierra chiriguana,

Ahora bien, más allá de una denominación correspondiente al horizonte crítico actual, es evidente que el texto posee una funcionalidad amplia que se relaciona con el sentido del "viaje" a comienzos del siglo XVII. Al constituir la respuesta a un mandato ha sido necesario considerar que tal orden emana de la jerarquía eclesiástica a la que Reginaldo de Lizárraga se sometía. Por lo tanto, su desplazamiento por el virreinato deriva del ejercicio de sus funciones como visitador y como obispo de la Provincia Dominica. Tal situación posibilita la emergencia en el texto del rol del caminante, consolidado en su larga experiencia de viajes, en los que observa y anota paso a paso aspectos de un universo concreto. En este sentido, el libro se conforma como un relato "guía" destinado a un "lector caminante". Por otra parte, siendo el dominico un individuo que vive "de antiguo en estos reinos" está habilitado para dar cuenta de medio siglo de historia colonial; se configura entonces el rol del historiador, que emana no de su pertenencia a "escuelas" sino, una vez más, de su conocimiento de la realidad peruana. El texto adquiere carácter de "compendio" o de "relación breve" y se dirige como "aviso" a un "lector institucional", emblematizado en la figura del conde de Lemos, representante del círculo de poder metropolitano. Es este tipo de lector el que tiene en sus manos la facultad de revertir situaciones negativas en orden a un mejor gobierno. Además, como "hombre curioso" Lizárraga se ha interesado por registrar enfermedades y experimentar remedios, observando los efectos de las hierbas y los frutos; al dar cuenta de todo ello emerge el rol de "médico", haciendo del texto un instructivo que se dedica al "prudente lector". Variedad de roles o posiciones del sujeto y polivalencia del texto, que destaca así su pragmatismo, son notas que permiten caracterizar este relato de viaje. El viaje, en tanto cumplimiento de un mandato, ha originado una escritura que permea la experiencia y el testimonio directo de aspectos de historia natural y moral del virreinato, destinado a un mayor conocimiento de las cosas de Indias por parte de la metrópoli.

---

cuya referencia proviene de Relaciones. Las secuencias cerradas o "casos" se distinguen de éstos por su brevedad y por la incorporación de diálogos. Algunas tienen semejanza con las formas de la casuística sermonial; son alrededor de treinta secuencias.

– CAPITULO IV –

EN TODO ESTE VIAJE NO ES OTRO MI INTERES SINO SERVIRLA

El culto de la Virgen de Guadalupe

Desde su implantación en América el culto a la Virgen de Guadalupe gozó de una extraordinaria vitalidad. En México, la devoción se remonta al siglo XVI, cuando la Virgen Morena llega con Hernán Cortés y otros conquistadores de origen extremeño. Las "apariciones" milagrosas de la Guadalupe al indio Juan Diego se producen, según la tradición, en 1531; a partir de 1648 comienzan a proliferar los testimonios y se gesta la leyenda aparicionista. El hecho de que la primitiva imagen novohispana recibiera el mismo nombre de la venerada en Extremadura se funda en su común semejanza y en el origen regional de los conquistadores; pero lo que no es fácil de explicar es por qué la imagen que con posterioridad se convierte en objeto de devoción, siendo tan diferente a la del santuario de las Villuercas conserve el mismo nombre. Lafaye (1977) señala que hacia 1575 la imagen primitiva –proveniente tal vez de la fábrica artesanal de Extremadura– se sustituye por otra, probablemente obra de un indígena, y que hacia 1600 se modifica el calendario celebratorio, desplazándose la fecha del 8 de setiembre al 12 de diciembre. Tales transformaciones, en las que se advierte una voluntad de separación del culto novohispano del metropolitano sugieren, según el estudioso francés, la incidencia de aspectos ligados al funcionamiento religioso-comercial de los santuarios en esta época. En efecto, todas las limosnas y donaciones efectuadas por los devotos de la Guadalupe debían remitirse al lugar donde se encontraba la imagen original, en Extremadura. En el siglo XVIII todavía se conservaba esta obligatoriedad, refrendada por un decreto real. Las modificaciones mencionadas indican una intención de mantener el dinero en Nueva España, impidiendo su flujo hacia el santuario extremeño. Tal conflicto, que revela las contradictorias relaciones entre la metrópoli y sus colonias, estaría planteando "el primer paso de la conciencia nacional mexicana".

La devoción a la Virgen de Guadalupe de Extremadura de España se remonta al siglo XIV, según los relatos de los religiosos jerónimos que tuvieron a su cargo la custodia del convento desde 1389 hasta 1835. Ligado el culto a la Reconquista de la Península por los reinos cristianos, el rey Alfonso XI hizo edificar la iglesia y el priorato en acción de gracias por la victoria del Salado contra los Benimerines, a partir de 1340. Cuatro décadas después Juan I encargó a la Orden Jerónima la custodia del santuario; las relaciones entre ésta y la monarquía española, por otra parte, fueron intensas: cuando Carlos V se retiró a Yuste en 1557 pidió a los jerónimos que crearan el nuevo monasterio; posteriormente, Felipe II habrá de acudir a ellos para edificar el monasterio en San Lorenzo Mártir. Las circunstancias políticas en las que surge el culto, unidas a la preponderancia de la Orden, tuvieron incidencia en el vigor y la extensión que alcanzó la devoción a la Virgen Morena. A partir de Alfonso XI los reyes ampararon el derecho de los monjes a limosnear para sustentar la atención de los peregrinos que llegaban al santuario extremeño y los hospitales a ellos destinados.[1] Y, si bien los jerónimos no obtuvieron permiso para establecerse en Indias ni participaron en el proceso de evangelización, sí tuvieron licencia para recoger las limosnas y mandas efectuadas en las colonias. Varios religiosos pasaron a ellas con esta finalidad. Fray Diego de Santa María escribía, en 1574-75 desde Tepeyac a Felipe II; fray Diego de Losar, de quien se sabe que profesó en 1565 en Guadalupe, recorrió por espacio de doce años el virreinato del Perú. En 1599 fray Diego de Ocaña inicia su viaje de seis años, durante los cuales recorrerá el Perú. Poco después, fray Pedro del Puerto hará un recorrido similar entre 1612 y 1623. Los viajes de Losar, Ocaña y del Puerto constituyen, en cierto sentido, estaciones de una única secuencia. Las borrosas huellas dejadas por el primero en el Perú serán seguidas por Diego de Ocaña, quien dará cuenta de su recorrido en un texto en el que, cada tanto, emergerá la enigmática figura de Diego de Losar. Impulsado, precisamente, por la evidencia del olvido que siguiera a los pasos de ese monje, Ocaña tratará de dejar "memoria viva" del culto a la Guadalupe instaurando cofradías y pintando su imagen a lo largo de su itinerario. Sin embargo, ese pertinaz deseo de memoria que modela el relato de Ocaña parecerá atenuado unos años después, cuando Pedro del Puerto recorra el virreinato y registre las variantes del culto que Ocaña pretendiera revitalizar. Testimonio de su tránsito será otro relato, más escueto que el de su antecesor. Ambos textos constituyen, más allá de la motivación que los vincula, ejemplos del relato de viaje producido en el siglo XVII.

---

[1] Fray Arturo Alvarez (en Ocaña: 1987, 10) aporta el siguiente dato: "... entre 1548 y 1568 el monasterio recaudó 30.000.000 de maravedises mediante las limosnas y el sistema de la *manda forzosa* según la cual las personas con fortuna se obligaban a dejar en su testamento alguna limosna a los Santos Lugares de Jerusalén, Roma, Santiago y Guadalupe".

Fray Diego de Ocaña en los documentos

Además de su propio relato, unos cuantos documentos conservados en el Archivo de Indias y las investigaciones efectuadas por su editor, fray Arturo Alvarez, proveen datos sobre Diego de Ocaña. Nació hacia 1570 en la villa manchega de Ocaña; era hijo de Juan de Huerta y de María de Salcedo, ambos cristianos viejos. En el archivo del monasterio de Guadalupe se conserva su cédula de profesión, fechada el 8 de junio de 1588. En 1598, el prior del convento, Pedro de Santiago, acuerda la autorización para viajar al Nuevo Mundo a dos religiosos, Martín de Posada y Pedro de Valencia, con el objeto de recoger las limosnas hechas al santuario de Guadalupe.[2] El nombre de Diego de Ocaña sustituye al de Valencia en los documentos poco después.[3] El 3 de enero de 1599 se despiden del convento extremeño los padres Posada y Ocaña, embarcándose para las Indias en las naves de Francisco de Coloma el 2 de febrero. Arriban a Puerto Rico el 24 de marzo y un par de semanas después llegan a Portobelo; allí permanecen hasta el 3 de agosto, cuando vuelven a embarcarse en Panamá rumbo al Perú. El Padre Posada, bastante mayor en edad que su compañero, no pudo resistir los rigores de este nuevo viaje por mar; la gravedad de su estado los obliga a desembarcar en Paita, donde fallece el 11 de setiembre. Poco después, Ocaña recorre por tierra el trayecto hasta Lima, pasando por Piura, Saña, Chiclayo, Trujillo y Santa. Establecido desde octubre en Los Reyes, el monje ocupará varios meses en asentar cofrades y recoger limosnas. Allí fundará la capilla de Nuestra Señora de Guadalupe en un terreno donado por un matrimonio devoto. Encargado de consagrarla fue fray Reginaldo de Lizárraga.[4] Modificando el plan ori-

---

[2] Archivo General de Indias. INDIFERENTE, 2869, L.5.00340 y L. 5. 00348.

[3] "Fray Martin de Posada y fray Diego de Ocaña de la orden de San Geronimo decimos que S. M. por estas fechas de [?] las cédulas que presentamos nos den licencia para pasar a las provincias del Piru y otras partes de las Yndias para cobrar la limosna y mandas que se han hecho a Nuestra Señora de Guadalupe y que podamos facer nuestro viaje con los criados por que tenemos licencia en cualesquier navios de armadas o que vayan con permiso desto[s] reinos para lo [...] A vuestra Señoria pedimos y suplicamos mande que en conformidad [a] las dichas cedulas se nos de licencia a nuestras personas y criados para hacer el dicho viaje en los galeones de su majestad que agora van a las Yndias a cargo de don Francisco de Coloma y pedimos justicia [...] Martin de Posada Fray Diego de Ocaña" (Archivo General de Indias. CONTRATACIÓN, 5259 A, N- 1, R. 34. 00001).
El documento siguiente, fechado en Madrid a 20 de julio de 1598 es una cédula real otorgando el permiso para que ambos religiosos pasen a las provincias del Perú. (Archivo General de Indias. CONTRATACIÓN, 5259, N- 1, R. 34. 00002).

[4] "Fuera desta ciudad, junto al camino de Pachacama, fundó Alonso Ramos Cervantes y su mujer doña Elvira de la Reina una iglesia con invocación de Nuestra Señora de Guadalupe, á su costa, por orden y licencia del reverendísimo arzobispo Mogrobejo, á instancia de un religioso de la Orden de San Jerónimo del monasterio de Nuestra Señora de Guadalupe de España, cuya primera

ginal de pasar de Lima al Nuevo Reino de Granada, el 8 de febrero de 1600 Ocaña embarca en el puerto de El Callao para el reino de Chile. Durante cuatro meses recorrerá las ciudades chilenas hasta Osorno, luego cruzará la cordillera de los Andes hacia la gobernación del Tucumán. Desde el puerto de Buenos Aires se dirige hacia el norte; el 18 de julio llega a Potosí, donde permanece hasta noviembre de 1601. Se traslada entonces a Chuquisaca, donde reside hasta junio de 1603. Parte luego hacia La Paz; desde allí, pasando por Arequipa, llega al Cusco, en donde permanece desde agosto hasta enero de 1604. Por espacio de siete meses se encuentra en Lima, enfermo. En agosto de 1604, ya repuesto, se dirige al valle de Ica para tomar posesión de unas tierras donadas a la Orden por el virrey don Luis de Velasco. De acuerdo con la fecha mencionada al final del texto, Ocaña retorna a Lima en la Navidad de 1604 y prepara entonces su partida para la Nueva España; sin embargo, en otra parte de su relato una referencia al auto de la Inquisición del 13 de marzo de 1605 realizado en Los Reyes, en el que el monje asegura hallarse presente, habilita la suposición de un error de fechas. Sea de ello lo que fuere, lo cierto es que a partir de este momento se desconocen los pasos seguidos por Ocaña en México. Alvarez (Ocaña: 1969, xxv) recoge en el archivo del convento extremeño esta noticia: "En 17 de noviembre de 1608 vino la nueva de la muerte de Fray Diego de Ocaña, sacerdote, que murió en las Indias, en la Nueva España. Hízose por él, el oficio de presente, septenario, treintenario y cabo de año".[5] Más allá de la ambigüedad que plantea la

---

piedra del fundamento de la iglesia puse yo ya consagrado obispo. [...] tiene un retrato al vivo de la imagen de Nuestra Señora de Guadalupe puesta en el altar mayor, que retractó el mismo religioso de San Hierónimo arriba dicho, con muchas piedras preciosas" (Lizárraga: 1916, I, 121-22).

[5] Otra documentación, no registrada por Álvarez, aporta datos acerca del fallecimiento de Ocaña y del destino de sus bienes. Se trata del legajo 282 A, 1, R 11, existente en la sección CONTRATACIÓN del Archivo de Indias, referido al "Proceso sobre los bienes de fray Diego de Ocaña difunto en Indias". El expediente es iniciado en enero de 1609 por Pedro Lozano Salgado, mayordomo del convento de Guadalupe, quien solicita a los oidores de la Casa de Contratación le sean entregados dos mil trescientos ochenta y dos pesos y cinco tomines que han venido por bienes del difunto fray Diego de Ocaña. Varias otras certificaciones y solicitudes están incorporadas al legajo, pero en folios 8 y 9 se encuentra el siguiente testimonio: [folio 8] "Yo Marcos Perez de Oyanguren Escribano del rey Nuestro Se / ñor a cuyo cargo de presente esta el despacho de los pleitos tocantes / de la cobranza de los bienes de difuntos cuyo conocimiento / de causas pasan ante el señor Licenciado Diego de Landeras y be [...] / del Consejo de su majestad en el real de las Indias / su visitador general en esta nueva España doy / fe que ante el dicho señor visitador y ante mi esta / pleito pendiente autor el Licenciado Blas de Sande Fiscal / de esta general visita por lo que toca a la defensa y cobranza de los bienes del Padre Fray Diego de / Ocaña religioso del Convento de Nuestra Señora de / Guadalupe de los reinos de Castilla de la orden / de san Geronimo contra las personas culpadas en / razon de haber ocultado bienes del dicho Fray Diego / en el cual dicho pleito parece que en cinco de / septiembre de este presente año habiendo fallecido / el dicho Fray Diego en esta ciudad y en las casas / arzobispales de ella por el Contador don Juan /

fecha de su muerte –1607 o 1608– el documento da cuenta del pleito iniciado en Nueva España contra tres personas; una de ellas, Francisca de Ulloa, debe ser la misma que lo acogió, junto a su marido Miguel Juárez durante su estancia en Potosí; con ellos pensaba el monje retornar a España, según anota en su texto (1969, 165-66). De hecho, es esta red de solidaridad regional que se tejía entre los inmigrantes en Indias la que permitía que se confiasen dineros y bienes en el tránsito hacia la Península (Otte 1987). El comerciante de paños Miguel Juárez había realizado junto con Ocaña un viaje hacia Tomina, en la frontera chiriguana, con el propósito de vender mercaderías; allí sufrieron una acometida indígena, salvando la vida y prometiendo ambos llevar al convento de las Villuercas las flechas con que los indios los asaetearon (1969, 220). Sin embargo, no se ha podido registrar un retorno conjunto, aunque por este juicio cuya vigilancia ocupó a los jerónimos durante 1609, estaría probado que Ocaña viajó en compañía de este matrimonio hasta México o que allí coincidieron en algún momento a partir de 1605.

El viaje por mandato

El caso de fray Diego de Ocaña es representativo de la modalidad que caracteriza al viaje por las colonias desde fines del siglo XVI: la existencia de un *mandato* que lo origina y, como testimonio de su realización, un texto. Ocaña recibe este mandato de sus superiores, quienes, satisfechos de su religión, prudencia y fidelidad, le otorgan poderes para representarlos en Indias, según consta en una cláusula inserta en la "Escritura de fundación de la Capilla de Nuestra Señora de Guadalupe, en la ciudad de Los Reyes, el año 1600", conservada en el archivo del monasterio cacereño (Alvarez en Ocaña: 1969, xv-xvi). El circuito

---

Sarmiento parecio que le es nombrado por / el dicho señor visitador para las cuentas ave / riguacion y cobranza de los bienes de difuntos cuyos / herederos residen en los reinos de Castilla y / por su guarda en las dichas averiguaciones y cobranzas / de ellas resuelto, el hacer inventario de ciertos / bienes muebles y reales que se entregaron en de / posito a Diego de Carrasca que lo es de bienes de / difuntos y hecho almoneda de ellos parecio / remitir a los dichos reinos de Castilla cantidad / de pesos de oro dirigidos al dicho Convento de / Nuestra Señora de Guadalupe de la dicha orden de San Geronimo por constar de las dichas ave / riguaciones haber venido el dicho Fray Diego / de Ocaña del dicho Convento a las Provincias [folio 9] del Peru a pedir limosna para el dicho Convento / y asimesmo el dicho pleito esta pendiente y se / trata contra doña Francisca de Ulloa Elvira / de Cabrera. el Licenciado Sebastian Torrero, por decir / haber ocultado bienes del dicho Fray Diego de Ocaña / y la dicha causa esta recibida a prueba / y estar hechas provanzas por las dichas partes / segun consta y parece por el dicho pleito origi / nalmente búsqueda en mi poder a que me re / fiero y para que de ello. con fe del presente en / México a veintitres días del mes de Junio / de mil seiscientos ocho años / En fe de lo que hago mi signo en testimonio de verdad Marcos Perez de Oyanguren [rubricado]".

de delegación de poderes se inscribe, a su vez, en un contexto mayor: el de la licencia otorgada por el rey a través del Consejo de Indias para efectuar el viaje y ejecutar los negocios de la Orden en Indias.[6] Al llegar a Lima, Ocaña se presenta ante el virrey Luis de Velasco, el arzobispo Toribio de Mogrovejo, los inquisidores y oidores; estas autoridades dan el acuerdo a su petición de nombrar un mayordomo para ayudarle a recoger limosnas, en consonancia con las cédulas reales y el poder de su convento que Ocaña presenta. La petición, incluida en el texto, reza:

> Muy poderoso señor:
>
> Fray Diego de Ocaña, presbítero y profeso de la santa casa de nuestra señora santa María de Guadalupe del orden del glorioso san Hierónimo, procurador general de la dicha Casa en estos reinos del Pirú, digo que por cuanto el rey nuestro señor hizo merced a la dicha Casa de Guadalupe de que en estos reinos se guardase el orden que se tiene en España en pedir la limosna y asentar por cofrades de nuestra señora de Guadalupe a todos los que quisieren serlo, como consta por su real cédula, de la cual hago presentación con el poder que de mi convento traigo para el dicho efecto.
>
> Pido y suplico a vuestra alteza que, conforme al tenor de la dicha cédula, haga el nombramiento de la persona que tiene de pedir la tal limosna, y la mande poner en cabeza del libro donde los tales cofrades se tienen de asentar; y, puesta, se me vuelva el original con el dicho poder que presento. Para lo cual pido justicia, etc. Fray Diego de Ocaña [rubricado]. (Ocaña: 1969, 84)

La facultad de asentar cofrades y de recoger las limosnas es trasmitida por Ocaña a los mayordomos que nombra en cada lugar, a los que otorga un poder especial.[7] Así, pues, la modalidad del *viaje por mandato* permite visualizar los mecanismos del orden colonial a través del circuito de delegaciones actualizado, y tiene consecuencias en las características del relato que rinde cuenta del cumplimiento de la tarea

---

[6] Julio Caro Baroja (1985, 417-19) se ha referido al modo como, a lo largo del siglo XVI, se produce una suerte de contaminación del lenguaje comercial, algunos de cuyos términos ingresan al campo de la vida religiosa, tal el uso del vocablo "negocio". Cita al Padre Alonso Rodríguez quien, en su *Ejercicio de perfección y virtudes cristianas*, amplía y comenta un texto de San Mateo, XIII, 45 diciendo: "Somos negociadores del reino de los cielos; es menester que conozcamos y estimemos el precio de la mercadería en que tratamos ...". Ocaña hará uso del término "negocio" en repetidas oportunidades en su texto. Más allá de este manejo contextual del vocablo, es evidente que podemos extenderlo, según se desprende de la cláusula citada, al sentido comercial que entrañaba la empresa de Ocaña en las colonias.

[7] Cuidadosamente apunta en su recorrido: "En esta ciudad (Piura) dejé nombrados por mayordomos, y con los poderes que traía, para que si mandasen algo a Nuestra Señora de Guadalupe, acudiesen con ello"; "En esta ciudad de Trujillo estuve siete días, en los cuales asenté por cofrades a toda la ciudad. La limosna no se recogió por entonces [...] y los mayordomos que allí dejé, no sé si la enviaron a Castilla, según la orden que les dejé de que lo enviasen a Panamá todo lo que se recogiese, para que desde allí se enviase a Castilla" (1969, 41 y 63).

encomendada al dar cabida al informe pormenorizado de las acciones encaminadas a ese fin.

El manuscrito de Ocaña

El manuscrito que testimonia el recorrido de Ocaña por el virreinato del Perú entre 1599 y 1605 fue publicado recién en 1969 como *Un viaje fascinante por la América Hispana del siglo XVII*, título que le da su editor y prologuista Fray Arturo Alvarez. Este advierte que la carencia de un título original se debe a que el manuscrito comienza en el folio 2 v. Es de suponer que el texto fue enviado por Ocaña a sus superiores del convento o bien que, muerto en la Nueva España, fuera remitido a ese destino junto a sus demás bienes por sus compañeros del monasterio de Tepeyac. El texto se compone de 360 folios, dieciséis ilustraciones coloreadas a plumilla, siete dibujos lineales en negro y cuatro mapas de Chile. La "relación" de las fiestas en Potosí, las composiciones poéticas religiosas y la "Comedia" escrita por el monje en ocasión de las fiestas de entronización de la imagen de la Virgen en esa ciudad estaban originalmente integradas al texto en paginación corrida; pero en la edición de Alvarez todas ellas se incorporan al "Apéndice".[8] Ocaña compuso su texto como un "libro", dispuesto en capítulos de una extensión más o menos uniforme. La nominación se interrumpe, sin embargo, a partir del capítulo XXIII, circunstancia que permite conjeturar que su autor no alcanzó a revisar el texto en su totalidad. Alvarez considera que el texto es el resultado de las notas que el monje fue tomando durante su viaje y que, probablemente, la redacción final fue hecha en Lima durante el año y medio en que permaneció allí convaleciendo de su enfermedad. Sin embargo, las fechas mencionadas en el texto plantean cierta confusión al respecto. Así, por ejemplo, hay anotaciones del tipo de "vive hoy, año de 1604", junto a la mención al auto de inquisición celebrado en Lima en marzo de 1605, en tanto que al pie del retrato de un cacique araucano puede leerse "vive hoy, año de 1607". Este dato, confrontado con las palabras finales del texto: "... me partí luego para la ciudad de Lima, adonde llegué por Pascua de Navidad, año de 1604, donde di fin al viaje del Perú, y voy embarcando mi

---

[8] Esta alteración del orden original del texto incide en el efecto de lectura del mismo. Ahora bien, más allá de los avatares sufridos por el manuscrito, interesa destacar que su reconocimiento actual es mostrativo de cómo aquellos textos producidos inicialmente no como "literarios" sino como informe demandado por los superiores, con el transcurso del tiempo modifican, en el plano de la recepción, la intencionalidad primera. Así, el texto de Ocaña, en su heterogeneidad, es algo más que un relato de viaje, aunque a este tipo textual deba su principal reconocimiento, como lo demuestran las dos ediciones del manuscrito hechas por Alvarez. En la segunda edición, que lleva por título *A través de la América del Sur* (Madrid: Historia 16, 1989) se eliminan los dibujos, los mapas y los textos que conforman el "Apéndice" de la primera.

ropa para caminar a Mégico. Dios me lleve con bien" (1969, 293), habilita la hipótesis de que fue en Nueva España donde terminó de escribir y comenzó a revisar su relato. Allí debió haber titulado los capítulos y completado algunos dibujos, durante 1607.[9] Así, pues, si es posible establecer una cronología en el relato del viaje, ésta se complica con la mención de fechas que avanzan más allá del término del itinerario peruano. Por otra parte, tampoco el soporte temporal es estricto en el relato, pues éste necesariamente opera por concentración en aquellos segmentos que refieren la permanencia de Ocaña en algunas ciudades; incluso, en los tramos en que se advierte una dominante descriptiva escasean los datos puntuales, lo que permite inferir que la pauta cronológica no incide abiertamente en la estructuración del relato.

El texto como relato de viaje

Tanto el mandato de viaje en la instancia de producción del texto, como la lectura que hace su editor, coadyuvan a la caracterización tipológica del mismo como *relato de viaje*. Hay, además, otros elementos que así lo confirman, como la reiterada presencia del vocablo "viaje". Significativamente, su mención se produce al comienzo y al final del texto:

> Partimos el padre fr. Martín de Posada, mi compañero, y yo, de nuestra santa casa de nuestra Señora Santa María de Guadalupe, despedidos de todo el convento y con la bendición de nuestros prelados padres y mayores, a los 3 de enero del año de 1599 a la una del día [...] y vueltos los ojos a nuestra gloriosa patria y casa, nos volvimos a despedir de nuestra gran patrona [...] pidiéndole nos guiase en nuestro viaje y nos llevase y volviese con bien a su santísima casa, de donde con tan gran dolor y sentimiento nos apartábamos por tan largo espacio; pues veníamos en busca del Nuevo Mundo descubierto. (Ocaña: 1969, 1-2)

Esta frase, como la final: "... donde di fin al viaje del Perú ...", otorga al texto su nota más evidente; todo lo que leamos entre ese comienzo y ese final formará parte de un relato de viaje, más allá de las particularidades inherentes a segmentos determinados del texto. El vocablo "viaje" reaparece en otras oportunidades, por ejemplo: "Nosotros fuimos siguiendo nuestro viaje para Cartagena ...", "... pues en todo este viaje no es otro mi interés sino servirla [a la Virgen] ...". La titulación de los capítulos también obedece al principio de la traslación, estableciéndose una secuencia que pauta los tramos del recorrido; espigando

---

[9] Alvarez (en Ocaña: 1969, xxix) señala otra circunstancia: "Tanto el ms. como la relación de fr. Ocaña, acaban en el folio 360 v. Es verdad que éste tiene sentido perfecto; pero el hecho de carecer de punto final y de que termine exactamente al fin de página y de línea, hácenos sospechar que no finaliza allí la relación del monje guadalupano. Su viaje continuó; y cabe suponer que falten páginas al libro o que, tal vez, completó su crónica mexicana en otro volumen que desconocemos".

los títulos se lee: "Cómo partió la armada de Cartagena a Portobelo"; "Cómo fuí desde Chiclayo al pueblo de Etén ..."; de este modo, la guía de lectura que los títulos establecen privilegia el relato del viaje y otorga cohesión al texto. Esta nota se acentúa en las frases iniciales de los capítulos, que dan cuenta del recorrido en el espacio y en el tiempo: "Víspera de san Francisco, a 3 de octubre del año de 1599, entré en la ciudad de Trujillo".[10] Como en otros textos, el vocablo "camino" es una variante de "viaje"; sea que se halle en función sustantiva o verbal indicará el espacio que se recorre y la actividad desarrollada por el sujeto:

> Viniendo caminando de Portobelo a Panamá, queda a un lado, a la mano izquierda del camino, la famosa y celebrada sierra de Capira.
>
> Quedáronme solos cuarenta pesos, con los cuales comencé a caminar por viaje tan largo de doscientas leguas.
>
> Y en todos estos dos años, no estuve de asiento en parte ninguna, ni descansé en los dos años, sino siempre caminando. (Ocaña: 1969, 24, 42, 124)[11]

El relato se organiza según un *itinerario* que destaca los diferentes tramos del recorrido, lo que condiciona una estructura de base de tipo espacial. El ordenamiento de las rutas es similar al de otros textos del período; participa con ellos de la categorización "pueblo de indios" y "pueblo de españoles"; asimismo, establece una diferenciación clara entre espacio urbano-espacio no urbano "... de suerte que en las ciudades siempre me iba muy bien y tenía muchos regalos; pero como para llegar de una ciudad a otra hay en medio cien leguas y doscientas leguas de tan malos caminos, aguábanse tanto los regalos pasados con los trabajos de los caminos, que se sentía y advertía más en el trabajo que en el regalo" (1969, 260). La percepción del espacio con su cuota de marcas diferenciadas opera además en orden a la categorización de espacios centrales, periféricos o dependientes, y fronterizos. Por otra parte, el itinerario es pautado mediante frases que lo tornan presente y otorgan cohesión al texto, produciendo el efecto de la lectura de un mapa; en este caso, tal efecto se acentúa debido a la inclusión de mapas de la tierra chilena, en los que cursos de ríos, pueblos y montañas se completan con breves aclaraciones, similares a las del texto verbal. En Ocaña, la atención a este aspecto del relato constituye un programa de escritura; así lo entiende cuando, al iniciar su recorrido por el reino del

---

[10] Progresión y cohesión textual están entrelazadas en el relato del viaje; así, por ejemplo, entre final y comienzo de capítulos. El capítulo XIV finaliza "... proseguí mi camino para la ciudad de Lima", y el siguiente se inicia con la frase: "En todo este camino, desde Paita hasta aquí, no hay por los llanos y algunos montes que hay, una rama verde" (1969, 78-9), donde el deíctico "aquí" remite a "Lima".

[11] El "caminar", en el caso de Ocaña, se modalizará siempre de idéntica manera, al asociarse esta actividad con el término "trabajos": "Y aunque este camino de aquí adelante es todo arena y se pasa con mucho trabajo del cuerpo ..."; "Al fin, pasados estos trabajos de caminos, entramos a Lima" (1969, 43, 81).

Chile, anota: "Y desde aquí comencé a caminar por tierra de un pueblo a otro por el orden que después iré poniendo, con la montea y mapa de toda la gobernación. Por ser esto lo mejor de todo el Perú y tierra firme, iré por el camino con el papel en la mano, marchando y pintando toda la tierra ..." (1969, 108). El programa se realiza en el texto mediante el uso de deícticos espaciales, de verbos de tránsito y de gerundios al inicio de frase, que producen la emergencia del itinerario. El relato de viaje se completa con una tabla de graduación de todos puertos de la costa del Perú, desde Panamá hasta el estrecho de Magallanes. Ocaña puntualiza "Hasta aquí llegué" al nombrar la isla de Chiloé, en 44º, pero la inclusión de todas las referencias hasta donde está descubierto, "que es el año de 1600", evidencia el propósito de aportar toda la información posible a sus destinatarios. Incluso, al confrontar las fechas referidas al tránsito por Chile, vemos que éstas datan los años 1600, 1603 y 1605, esta última correspondiente al epígrafe del dibujo de un araucano, lo que indica que nuestro monje completó con la mayor cantidad de datos a su alcance los aspectos concernientes al tránsito por territorio chileno, preocupación que se funda en el hecho de que se trataba de una región poco conocida para los virtuales lectores.

El esquema recapitulatorio aparece en otras dos oportunidades, al hacer el recuento del itinerario según las "jornadas contadas" en el trayecto Cusco-Potosí y Cusco-Lima (1969, 278). La minuciosidad con que detalla el itinerario se complementa con el informe de los costos del viaje, lo que indica que el relato tiene sus destinatarios específicos en los superiores de la Orden; así como está obligado a anotar puntualmente las ganancias obtenidas en limosnas, también lo está respecto de los costos que su misión insume.[12] La atención puesta en aspectos en apariencia nimios muestra de qué modo el relato de viaje se configura, sobre la base de una estructura de carácter espacial, como el resultado de un informe presentado a los superiores, pertenezcan éstos a la esfera religiosa o administrativa colonial. El vector espacial opera como un principio ordenador del relato al que se engarzan todas las otras esferas registradas por el caminante. En el relato de Ocaña encontramos, además del mandato explícito, una serie de datos que alertan acerca del carácter de *informe a los superiores* que él posee.[13]

---

[12] Con idéntica meticulosidad anotará el costo de los camarotes al embarcarse en Panamá con destino a Lima y el precio de los alimentos en otras circunstancias: "Valían seis panes de a libra, un real; dos pollos, un real; una gallina, un real; tres melones como la cabeza, un real; un cabrito, cuatro reales; doce huevos, un real ..." (1969, 43), y si en este "pueblo de indios" el regalo para el viajero es mayor pues la comida es barata, en Potosí volverá a anotar la abundancia de los productos y su alto precio.

[13] En varias oportunidades afirma haber enviado informes a sus superiores durante el transcurso de su viaje: "... milagrosamente nos libramos de los indios, cinco compañeros y yo, los cuales salimos del reino de Chile, por la cordillera, a la gobernación de Tucumán, por la manera que ahora digo y conforme lo escribí a España" (1969, 124).

La descripción en el relato de viaje

Nominados específicamente como *descripción* se presentan dos segmentos del texto: "Descripción del reino de Chile" (capítulo XX) y "Descripción de la tierra del Paraguay, de Buenos Aires y del Tucumán" (capítulo XXIV). Se trata de dos espacios textuales de relativa autonomía, en los que la dominante descriptiva se configura por predominio de los verbos de estado "tener" y "haber"; la similitud con el modelo impuesto por los sucesivos cuestionarios emanados del Consejo de Indias se torna evidente en ellos. El capítulo XX plantea la demarcación del espacio chileno situando la latitud del primer pueblo de españoles al que se llega desde el Perú:

> Subiendo desde Lima por la mar, con el primer punto que se toma es el valle de Copiapó, el cual está poblado de indios y de aquí comienza la gobernación. Está este valle en 27º. De aquí se va a la ciudad de Coquimbo, que es el primer pueblo de españoles. Está este pueblo sobre la mar y el puerto está a dos leguas de allí, el cual está con 29º. Tiene este pueblo hasta cien vecinos. Hay en él frailes de San Francisco y de la Merced y San Agustín. Tiene en su distrito muchas minas de oro, que son las de Andacollo y las de Nuestra Señora y las del Espíritu Santo y las de Chualoco. Tiene otras minas de cobre junto al pueblo y el oro no es de veta sino suelto, que lo lavan. Tiene minas de plomo; es abundante de trigo y vino y maíz y frutas de Castilla y de la tierra, como son pacaes, lúcumas, guayabas, pepinos y camotes. Carnes y pescado lo han menester para su gasto. Es gente pobre la de este pueblo, por la falta de indios que labren y laven el oro. (Ocaña: 1969, 109-10)

Este esquema descriptivo se reitera en cada una de las ciudades de la gobernación de Chile; precisamente es la repetición lo que permite inferir la impronta imaginaria del modelo de las Relaciones Geográficas, presente en los datos acerca de la ubicación del pueblo, el puerto, el número de vecinos, iglesias, minas, frutos de Castilla y de la tierra. Los microespacios se relacionan entre sí mediante indicadores espaciales y frases del tipo: "más adelante está", "luego está", "también más adelante" que dan, a la vez, cuenta del tránsito.

El capítulo XXIV está dedicado a describir la tierra del Paraguay, Buenos Aires y Tucumán. La autonomía de la descripción se desprende del hecho de que ella no se adecua a la ruta seguida por el religioso, quien cruza la cordillera por la zona cuyana y atraviesa el territorio hacia Buenos Aires en dirección oeste-este. Así, relata algunos sucesos acaecidos durante este trayecto en el capítulo XXIII y reserva para el capítulo siguiente la descripción del territorio. El procedimiento descriptivo es similar al anterior, puesto que se diseña en base a las rutas de comunicación. En efecto, el punto a partir del cual se organiza el espacio es el puerto de Buenos Aires,[14] operando los caminos como organi-

---

[14] Del río de la Plata, señala Ocaña su posición, su nombre en guaraní (Paranaguacu) y qué quiere decir en esta lengua, especificación que, como hemos visto,

zadores espaciales. De esta manera, el capítulo "progresa" en la medida en que se mencionan las rutas:

> De este puerto de Buenos Aires hay dos caminos, el uno para el Paraguay y el otro para Tucumán, y también para Chile y para el Perú. El río arriba es el camino de la ciudad de Santa Fe [...]
>
> Ahora habemos de decir del Tucumán, al cual se va por el otro camino, que dijimos que se apartaba en el fuerte de Caboto; todo por tierra llana, camino de carretas, sobre la mano derecha, hacia el norte. (Ocaña: 1969, 141-50)

Sobre este entramado se disponen todos los otros elementos que integran la descripción. Los aspectos anotados forman parte del universo de objetos describibles emanados de los cuestionarios. Una comparación entre, por ejemplo, la Relación de 1583 de Pedro Sotelo Narváez y la descripción de Diego de Ocaña, muestra la similitud entre ambas. Veamos un ejemplo:

> Al primer pueblo que se llega es San Gerónimo de Córdoba, ochenta leguas y más del fuerte de Caboto. Habrá treinta años que se pobló este pueblo. Fue su poblador don Jerónimo Luis de Cabrera, gobernador que fue de Tucumán. Aquí, en este pueblo, es toda la contratación del Paraguay, de Chile y del Brasil y de Buenos Aires, porque está en el paso de todas estas partes, donde llevan matalotaje para todo el camino, de lo que es menester, y las mercaderías que los navíos traen. Este pueblo es grande, de mucha gente de españoles. Hay en él tres conventos, de San Francisco, de la Merced y de la Compañía. El temple es bueno, con buenas aguas. Es más frío que caliente; buena cosecha de pan y vino, y gran cantidad de ganado vacuno, que se lleva hasta Potosí a vender. Mucha caza por aquellas pampas, de avestruces, de quirquinchos, que son como puercos pequeños, y algunos guanacos y liebres y muchas perdices y francolines, pero diferentes de los de España en el color y en lo demás, que son como gallinas. Aquí se hace mucha ropa de algodón y lana que sirve de tejer el algodón. (Ocaña: 1969, 150-51)

El ritmo pautado a intervalos regulares, los sintagmas nominales y el sistema de equivalencias analógicas producen un "efecto de esquema" que se ciñe a un modelo preestablecido.[15] Parece evidente que el descriptor ha desarrollado una actividad indagatoria paralela a sus tareas específicas, que es la que en definitiva le permite efectuar una descripción del espacio recorrido en los términos en los que la resuelve. Si se tiene en cuenta el propósito específico que condiciona este viaje, se advierte que en este segmento del relato –en el que se ausenta la primera persona del singular para dar paso al uso del impersonal y, circunstancialmente, a la primera del plural ("ahora habemos de decir del Tucumán")– el descriptor proporciona una información que no parece tener como destinatarios a los superiores del convento sino, an-

---

era requerida en los Cuestionarios.

[15] "... y toda descripción así 'cuadriculada' da al lector la impresión de que el texto se esfuerza por saturar un marco, un modelo preexistente más o menos coercitivo ..." (Hamon: 1991, 61].

tes bien, a otro círculo de lectores. Desde esta perspectiva, puede considerarse que las dos Descripciones que Ocaña incluye en su relato constituyen su respuesta al mandato de información del Consejo de Indias, emergente, entre otros textos, de la real cédula del 16 de agosto de 1572 (Jiménez de la Espada: 1965, I, 50). El hecho de que titule "Descripción" a dos segmentos, diferenciándolos del resto del relato, se explica por la índole de los espacios referidos; en efecto, tanto el reino de Chile como la extensísima región nominada Paraguay, Buenos Aires y Tucumán requerían, para la época en que Ocaña los recorre, de un mayor conocimiento por parte de las autoridades metropolitanas. Dotadas sus poblaciones de asentamientos muy precarios en algunos casos, sujeto gran parte del territorio a la interacción con diferentes grupos aborígenes, eran considerados de especial interés aquellos textos que diesen cuenta de su estado.

Ahora bien, este "efecto de modelo" que se advierte en la descripción del espacio urbano se completa al abordar el descriptor el espacio rural; se produce entonces una ligera variante frente al recuento de datos anterior, en la medida en que será ahora la mirada del caminante la que prevalezca en la focalización del universo de objetos. De manera similar a Reginaldo de Lizárraga, en Ocaña se despliega una semiosis afincada en la estrecha relación entre el espacio y el individuo; de este modo, todo aquello con lo que se encuentra quien realiza un recorrido es anotado cuidadosamente:

> En este pueblo de Jujuy no hay conventos ni hay cosa notable que escribir de él mas de que sirve de abrigo para los caminantes que pasan a Buenos Aires, del Perú. Y hay desde aquí a Potosí cien leguas, que ya es Perú en toda esta tierra de Tucumán, que habemos dicho. Hay en todas partes y en todos los pueblos generalmente lo siguiente: mucha miel en los montes y cera [...] hay todas las frutas de Castilla, como son granados y membrillos, higos y uvas y peras y camuesas, y manzanas, albaricoques y tunas; ésta es fruta de la tierra muy regalada. Mucho agrio de naranjos, cidros, limones y limas. No hay en todo el Tucumán ni el Paraguay olivos, porque no se han puesto. Mucha caza de palomas, tórtolas, patos de cresta, muy grandes; muchas perdices de tres maneras, y tan bobas que las van cogiendo los caminantes desde los caballos con unos lazos que ponen en una caña, y son tan bobas que aguardan a que se los echen al cuello; muchos guanacos, que son como carneros de la tierra, de cuello largo, como camello. Hay también ciervos con cuernos ... (Ocaña: 1969, 155)

En estos segmentos se vislumbra, si no el afán didáctico que por momentos expresan las franjas instructivas del relato de Lizárraga, sí el propósito de ilustrar al lector con una información que no deja resquicios para la ambigüedad. Particular atención merecen las serpientes y el modo de contrarrestar su veneno,[16] los sapos, las moscas, los

---

[16] Respecto de la mortal víbora de coral, señala: "... son pintadas de colorado, negro y blanco; y éstas, en picando, si no llevan solimán y sajan la picadura, o alguna raíz de contrahierba, no tiene remedio sino morir rabiando de dolor" (1969, 156).

mosquitos, las pulgas y nigüas; en fin, todos aquellos animales perniciosos para quien transita por estos parajes,[17] lo que evoca el oportuno consejo al caminante: "... y así se tiene por partido caminar de noche".[18] La descripción se extiende también a los indígenas; Ocaña nombra cada una de las "naciones", las identifica como pacíficas o belicosas, anota la forma de guerrear, las armas, el tipo de vivienda, la alimentación, las costumbres sexuales y mortuorias, la vestimenta y el carácter de las relaciones con los españoles, cumplimentando los aspectos susceptibles de descripción de "las naciones de hombres". También en este ámbito se observa que la actitud indagatoria ha sido importante, pues se deslindan las características generales de cada grupo. La percepción del indígena es siempre negativa y distanciada, en la medida en que está mediatizada por la emergencia del estereotipo del "bárbaro"; de allí que la frase "Son en todas sus cosas como bestias" puede resumir la conclusión que le merecen los diferentes grupos étnicos de la región.

Las Descripciones, que participan del modelo común a otros textos de la época, suelen estar acompañadas de valoraciones. En ciertas instancias conclusivas el descriptor vierte su juicio acerca del espacio recorrido, lo que señala una tendencia a la categorización de los subespacios del territorio virreinal; el texto se presenta entonces como una suerte de mapa conformado por líneas imaginarias que establecen fronteras entre lo urbano, lo no urbano, lo positivo y lo negativo, lo civilizado y lo bárbaro, lo central y lo periférico. Se trata de líneas dinámicas, lábiles, dependientes de las vivencias experimentadas en el recorrido por el sujeto:[19]

> Así que tiene tantas cosas malas esta tierra, y tantas plagas, que se olvidan las buenas de ellas. Y, al fin, es pobre de plata y oro, que no corre moneda en ella por no haberla. Y de toda ella no hay que hacer caso, porque

---

[17] Las similitudes con el texto de Lizárraga son evidentes en la mención al "mundo de lo inferior"; compárese, por ejemplo, el penoso ejemplo que daba el dominico acerca de las moscas con este fragmento: "Y las moscas son peores que los sapos porque son muchas y tan malas que, si en la comida acierta el hombre a comer alguna cosa de estas moscas, le revuelve el estómago, de manera que vuelve a vomitar lo que ha comido" (1969, 157).

[18] Estas prevenciones reaparecen en los tramos de difícil tránsito; respecto del camino Cusco-Lima señala: "... y es de advertir que todo este camino del Cuzco a Lima, todo es cuestas subir y bajar [...] Y así, de ordinario, en estos caminos enferma mucho la gente si no se camina con mucho cuidado; y es menester llevar herramental y todo aderezo de clavos y herraduras, para que en cayéndose la herradura, luego le echen otra; porque como los pueblos están cien leguas unos de otros ..." (1969, 269).

[19] Estas delimitaciones no dejan de coincidir, por cierto, con las que se han ido naturalizando a través del cuerpo de Relaciones y compendios que conforman el archivo acerca de las cosas de Indias; tal convergencia entre una percepción individual, como es la que aparece en muchos momentos en el texto de Ocaña, y el saber comunitario, denota la existencia de un discurso hegemónico que deja su impronta en los textos que dan cuenta del espacio indiano.

> todo fue pesadumbre y trabajo cuanto en ella pasé. Recíbalo Dios en descuento de mis culpas, porque no sé qué penitencia del desierto se puede comparar con caminar cinco meses, de día y de noche, sin dormir y comiendo bollos de maíz, y cada hora con la muerte al ojo por los muchos indios de guerra que hay, en más de quinientas y casi seiscientas leguas que hay en todo aquesto que he dicho, desde el Paraguay hasta el Potosí, donde hice asiento para descansar del prolijo y penoso camino. (Ocaña: 1969, 157-58)

De esta manera, la descripción del espacio tucumano y paraguayo ha ido conformándose a partir de la emergencia del "camino" como elemento de inteligibilidad y ordenamiento espacial; concebido así, el "camino" aparece como componente de una retórica descriptiva general; no obstante, al finalizar la descripción adquiere otra valencia, como resultado del ingreso de la dimensión testimonial del sujeto. La intersección de un doble registro, cultural y personal, otorgan su modalidad específica al texto de Ocaña.

Aparte de las dos Descripciones referidas es posible encontrar en el texto otras, si bien con un menor grado de autonomía, integradas a la narración. De todas maneras, el ingreso de la descripción se anuncia como parte de un programa de escritura y de una actitud indagatoria. Esto ocurre, por ejemplo, con el cerro de Potosí:

> Después de quince días que gasté en este viaje, me volví a la villa de Potosí, de quien trataré ahora y pintaré aquí el cerro como él está, y con los socavones y vetas principales que tiene, en las cuales yo entré y anduve todas; y de todas ellas llevo a España, de cada labor una piedra de metal [...] De todo trataré un poco, tocando de paso en todo, porque decir por entero lo que en cada cosa hay, sería nunca acabar. Y para poder hacerlo con más puntualidad, me fuí al cerro y me estuve allá ocho días informándome de unas cosas y viendo otras. Y así diré con puntualidad lo que hay en Potosí, que es lo siguiente. (Ocaña: 1969, 184-85)

La explicitación del proyecto escriturario pone en escena el plano de la escritura. Este "saber sobre el texto" es expresión de un saber sobre el mundo adquirido mediante la indagación y supone una actitud específica por parte del descriptor, que recalca la verdad de su testimonio basado en la experiencia de lo visto. Por ello, insiste en que "... no escribo sino lo que he visto y experimentado, con apercibimiento que nadie se admire de lo que oyere; pues trato verdad y si no, no me atreviera a escribirlo" (1969, 185). Las acotaciones acerca del modo como se obtuvo la información ingresan en el plano de la escritura, franja en la que se propone el pacto comunicativo con el lector metropolitano; en efecto, el procedimiento de verosimilización, basado en la calidad del testigo, es característico de este plano. La extensa descripción del cerro de Potosí, de las actividades de extracción del metal, de los costos y del tratamiento de los indígenas es acompañada de dibujos; el uso del código visual, que se propone como una representación gráfica de lo escrito, refuerza el carácter testimonial del texto.

Ahora bien, es evidente la diferencia entre las descripciones autónomas y ésta de Potosí; las primeras no requieren de la afirmación de la verdad de lo dicho, puesto que el descriptor, en el caso de la tierra chilena, se limita a plantear un programa de escritura. La diferencia parece radicar en la percepción del sujeto, él mismo extasiado ante la riqueza del cerro potosino. Una vez más, la riqueza material produce en los textos que a ella refieren un flujo de calificativos que hacen de la escritura metáfora del esplendor del referente. La necesidad de afirmar la verdad de lo dicho a cada paso aparece ante el "exceso" de lo visto y la evaluación de sus efectos en el lector lejano. Por ello, no siempre lo anotado requiere de una afirmación de la calidad del testigo; así, por ejemplo, la descripción de Lima, que ocupa dos capítulos, se rige por el modelo canónico. Enfocada desde la condición de religioso del descriptor, se encauza primero hacia la mención de las instituciones de gobierno, de las iglesias y conventos, y luego atiende a la ubicación de la ciudad, su temple, cultivos, edificios y tipo de construcciones; participa así del ordenamiento que proponía el texto de Lizárraga, en tanto que la final evaluación moralizadora acerca del comportamiento de sus habitantes expresa la visión de un sujeto que no se considera parte de esa sociedad, sino que integra el grupo de extranjeros en la colonia. En cuanto a la descripción de la ciudad del Cusco, se modela consignando todos los datos referidos al temple, los edificios, etc., pero conjugada con la memoria de sucesos que evidentemente Diego de Ocaña escuchó relatar de sus pobladores. Hay en este segmento una mirada imperial que pondera rasgos prestigiosos de la corte incaica y de la sociedad española. No obstante ello, el monje expresa preconceptos característicos del peninsular, al distinguir a los cusqueños como superiores frente a los de otras zonas, precisamente por provenir de la casta reinante,[20] o al señalar, respecto de un personaje prominente como don Melchor Inca: "Es buen hombre de a caballo y juega bien las armas, y es discreto y cortesano, y tiene buenas fuerzas y muchas gracias, que para ser descendiente de indios es mucho, aunque todos los incas de quien desciende don Melchor fueron de grandísimo gobierno, y para ser bárbaros, siempre se conservaron por su mucha industria" (1969, 265-66).

La "Relación"

Ocaña menciona en varias oportunidades el envío de Relaciones a sus superiores del convento, las que seguramente registraban sus actividades como procurador de la Orden. Estos escritos debieron haber sido periódicos y en ellos habrá anotado meticulosamente el monto de las limosnas o los gastos que insumía su trayecto y la confección de

---

[20] "Todos los indios del Cuzco, así varones como hembras, son más blancos que los demás y de mejores caras y más bien agestados y se tratan con más limpieza" (1969, 259).

imágenes de la virgen de Guadalupe; el relato de su viaje reproduce parte de esa información acotada.[21] Ahora bien, en el texto se incorpora una Relación, que al igual que las Descripciones se caracteriza por su relativa autonomía; en efecto, obedece también a un propósito informativo, pero se propone como resultado de la actitud indagatoria de un sujeto que se presenta como "hombre curioso", observador privilegiado por su experiencia de vista. La "curiosidad" es el motor de la actividad escrituraria, la que se presenta como un complemento de su actividad como procurador; ambos roles, el de religioso y el de "hombre curioso" se deslindan en esta instancia:

> Llegamos a la ciudad de Arequipa con guía de indios, llenos de ceniza los rostros y sombreros [...] Y cuando me vi allí, quedé muy arrepentido; pero por ver aquella desgraciada ciudad, que fue la mejor de todos estos reinos, y por poder contar lo que sucedió cuando reventó aquel volcán [...] y por ser una de las cosas más notables que ha sucedido no sólo en estos reinos del Perú pero ni en todo el mundo; y por haber sido en el tiempo que yo andaba por estos reinos, por curiosidad quise entrar en esta ciudad para poder decir de experiencia lo que vi, y lo demás por relación; para que no quede una cosa tan notable sin que yo la advierta en mi viaje. (Ocaña: 1969, 236-37)

Los motivos que llevan a Ocaña a trasladarse de un punto a otro del virreinato son sustituidos en este momento por los que privilegian la actividad relatora: "para poder contar", paralelo a "para poder decir por experiencia" sintetizan un *poder* y *saber decir* que, en esta instancia, proponen una competencia a la que no es ajena el placer de escribir para aquellos que desconocen esta realidad. Este deslinde de actividades se advierte nuevamente en el título de la Relación: "Relación del portento y casos prodigiosos que sucedieron en la ciudad de Arequipa, de las provincias del Perú con la reventazón de un volcán que reventó a diecinueve de febrero del año de 1600 hasta hoy, veinticuatro de julio de 1603, hecha por el padre fr. Diego de Ocaña, que entró en esta ciudad a solo ver y saber lo que había sucedido" (1969, 239). La frase "a sólo ver y saber" destaca el valor otorgado al testimonio de vista; en este momento la finalidad de recoger limosnas es sustituida por la de redactar un texto. La Relación versa sobre los efectos producidos en la ciudad de Arequipa por la erupción del volcán Huaynaputina en 1600; al enfocarse desde la posición de ignorancia y aislamiento de los pobladores, quienes desconocen el motivo de la lluvia de ceniza, el hecho no explicado aún adquiere resonancias de castigo bíblico: "Y entonces no sabían que había sido el volcán, sino que era fuego del cielo; y como tenemos por fe que ha de ser por fuego el último fin, entendieron realmente que entonces era y que ya era llegada la última hora". (1969, 241). La alternancia de perspectiva, señalada por el paso de la narración a la interpretación de lo ocurrido, otorga dramatismo al relato, acentuado por una temporalidad muy marcada. Este contrapunto se expresa también en

---

[21] Véase, por ejemplo, 1969, 162, 166, 287, 289.

la coexistencia de la primera persona del singular y del plural; una cierta ambigüedad se instala entonces en algunos pasajes, a la que se suman acotaciones que remiten al tiempo de la escritura ("con haber tres años y medio que sucedió esto que escribo"). Sin embargo, la confusión se aclara hacia el final de la Relación: "Esta relación como aquí se contiene escribí en el convento de san Francisco, en la ciudad de Arequipa, dictándome estas cosas el contador de la hacienda real Sebastián de Mosquera y otras personas, todas honradas y fidedignas; y así, lo que está escrito es como en efecto pasó" (1969, 246-47).

La alternancia mencionada expresa el pasaje del rol de relator al de transcriptor de una información dada por otros. La conversión de enunciador en enunciatario de la Relación se inscribe en un proceso escriturario diferente al que genera el resto del texto. Se advierte entonces el carácter de texto encajonado en el relato del caminante, organizado de acuerdo a pautas específicas. En esta instancia, pues, la Relación constituye el informe referido a un suceso específico que se recaba a testigos autorizados. El carácter "verdadero" del texto se funda en ser "literal" el relato de lo acaecido. Así, pues, las franjas del texto que poseen una cierta autonomía en el relato del viaje del monje son tres: dos Descripciones y una Relación. Su independencia se evidencia en el enmarque de los títulos, que remiten al tipo textual de las Relaciones y al modelo descriptivo emanado de los Cuestionarios. Por cierto, no son los únicos momentos en que se advierte la emergencia de ese tipo de descripción, que se combina a lo largo del relato con la dominante narrativa, pero sí son las instancias en que específicamente se advierte la presencia de una retórica más o menos fija. La remisión al presente de la escritura y a la actividad desarrollada para obtener la información son elementos característicos de los segmentos mencionados.

Memoria de lo notable

El relato de fray Diego de Ocaña se presenta como el resultado de la voluntad de guardar en la memoria lo que, de otra manera, caería en el olvido. Hemos visto en otras oportunidades la presencia del tópico del olvido, mencionado en textos no literarios del siglo XVII. En este relato el binomio memoria-olvido ocupará un lugar central y tendrá varios puntos de fuga. Ahora bien, en lo que atañe específicamente a la actividad indagatoria apuntada más arriba, ella encuentra su complemento en el registro de "lo notable" que el caminante encuentra a su paso. La selección de los objetos descriptos, si bien previsible en el marco de la mirada que se constituye en los siglos XVI y XVII, evidencia el lugar desde donde se mira. Esto significa que se advierten diferencias entre el registro de los objetos que hace Reginaldo de Lizárraga, quien se dirige a un destinatario metropolitano pero desde una experiencia vital de décadas en las Indias, y Diego de Ocaña, menos ocupado en señalar el mundo de objetos cotidianos al que se enfrenta el caminante y más atraído por las "cosas notables". Lo que en Lizárraga se restringe y se cohesiona mediante un fuerte didactismo, rasgo característico del criollo del siglo XVII, en Ocaña se amplía y se dimensiona desde la condición del "extranjero en las colonias" (Balandier 1951) que escribe para su par metropolitano. Aquello que en el dominico se muestra como el esfuerzo por tornar cotidiano lo que para el peninsular es extraño, en Ocaña se presenta revestido de rareza; tal condición torna más incitante su viaje. En efecto, es "lo notable" así ponderado lo que se recorta y destaca de lo real, "admirando" al descriptor y provocando la actividad escrituraria.

Lo notable tiene sus grados en este texto; puede identificarse el término con la particularidad que se destaca, y entonces se dirá que no hay nada notable o que sí lo hay: "No hay otra cosa notable aquí de que poder escribir de este pueblo, que es pequeño y de pocos españoles, sino de los muchos mosquitos que hay, que es plaga grande"; "Lo que hay de notable en este puerto de Paita es que nunca se acuerdan los indios antiguos haber visto llover" (1969, 68 y 286). Sobre esta primera partición, que refiere a singularidades climáticas o de terreno, se destacan otros rasgos que el descriptor considera únicos:[22]

> Una de las mayores curiosidades que en este río [Paraná] hay es que, orilla a él, se crian muchos árboles, y algunos de ellos de cierta especie, que son como madera de encina. Caen las ramas dentro del agua y por tiempo viene el agua a convertir aquella madera en pedernal [...] Y de esto vi yo en casa del obispo un gran pedazo, que por curiosidad se lo trajeron y el medio era de madera y el otro medio, estando continuo, era pedernal. Y en el Nuevo Reino, en el río del Marañón, hay los mismos árboles y el agua hace el mismo efecto [...] Esta es una cosa que me admiró mucho cuando la vi. (Ocaña: 1969, 142)

En estos casos, se ponen en funcionamiento una serie de procedimientos: la repetición de términos que destacan lo que se va a describir, la explicación detallada del fenómeno o el registro de sus notas, que implica una competencia no sólo descriptiva, sino además un saber por experiencia que establece correspondencias con otros fenómenos similares[23] y, en fin, la actitud admirativa de quien observa y pondera algo

---

[22] Estos aspectos notables coinciden, sin embargo, con los registrados por los caminantes del período; desfilan por las páginas del texto de Ocaña los peces dorados, los monos de Panamá, los alacranes, los puercos de ombligo en el lomo, los caimanes, las piedras-campana, las huacas de Trujillo, las calabazas para cruzar un río, los cocos subterráneos que revientan en el Paraguay, el lago Titicaca, los baños del Cusco, el puente sobre el Apurímac, las lagunas de Huarochirí, las hoyas de Villacurí, etc.

[23] Así, por ejemplo, registra como cosa notable de Huancavelica el que los edificios sean hechos de agua cuajada a manera de piedra pómez; pero como encuentra más plausible tal transformación al establecer analogías con los carámbanos de Castilla la Vieja. establece una diferencia con la madera del río Paraná, anotando: "Al fin esto que se convierte en piedra es agua, y por lo que tiene de

como la cosa "más notable y milagrosa", llegando por momentos a la exaltación descriptiva. Esto, por cierto, requiere de un mecanismo de verosimilización que consistirá en plantear analogías con fenómenos de carácter similar producidos en España, o bien en la puesta en escena del valor testimonial de lo visto y palpado.[24] Es entonces el "hombre curioso" quien asume con autoridad su decir: "Y como yo por doquiera que pasaba iba notando todo lo que había, me apeé de la mula a mirar esto, que es temeridad grande mirar abajo ..."; "... con grandísimo cuidado iba mirando el campo y la disposición de la tierra [...]. Todas estas cosas notaba para escribirlas, aunque parezca demasiada curiosidad ..." (1969, 283 y 195).

Testimoniar lo visto es, pues, fundamental como impulso de escritura; Ocaña indaga a personas de crédito o relata su propia experiencia, apoyada por cierto en su carácter de religioso y en la verdad que de sus dichos se desprende: "Con miedo escribo esto; pero cuento verdad en ley de sacerdote y póngolo por grandeza ..." (1969, 189). Su estrategia consiste a veces en señalar un descreimiento que luego se modifica: "... que si no lo viera yo no lo escribiera, porque aunque me lo habían dicho, yo no lo quería creer", o bien en anunciar que lleva a España muestras de lo notable: "... y saqué allá dentro dos piedras de metal, las cuales traigo conmigo a Guadalupe, por curiosidad" (1969, 25 y 187). Como "extranjero", muchas son las cosas que atraen su curiosidad; de hecho, esto ocurre también porque su visión del mundo anterior a la llegada a Indias se presenta bastante reducida, lo que se evidencia en el espectro analógico del "allá", siempre referido al espacio cercano al monasterio de Guadalupe. Pero también es evidente que es el "acá" pleno de sugerencias lo que le lleva a desarrollar una actitud vigilante ante aquello que lo circunda. En cierta medida, lo que al principio se le aparece como "comedia de entremés" o "caso curioso", en una actitud de incredulidad que requiere de la asimilación a patrones literarios para su comprensión, paulatinamente se transforma en una competencia para ver y explicar cosas notables. El sujeto descriptor se inviste así, a lo largo de su recorrido, de un saber autorizado en las cosas de Indias y desde esa posición instruye a sus lectores peninsulares. Esta instancia de escritura excede, como se ha visto en el caso de las Descripciones y de la Relación, el informe de sus actividades como procurador de la Or-

---

salitre y de gruesa no es mucha maravilla; pero que la madera en el agua del río Paraná se convierta en pedernal, como lo advertí cuando escribí lo del Paraguay, esto es mucho de admirar, como lo es que si no es viéndolo y palpando, no se puede creer" (1969, 285).

[24] "Tiene esta escalera de Pariacaca, de escalones continuos un cuarto de legua, que si no son los que han caminado este camino y visto esto, no podrán entender el peligro grande y el trabajo que se pasa y hay en estos pasos semejantes [...] Y dicen los baquianos que lo saben a los chapetones que van con ellos –que así los llaman a los nuevos en la tierra–, por allá arriba, por aquellas piedras habemos de subir, no lo quieren creer, y entienden que los engañan" (1969, 277).

den Jerónima en el Nuevo Mundo. Son las implicancias de una experiencia de viaje, que dramáticamente relatará en otros momentos, las que dotan a nuestro monje de una autovaloración ("teniéndome por curioso") de la que carecía en el momento de la partida de Guadalupe. Las Indias, pues, se transforman en el espacio donde el sujeto realiza su *performance* adquiriendo competencias inicialmente no contempladas. El texto de viaje, en tanto, se consolida en esa instancia de "exceso" del informe de actividades.

La invención de los lugares

Para Michel de Certeau (1975) el relato de viaje pone en relación al menos dos espacios iniciales: un "allá" y un "aquí" comprendidos en términos de una separación o ruptura. Queda así expuesta la diferencia entre el espacio en el cual un sujeto se inscribe ideológicamente y desde (para) el cual escribe, frente a otro espacio al que refiere y en el que escribe. Escribir "desde" y escribir "en" remiten, pues, a los marcos culturales que condicionan la perspectiva, y refieren, igualmente, al sujeto, al "centro" y la "periferia" entendidos como categorías socio-históricas dinámicas.[25] En el relato de viaje del período parecen, en principio, delimitarse con claridad tales lugares, en la medida en que la situación colonial establece y propicia esas diferencias; pero no todos los relatos mantienen la diferenciación nítida. Textos hay, como el de Diego de Ocaña, en los que es posible leer la emergencia de estos lugares en su dinamismo y alternancia. El "allá" y el "aquí" aparecen entonces como espacios ideológicamente construidos, aunque no de una manera definitiva, en la medida en que el orden de la memoria y del olvido los "contaminan", los recubren imaginariamente. Ocaña es un agente colonial que viaja a las Indias con el propósito específico de recoger limosnas y reavivar el culto a la Guadalupe; en tanto tal, su perspectiva del "aquí" está casi fijada de antemano y condicionada por estereotipos; sin embargo, el texto ofrece el testimonio de una modificación sufrida por el sujeto, que afectará su percepción del "aquí" y del "allá". Como resultado del registro de las cosas vistas y vividas, surgen conclusiones sobre el espacio y sus habitantes; ellas tienen un tono moralizador,

---

[25] Sigo acá la perspectiva planteada por José Castro-Urioste (1994, 133-34); a diferencia de la propuesta de Hernán Vidal, que entiende las nociones de "centro" y "periferia" en términos geopolíticos y por lo tanto como espacios fijos. Castro-Urioste considera que es "... posible concebir la categoría 'centro' a partir de la perspectiva del 'sujeto'. El 'centro' por consiguiente, es susceptible de ser conocido al responder preguntas como: ¿desde dónde se escribe? ¿de dónde se viene? En otras palabras –y aunque esto resulte obvio– es el espacio en el cual el 'sujeto' se inscribe ideológica y no físicamente; en definitiva, representa su formación cultural. En este sentido mi planteamiento supone una pluralidad de 'centros' [...] de tal modo que la representación de 'sujetos' distintos conlleva la existencia de diversos 'centros'".

acorde con la perspectiva del religioso. Al llegar a Puerto Rico se asombra ante la costumbre de que sean mujeres quienes sirvan en los conventos,[26] lo que le permite concluir: "... y así como acá son los tiempos al revés, así también las demás cosas son al revés de España, que los criados y los mozos de los conventos son mujeres, para que todo ande conforme con el tiempo" (1969, 9). La estada en Lima le permite reflexionar acerca del modo en que se dan los tratos y contratos entre sus habitantes; la frecuencia y el carácter generalizado del comercio, del que no eran ajenos los funcionarios más altos, le lleva a señalar:

> Y por una vía y por otra, todos emplean y todos son mercaderes, porque acá en las Indias, cada uno vive como puede, conforme a la hacienda que tiene, la cual con empleos procura aumentar, porque de otra suerte, como no hay cosas permanecientes; ansí también las haciendas no lo son [...] Los tiempos son al contrario de España, de suerte que cuando allá hace frío, es acá el calor, y al contrario. (Ocaña: 1969, 96)

Esta primera y evidente diferencia climática lo conduce a una conclusión que afecta al orden moral y que, por cierto, se funda en el determinismo climático. Dos notas se destacan en el marco de estas evaluaciones: la diferencia de costumbres y la libertad de las mismas. En este punto, las mujeres constituyen el blanco de su crítica: "Y ansí, en esta tierra, como todas las cosas son en ella al revés, también esto es al revés; que las mujeres son las que solicitan a los hombres, y la que más tiene, ésa se tiene por más honrada ..." (1969, 193). Para certificarlo, relata un caso representativo de la libertad femenina en el plano sexual;[27] ello, por cierto, forma parte de la casuística misógina de raigambre española, evidente en textos coetáneos como *El carnero* (1636) del santafereño Juan Rodríguez Freile.[28] Una causa de denigra-

---

[26] El episodio, seguramente relatado con posterioridad al momento en que acaece, tiene ribetes de "comedia con entremés" según Ocaña. En efecto, desconocedores de tal costumbre, el religioso y su compañero Posada se espantan ante la aparición de la negra, quien irrumpe en la habitación dispuesta a asearlos. Ellos creen que se trata del diablo, produciéndose entonces una confusión de situaciones. El "cuento gracioso", sin embargo, connota la identificación *mujer-negra-demonio*, que está en la base del enredo.

[27] "En la ciudad de Chuquisaca, pasando a mula por una calle, reñían dos mujeres en una casa, y entre otras palabras que yo oí, fue que dijo la una a la otra: sois una puerca que no tenéis más de dos que os quieren. Y dije yo al que iba conmigo: según aquello, más debe aquélla de tener de cuatro; y respondióme a quien yo decía esto: ansí es, padre, que la mujer que no tiene cuatro o cinco, la tienen por puerca y en menos estima" (1969, 193-94).

[28] Hay similitudes entre, por ejemplo, la historia de la "negra voladora" Juana García (Rodríguez Freile: 1935, 76-80) y la que recuerda Ocaña a propósito de la lujuria y hechicería de las indias, mestizas y criollas potosinas. Si Juana García "vuela" una noche a la Guadalupe, la mujer que se presenta en la cama del boticario Simón de Torres en Panamá "voló" desde Nombre de Dios para visitarlo y tornar en el tiempo que demoraba en cocerse el pan en el horno. La frecuencia de estos relatos muestra la difusión que tenían tales creencias en ese momento y convalida la imagen degradada de las mujeres no pertenecientes al grupo de las "españolas".

ción es el hecho de asemejarse en sus costumbres las españolas a las indias, quienes condensan en su suciedad y lujuria todo lo que de vil tiene el género para el monje. De hecho, lo que el "acá" produce, desde su perspectiva, es una inversión de valores que pareciera encontrar su fundamento en la variante climática y en el trato constante de la sociedad blanca con los naturales.[29] Tales aspectos coadyuvan a la valoración generalizada de las Indias como un "infierno", imagen convalidada por el comportamiento de los diferentes grupos de la sociedad colonial. Así, por ejemplo, el escenario que le propone la feracidad de la tierra tucumana y paraguaya, donde las costumbres de naturales y blancos parecen plantear cierta homogeneización, se configura para la mentalidad colonialista del monje como un ultraje a la moral.

Potosí, emblema de una productividad que tanto refiere a su riqueza material como a la simbólica, en tanto fundamento del imperio, produce igualmente en la escritura pluralidad de imágenes. El texto de Ocaña no escapa a la fascinación que el centro supone;[30] la riqueza de la plata está epitomizada en el cerro, la de los ingenios en la multitud de artes; ello, no obstante, aparece como la cara visible de la recóndita miseria moral:

> Sustenta Dios esta máquina de este cerro milagrosamente, porque todo él desde abajo hasta arriba alrededor, por todas partes está lleno de bocas [...] Es un retrato del infierno entrar dentro, porque ver tantas cuevas y tan hondas, y tantas luces por tan diversas partes, y oír tantos golpes de los que están barretando, es cosa que pierde el hombre el tino y aun el sentido [...] me pareció que estaba en el infierno. (Ocaña, 1969: 187)

La metaforización del cerro Rico tiende a expresar la inversión de lo aparente: lo alto remite a lo bajo, lo exterior a lo interior. Otro tanto ocurre con la sociedad potosina: "todos son diablos en los tratos". La evaluación respecto de los grupos urbanos limeños y potosinos no es tampoco particularmente favorable; como en Castilla, en las ciudades grandes, señala Ocaña, hay de todo; pero a diferencia de España, en Indias sólo las fiestas remedan a la Corte, siendo en lo demás como al-

---

[29] La descripción del traje de las indias de la sierra se carga de negatividad en la imagen que evoca: "Y cuando van andando les va saliendo el polvo por la abertura del capuz, que tiene por los pechos para meter la cabeza cuando le visten, de manera que no parecen, en la suciedad grande suya y en lo demás, sino brujas, o una cosa de allá del infierno, porque criaturas del mundo no lo parecen" (1969, 194); esta impresión es diferente a la que le producen las indias de la zona equinoccial, que "andan desnudas con unas carnes como alabastro", la que inmediatamente convoca la autocensura: "Que es menester mucho espíritu de Dios y hacerse fuerza para recoger el pensamiento el religioso en pensar en otras cosas buenas, para no divertirse en tanta lascivia ..." (1969, 195).

[30] Si bien el jerónimo señala que fuera de Lima "no hay pueblo de consideración si no es Potosí", no se presenta en el texto la imagen geométrica de "centro", como en Lizárraga. Habrá que pensar que el "desorden" advertido por el metropolitano Ocaña se opone a la exaltación de un "orden" en el rasgo criollista advertible en la escritura del dominico.

deas en las que todo se sabe; la condición de colonia se acentúa en la falta de justicia y en las muchas mentiras, así como en el hecho de que "al fin con la plata todo se negocia". Un mundo cambiante, sin permanencia, termina siendo un *mundo al revés* del europeo en relación a la moral y las costumbres consolidadas. El "allá" se presenta como el polo positivo que, por abducción, emerge como mundo de la cultura, de la diferenciación, del orden. Ahora bien, la confrontación entre el "aquí" y el "allá" no surge como resultado de una reflexión acerca de ambos espacios, sino como emergencia de una *memoria situada* en un lugar y un tiempo determinados: el monasterio de Guadalupe, el paisaje extremeño, las vivencias anteriores al viaje; hay, pues, una remisión muy precisa y acotada a escenas que el sujeto rememora en ocasiones especiales en las que debe probar su competencia, anímica y física, para sobrellevar los trastornos de su recorrido. Al partir del monasterio guadalupano custodiado por los agustinos para dirigirse a la ciudad de Trujillo, el monje no advierte la falta de la alforja con alimentos para enfrentar la jornada, práctica cotidiana en su lugar de origen, que en esos momentos evocará con una gran nostalgia. En otra circunstancia, más dramática, debe enfrentarse a las inclemencias del tiempo y el hambre, al atravesar los Andes huyendo de un alzamiento araucano; su relato evoca esos "trabajos", intensificados por el recuerdo del "allá", que se hace presente toda vez que el cuerpo se ve sometido al hambre o al frío. En este sentido, el alimento, como componente esencial de la imagen de *hogar,* muestra en su carencia la distancia entre el "allá" –cristalizado en imágenes siempre positivas– y este "aquí" cambiante. Abandonado en la puna por el guía, con sólo su criado y un indio compañero, pasa Ocaña el día de San Juan del año de 1600:

> Y fue tanta la nieve que aquel día cayó, que no era posible podernos rodear; y así nos quedamos en aquel campo sin abrigo ninguno, que sabe Dios cuán en la memoria tenía yo las roscas que ofrece el pueblo de Guadalupe el día antes y las comen en el refectorio con muy buena comida, y la frescura del claustro, los ramos, la juncia, la procesión y contento y alegría de aquel día, pisando los frailes en la procesión sobre flores, y yo a pie y con unos alpargates y sobre nieve ... (Ocaña: 1969, 163)

Son tan vívidas las imágenes evocadoras del espacio originario, que su función excede la de constituir un mecanismo analógico que posibilita la comprensión de experiencias novedosas; antes bien, su recurrencia expresa la permanente disociación del sujeto entre dos ámbitos socioculturales. Esta conflictividad tiene su punto de arranque en la escena inicial del texto, que contiene los motivos que una y otra vez serán enhebrados a lo largo del relato: la despedida y las lágrimas, el alimento y el resguardo del hogar que se deja atrás, la imagen maternal de la Virgen, los mayores –primer territorio que anidará en la memoria– y la esperanza del retorno. La experiencia límite de la muerte del compañero, casi al inicio del viaje, produce en fray Diego de Ocaña un sentimiento de orfandad que no habrá de abandonarlo ya en todo su recorrido. El pasado y el presente, el "allá" y el "aquí" se mostrarán entonces en absoluto contraste:

> ... y el mismo día de nuestra Señora me dijo mi buen compañero: padre fray Diego, ¡cuán diferentes estarán nuestros hermanos hoy en la casa de Guadalupe y qué contentos! Con estas palabras que me dijo fui por orilla de la mar y en una quebrada que allí hacía un cerrillo pequeño, donde nadie me veía, me metí y después que acabé de rezar las horas canónicas me harté de llorar acordándome de mi casa de Guadalupe y del mucho regalo que los frailes aquel día tienen con tanto regocijo y alegría ... (Ocaña: 1969, 37)

El llanto, expresión de la semántica de la orfandad, instalado en el momento de la despedida del monasterio de Guadalupe, actualizará la imagen hogareña en todos los momentos en que el sujeto se halle expuesto al peligro o a la muerte. Es, pues, en el nudo de la escisión entre el "aquí" y el "allá" donde se articula el par complementario *memoria-olvido*. Por una parte, el sujeto experimentará por momentos la ruptura con su espacio de origen, estableciendo entonces con éste una relación polémica al sentir que ha sido olvidado;[31] por otra, percibirá al nuevo ámbito como una "tierra de olvido". Ante la certeza del olvido del culto a la Guadalupe, Ocaña se propone dejar "memoria viva" en las imágenes que va pintando en su recorrido. Se proyectará así una posición diferente del sujeto en este nuevo oficio, animado por un doble propósito económico y religioso. De este modo, la ambivalencia que experimentará frente al ámbito originario será correlativa de la percepción, igualmente cambiante, de esta tierra cuya abundancia le atrae y que le habrá de revelar otras facetas de su persona.[32]

Triunfos en el "aquí": el "autor" Ocaña

Diego de Ocaña busca inútilmente las huellas del paso de otro monje, Diego de Losar, quien recorriera el virreinato del Perú unos años antes, con idéntico propósito al que ahora lo anima. El constatar que la labor de su antecesor ha caído en el olvido constituye un factor decisivo

---

[31] "Y en esta ocasión no puedo dejar de quejarme del descuido de la casa de Guadalupe, que tuvieron en enviarme algunas cosas que yo envié a pedir [...] y en tres años primeros no recibí una carta de mi convento, que me causaba desesperación, por entender que no se acordaban de mí o no hacían caso de lo que yo trabajaba y del cuidado que ponía en el servicio de la casa" (1969, 175).

[32] La abundancia de alimento, que constituye un *leit-motiv* en el relato de Ocaña, le lleva a valorar este espacio: "... [los frailes] dieron una comida en aquel campo, tan cumplida y con tantos regalos, cuanto se puede encarecer; porque en esto hay por acá mucho más cuidado y más cumplidas las cosas que en España, porque al fin no hay la miseria y pobreza de allá ..." (1969, 80). Es significativo constatar que la oposición miseria/riqueza referida a España/las Indias está presente en las cartas de los inmigrantes al Perú en los mismos términos en que la releva Ocaña (Cfr. Otte 1993).

en el nuevo rol que asumirá a partir de entonces. El olvido entraña la ruptura de una continuidad querida para el culto a la Virgen; por lo tanto, opera negativamente acentuando el sentimiento de orfandad del sujeto, desligado en este Nuevo Mundo de un vínculo que suponía efectivo al momento de su llegada. Es, pues, este sentimiento, el que se proyecta en su percepción melancólica de esta tierra: "en esta tierra de olvido, donde todo se olvida en pasando algún breve tiempo por las cosas". Pero, a la vez, el no hallar memoria habrá de operar positivamente, produciendo un cambio de actitud que lo conducirá a instaurar una "memoria viva" por medio de las imágenes que pintará. La asunción del nuevo oficio de "pintor" obedece a varias causas, que el propio monje se ocupa de enumerar; ellas dan cuenta, también, de los conflictos vigentes entre las Ordenes para acaparar las limosnas:

> Ahora, pues, que he llegado a este punto, quiero decir las razones que me movieron a hacer estas imágenes que dejo en estos pueblos de las Indias, que son las razones siguientes: lo primero fue porque antes de llegar a la ciudad de Lima, en los valles de Trujillo, junto a Saña, hallé una casa de nuestra Señora de Guadalupe, donde está una imagen muy devota y que ha hecho y hace grandes milagros, con quien toda la gente de Lima y los demás pueblos de españoles tienen grandísima devoción; la cual está en poder de los frailes agustinos [...] tiene muchas rentas y posesiones, y grandes limosnas que les dan los que pasan. Y luego como llegué a Lima, hallé una cofradía fundada en el convento de San Agustín, y que pedían en las calles limosna para nuestra Señora de Guadalupe. Y así para quitar todo esto fue necesario y convino que yo hiciese una imagen del mismo tamaño que la de España y más linda y rica que las que acá están hechas; y como yo, que la hacía, era fraile de la misma casa, tuvieron a la imagen que yo hice por verdadero original, y a las demás como retratos. Y con estas fiestas que yo ordenaba [...] les he quitado a los frailes agustinos, como ellos dicen, el comer [...] Y con esto le quité las limosnas, que era lo que yo pretendía ... (Ocaña: 1969, 209-10)

Esta declaración, que debe haber escrito teniendo como únicos destinatarios a los monjes de su convento, revela el aspecto económico de la empresa religiosa en Indias. Como ha observado Lafaye (1977, 324), las limosnas recogidas por las reproducciones pertenecían a la imagen original por real cédula, lo que explica el interés de nuestro monje por pintar una imagen "verdadera", lo más parecida a la extremeña. Otro tanto ocurre con la creación de las cofradías y el nombramiento de mayordomos; lo que allí estaba en juego era el interés por concentrar en las hermandades marianas el dinero de las limosnas, que luego serían remitidas a España sin la intermediación de las otras Ordenes. Ocaña anota cuidadosamente las iglesias y las cofradías en las que se venera a la Guadalupe, así como sus diligencias para lograr que lo recaudado no quedase en las colonias; su paso por el Cusco, por Potosí y Chuquisaca da cuenta de los "trabajos" que ello le demanda. La fundación de la ermita en Los Reyes no obedece a otro fin que el expuesto. Ahora bien, a este propósito se le sumará otro:

Movióme también otra razón a hacer estas imágenes: y fue que, viendo yo cómo el padre fr. Diego de Losar había estado doce años en estos reinos y que no hallé memoria de nada más que si no hubiese estado, porque como volvió las espaldas se olvidaron de todo; considerando que en partiéndome de un pueblo había de ser lo mismo, hacía una imagen para que la devoción durase y para que los mayordomos con la presencia de la imagen pidiesen la limosna de continuo. (Ocaña: 1969, 210-11)

Vemos así que el primer propósito, específicamente económico, se matiza complementándose con otro, surgido de la constatación del olvido del paso de Diego de Losar. Esta enigmática figura opera como imagen del Padre ausente, impone su ley, reclama la deuda de la memoria. El *mandato de la inversión del olvido* posibilita que el sujeto se invista de una nueva competencia:

> Comencé, pues, en casa del deán a hacer la imagen como si yo fuera el pintor más extremado del mundo, y puedo afirmar con verdad, que en toda mi vida había tomado pincel al óleo en la mano para pintar, sino fue esta vez; sin tener yo más práctica de esto, de la que tenía en la iluminación de aquellas imágenes que en España, sin haber tenido yo maestro que me enseñase, hacía; y con la ayuda de nuestra Señora, favoreciendo a mi buen deseo, es de manera la pintura, que no han tenido que enmendar famosos pintores que después vinieron, no sin admiración de todos, por no haberlo yo usado; lo cual dificultosamente creyeron. (Ocaña: 1969, 215)

Se sabe que el arte de iluminar en el monasterio de Extremadura fue famoso en su tiempo (Lafaye: 1977, 323), lo que permite inferir que algo de este oficio conocería Diego de Ocaña; no obstante, lo que el sujeto destaca es la génesis de una habilidad antes inexistente; incluso el dato de la carencia de un maestro refrenda un rol adquirido de modo personal, lo que por cierto puede entenderse en términos de "autoinvención".[33] El placer que tal oficio produce en quien lo ejercita se evidencia en la exhaustiva descripción de la imagen pintada para la catedral de Chuquisaca; las varias páginas que demanda la enumeración y detalle de las piedras preciosas, las perlas, las medallas y broches de oro expresan, en la morosidad de su recorrido, la exaltación de la obra y el placer que sabe causará en el lector:

> Bien creo habrá causado algún enfado haberme detenido en cada cosa en particular; pero también habrá deleitado y dado gusto en saber una cosa tan peregrina, que en el mundo todo no hay imagen de la forma de ésta, y así pintada con tanta riqueza, que a todos cuantos la ven, espanta; y yo también estoy espantado de mí mismo, cómo me atreví a emprender una cosa tan grande; y aunque fue atrevimiento, más me admira el haber salido con ello, y tan bien y con tanto gusto de todos ... (Ocaña: 1969, 354)

Se evidencia en este segmento la euforia por la labor realizada, vinculada al estado de asombro que la propia competencia produce al sujeto, quien se revela a sí mismo como "artista". En esta instancia tex-

---

[33] Anota Alvarez (en Ocaña: 1969, 348. Nota 1 al "Apéndice VI") que no es exacto que en Chuquisaca pintase por primera vez, habiéndolo hecho ya en Saña, Lima, etc.

tual el sujeto habla "desde" y "en" un centro, invirtiendo el sentido de la ecuación centro-periferia. Potosí es ahora el "centro", cuya fiesta en honor de la Guadalupe supera a la del propio convento extremeño, el cual de esta manera se transforma en "periferia" a lo largo del extenso "discurso de todo lo que sucedió". La emergencia de esta posición se complementa con la aparición de un nuevo rol: el de "autor". En efecto, Potosí —"villa [que] es la grandeza del mundo"— constituye el espacio privilegiado por su centralidad y posibilita el desarrollo completo de las competencias del sujeto. Ocaña reside durante catorce meses en ella; allí asentará cofrades, cobrará limosnas, enviará una remesa de plata al monasterio y pintará una imagen que será entronizada en el convento de San Francisco el 8 de setiembre de 1601. El relato de esta típica "fiesta barroca" con sus componentes heterogéneos y su gestualidad exacerbada es, a la vez, motivo de centralidad del yo relator. Con morosidad despliega el escenario de la fiesta: la comitiva de las autoridades recorriendo los edificios, los adornos de la plaza, las luces, la multitud que acompaña a la Virgen. La actividad que Ocaña desarrolla es variada y siempre exitosa; pero aún más imponente es la fiesta celebrada el año siguiente, en la que predica un sermón durante la misa pontifical, escuchado por prelados y dignatarios. La descripción se satura ahora buscando expresar el lujo que la fiesta entraña;[34] la transcripción de las "letras" y sentencias dichas en las cuatro "invenciones" que se representan en esos ocho días otorga un sesgo de teatralidad al texto, que tiende a escenificar la fiesta. Es durante esta segunda celebración cuando ejercita su rol de "autor" de una Comedia, que vuelve a representarse con éxito en Chuquisaca. Este texto propone un destinatario específico: "al que tuviere gusto de verso", que en principio no es aquél a quien se destinan las otras zonas del texto. Diego de Ocaña distingue, de esta manera, su rol de "autor" de una comedia de sus otros roles, el de "caminante" y el de "religioso".

 La larga permanencia en este "aquí" lleva a la emergencia de posiciones de un sujeto que se constituye, en primer lugar, en una escritura que testifica sus modificaciones; ella da cuenta de las ricas experiencias vividas en espacios diferenciados, correlativas a los roles asumi-

---

[34] La reordenación del manuscrito primitivo efectuada por fray Arturo Alvarez, que remite a apéndices los textos recitados o representados durante ambas fiestas así como el comentario de las mismas, interrumpe la lectura continua. Si, en cambio, se sigue el orden original, se arriba a otro sentido, que desborda la "amena relación" que para los lectores quiere su editor. Ocaña relata dos fiestas celebradas en años consecutivos –1600 y 1601, si bien hay un error que consiste en repetir el año "1601"–; entre ambas y dando cuenta del devenir temporal se encuentra la descripción del cerro Rico, de las labores en las minas y del estado de los naturales; esta instancia nos presenta al "hombre curioso" ocupado en registrar aspectos de la vida económica y social del virreinato. El ordenamiento inicial permite, entonces, advertir la alternancia de roles y, por lo tanto, el "posicionamiento múltiple" del sujeto colonial, a la vez que muestra la heterogeneidad textual.

dos.³⁵ Se observa, de este modo, un contraste radical entre las instancias de soledad, hambre y abandono y aquéllas que jubilosamente instalan al sujeto en el éxito de su labor. En este sentido, puede decirse que las diferentes experiencias de vida que surgen como consecuencia de la "condición migrante" de Ocaña proponen, en el mismo texto, *narrativas bifrontes* (Cornejo Polar 1996).

La fiesta barroca

El extenso relato de las fiestas que tienen lugar en Potosí con motivo de la entronización de la imagen de la Virgen de Guadalupe en 1600, así como de la celebración del año siguiente, da cuenta de la relevancia de la "fiesta" en el seno de la sociedad colonial. Luis Millones (1995) ha anotado al respecto que el calendario anual del virreinato del Perú contemplaba más de ciento cincuenta días festivos, a lo que debe sumársele la cantidad de tiempo dedicada a la preparación de cada evento. Ocaña, espectador y participante activo, detalla cada una de las instancias que se suceden a lo largo del octavario en ambas oportunidades. De la rica descripción interesa retener los datos acerca de la participación de los distintos sectores de la sociedad, así como de los "lugares" que en el marco del espectáculo se proponen para cada uno de ellos. En efecto, el origen extremeño de la imagen que se entroniza es motivo de expresión de la solidaridad regional vigente en Indias; por ello, una compañía de soldados extremeños encabeza la procesión del 11 de setiembre, integrada por catorce parroquias, cinco cofradías y cien mil indios varones. En la iglesia de San Francisco se declaman doce canciones en honor a la Guadalupe; estas composiciones –que Ocaña no acredita como de su autoría– constituyen el recibimiento que Potosí hace a la "santa forastera". Las gracias especialmente concedidas a los cautivos de Fez y Argel delimitan el carácter de los exvotos ofrecidos en testimonio y, por cierto, exhortan a aumentar las ofrendas. Las canciones proponen una clara distinción entre los fieles y los "otros": los "perros mahométicos", el "fiero moro", el "infiel rebelde" y, por último, el "indio bárbaro remoto".³⁶ El adjetivo elegido para calificar a éste seña-

---

³⁵ En su itinerario, nuestro monje llega a Tomina, "frontera de los chiriguanes"; nada aclara respecto del motivo de este nuevo desplazamiento, pero nos dice que acompañaba al extremeño Miguel Juárez a trocar ropa por maíz. Allí deben enfrentarse a una docena de indígenas armados; en esa instancia, alienta a su compañero a hacerles frente: "... y yo tomé la espada de mi negro y echéme al cuello una bota de cuero crudo en que traíamos el vino, para defensa de las saetas y me volví el manto al brazo [...] y embestimos con los indios, y permitiéndolo Dios dimos con dos indios muertos de dos estocadas, que los pasamos de parte a parte y herimos a otros, que los estoques eran buenos" (1969, 219-20. En el espacio cargado de conflictividad que la "frontera" expresa, vemos emerger una nueva posición en este sujeto: la del *guerrero*, compatible por entonces con la del religioso (Adorno 1991).

³⁶ "Y porque el indio bárbaro remoto / salga de su confuso engaño y dolo, / quisís-

la, pues, el lugar en el cual se posiciona el hablante lírico, así como la asimilación del indio a la serie alterizante de la idolatría. Las composiciones, declamadas en el interior de la iglesia de San Francisco, no debieron haber tenido como destinatarios a los indígenas, seguramente distribuidos en el espacio exterior, sino al público blanco. La imagen del "otro" que las canciones proponen, se mantiene también en una de las cuatro "invenciones" de la fiesta de 1601:

> Luego, por otra calle, entró un caballero que se intitulaba el salvaje de Tarapaya, todo vestido con moho de árboles, el cual se había traído de 16 leguas de Potosí. Entraron con él más de dos docenas de salvajes, los cuales todos venían con mazas en las manos y vestidos de aquel moho, que era mucho de ver, que verdaderamente parecían fieras del campo. Traían en medio un gran peñasco y dentro un caballo y un caballero que representaba al Inca, monarca y rey de los indios. (Ocaña: 1969, 343)

El encierro del Inca en la peña se explica para el público en la letra de las cédulas que los "salvajes" arrojan: "Viene dentro de esta peña, / en medio de su dureza, / nuestra ignorancia y rudeza". Poco después entra en la plaza una multitud de indios con trajes representativos de cada comunidad o *ayllu* portando un estandarte con la imagen del sol, seguida por "una dama con traje español" que representa a la fe, llevando un cáliz y una cruz en las manos; los indios le piden "en su lengua" que libere al rey del encantamiento; ella les responde que primero deben abatir el estandarte con el sol y poner en su lugar la cruz. Al dar tres toques en nombre de la Santísima Trinidad estalla la cohetería y destruye la peña, quedando expuesto el Inca. La escena siguiente muestra en su desarrollo un punto de conflictividad:

> La dama tomó la imagen del sol y la arrojó en el suelo; y como el Inca vido la dama, apeóse del caballo para arrodillarse a los pies de la fe y adorarla, y al tiempo que iba a poner los pies en el suelo, llegó la sierpe que estaba detrás y abrió la boca y tragóselo. Y luego los indios levantaron grandísimo alarido y voces, como pesándoles de que su rey había sido libre del encanto, y de aquel engaño y peligro en que estaba, y le había sucedido otro mayor que era quedar enterrado en las entrañas de aquella sierpe y demonio, que le había impedido que no se convirtiese a la fe que había comenzado a creer. (Ocaña: 1969, 345)

Ocaña añade a la descripción de las acciones que conforman esta secuencia su propia interpretación, entendida como una lectura "correcta" de la prisión del Inca; de acuerdo con ésta se propone la analogía prisión-encantamiento, versión europea estilizada de la idolatría. Lo que sigue después añade un elemento interesante: ante el gesto del Inca de poner los pies en el suelo –con lo cual se anularía el encantamiento y se obtendría el vasallaje– los indios dan alaridos de pesar. Esta suerte de ruptura, instalada a partir de las acciones opuestas del Inca y de su comitiva, y ciertamente pensada desde la ideología do-

---

teis que os conozca el más inculto, / y así vinísteis desde el diestro polo ..." (1969, 318).

minante, distancia al soberano de los bárbaros. Vemos de este modo aflorar una de las vertientes del incaísmo del siglo XVII, en una versión que tiene puntos de contacto con la interpretación del pasado que elabora Garcilaso Inca de la Vega,[37] y que sitúa el incipiente cristianismo en el horizonte cultural de la casta reinante en el Cusco. Pero este gesto no avanza demasiado; en la escena siguiente los indios piden que su rey sea liberado de la sierpe y se arrodillan ante la imagen de la Virgen de Guadalupe; reencauzada la escena en el marco de la religiosidad católica se produce la entrada de nuevos personajes en la plaza:

> Y entraron en la plaza una docena de hombres de armas, todos con petos y espaldares y morriones, con tan gallardos penachos, que causaba contento verlos; los cuales venían acompañando a un caballero que traía lanza y adarga, el cual representaba la predicación; y traía lanza para herir con la palabra divina y que corta más que todo cuchillo de dos filos, conforme lo del Apocalipsis, y adarga para reparar los golpes de los argumentos de los herejes y de las bárbaras naciones. La gente de armas que le acompañaban significaron la fuerza de España. (Ocaña: 1969, 345)

El contenido francamente amedrentador de este pasaje completa el sentido de toda la "invención". La sustitución de género (la dama, el caballero), de vestimentas y del símbolo cristiano (el cáliz, la cruz) por el guerrero (las armas) dotan a la escena de una violencia apenas disimulada en el espectáculo público:[38]

> ... hasta que ya cansada [la sierpe] cayó de lado en tierra, y el caballero se apeó y con un puñal que sacó de la cinta, le abría el pecho. Y sacó al Inca, que parecía que de las mismas entrañas salía, tan demudado el rostro que causaba admiración; y abrazó a la predicación que le había librado y le tomó por su padrino para aquellas fiestas ... (Ocaña: 1969, 346)

Se cumple así, ante la mirada de los diferentes sectores de la sociedad potosina, una vez más, el rito de la entrada al cristianismo de los "bárbaros". Su lugar, en el conjunto alterizante, no ha cambiado demasiado después de la representación; nuevamente la escena de la rendición del Inca ha sido expuesta ante los indígenas como una lección del pasado, aunque en clave estilizada.

La *Comedia de Nuestra Señora de Guadalupe y sus milagros* compuesta por el fraile para estas fiestas, luego repetidas en Sucre, escenifica la milagrosa aparición en Cáceres; por lo tanto, espacio y tiempo refieren siempre al "allá" sin casi incluir referencias a la colonia. La pieza parece ser reelaboración de una leyenda piadosa contenida en un cuadernillo de veinticuatro hojas, conocido como el *Códice de*

---

[37] Incluso, podría arriesgarse otra lectura: esta "invención" estaría reinterpretando la escena del famoso "diálogo de Cajamarca" en la que, de acuerdo con los cronistas testigos del hecho, los indígenas son mutilados al abalanzarse a sostener las andas en que estaba Atahualpa (Cornejo Polar 1991).

[38] Una vez más retorna la escena del "diálogo de Cajamarca" en la relación "palabra divina"-"puñal", que en aquella oportunidad quedó expuesta en la reacción del padre Valverde invocando a la violencia.

1440. Según la transcripción de Lafaye (1977, 305-6), en el siglo VII, en plena hegemonía de los moros, huyeron de Sevilla unos clérigos llevando la imagen de Santa María, a la que enterraron en una cueva con otras reliquias enviadas por el Papa San Gregorio al obispo de Sevilla. Durante el reinado de Alfonso, la Virgen se le aparece a un pastor en las montañas de Guadalupe; al regresar a su casa, éste encuentra a su hijo muerto, quien es resucitado por la Virgen. Guiados por el pastor, los villanos se dirigen a la montaña, donde encuentran la imagen y edifican una iglesia. La leyenda —que responde al arquetipo piadoso medieval— fue escrita por un monje jerónimo más de un siglo después de que se fundara el santuario. Según este relato la imagen habría sido tallada en cedro (de allí su color moreno) por el evangelista Lucas, enterrada en Bizancio, luego llevada a Roma y posteriormente a Sevilla. Ocaña recupera todos estos aspectos en su comedia, dividida en dos actos y un entremés; pero incorpora en la segunda y cuarta escena del primer acto la historia del Rey Rodrigo y la Cava Florinda, lo que dota al texto de un sesgo de identidad peninsular. La pieza presenta en el primer momento al Papa Gregorio en Roma; la imagen acaba de obrar un milagro al curar la peste que asolaba la ciudad. La segunda escena —con definiciones del amor de raigambre barroca— presenta a Rodrigo, quien mal aconsejado decide forzar la entrega de Florinda. La tercera, opuesta a la anterior por su ambientación villana, presenta las curaciones milagrosas de la Virgen. La cuarta escena muestra la venganza del conde don Julián, la huida de los cristianos vencidos y el ocultamiento de la imagen. El segundo acto se inicia con el encuentro de Gil Cordero y la Virgen, la resurrección del hijo del pastor, la peregrinación del pueblo en busca de la imagen y la decisión de construir el santuario. La segunda escena, ubicada temporalmente en 1340, presenta al rey Alfonso XI de Asturias en guerra con Albohacem al grito de "¡Santiago! ¡Guadalupe!"; en la tercera se producen nuevos milagros de la Virgen, que libera a un cautivo de sus cadenas y enceguece a los moros, permitiendo el triunfo de los cristianos. Hasta aquí, la comedia ha hilvanado los momentos decisivos de la memoria comunitaria: en el marco de la dominación árabe, de la pérdida y recuperación del territorio por parte de los reinos cristianos, la aparición de la Virgen, su asimilación a Santiago Matamoros, dan cohesión a un relato de decidido carácter nacional que afirma la supremacía española en el plano espiritual. Ocaña refuerza la impronta regional en el último parlamento de la comedia, a cargo de un "cautivo" que se dirige a "Potosí" y a la "nación extremeña": "Y tú, villa imperial / de Potosí, con razón / puedes en esta ocasión / juzgar tu ventura igual / a España, pues también tienes / el tesoro que ella alcanza [...] // Y a tí, nación extremeña, / mucho la Virgen te honró, / pues en tu tierra gustó / ocultarse entre una breña. // Eres nación noble, hidalga, / y todos es justo honréis / la Matrona que tenéis / para que en la muerte os valga. // Tened siempre en la memoria, / sin que otra cosa la ocupe, / la Virgen de Guadalupe. / Y aquí se acaba la historia" (1969, 433). De este modo, la apelación final muestra que el asunto religioso ha cambiado de rumbo: se trata de exaltar la historia y los milagros de la Virgen de Guadalupe, pero reafirmando la supremacía del monasterio de las Villuercas, lugar originario y "verdadero" del culto.

La fiesta barroca despliega su complejidad en el relato de sus instancias y en la "Comedia" escrita para la ocasión. Espectáculo, celebración, exaltación de valores religiosos se entraman con vínculos regionales y diferenciación de los lugares de cada grupo. En este sentido, la fiesta cumple una función legitimadora de las imágenes del "otro" que el sector hegemónico genera –de allí la lectura de la rendición del Inca–, pero además escenifica la distancia entre la metrópoli y la colonia, por medio de una comedia destinada a estrechar lazos con un grupo determinado, al que se apela como vehículo de propagación de un culto lejano, cuya "memoria" supone, en cierta medida, el "olvido" del culto afincado en las Indias.[39]

Como trasfondo de este fenómeno aparece el controvertido tema de los legados y las limosnas destinadas a Extremadura. Ocaña anota este aspecto, de capital importancia para fundamentar su paso por el virreinato. Resuelve dejar imágenes en las iglesias de los franciscanos porque éstos no pueden tener rentas; igualmente, selecciona con cuidado los mayordomos encargados de cobrar las limosnas y de enviarlas a España. Tales aclaraciones, abundantes en el texto, se destinan a rendir cuentas a los superiores de la labor realizada. En este orden, pues, se evidencia uno de los sentidos de la "memoria" que el texto desarrolla, es decir, el que la identifica, en términos estrictamente económicos, con las remesas que debían remitirse a la metrópoli:

> ... dejando en todas partes mayordomos y personas [...] para que en ningún tiempo dejen de acudir al pedir las dichas limosnas, las cuales serán mayores y más de cada día por la memoria viva que tienen de continuo con la presencia de las imágenes que yo dejo en todos los pueblos que me pareció convenían quedar porque de otra manera, en volviendo yo las espaldas todo se acabara y no hubiera más memoria ni limosna de la que al presente se ha cogido ... (Ocaña: 1969, 223-24)

El celo que muestra el procurador de los jerónimos en reforzar los vínculos de la cadena de delegaciones y obligaciones que entraña el circuito metrópoli-colonia lo presenta como un efectivo agente del colo-

---

[39] La expansión de los signos que identifican al "allá", reproducidos en un "aquí" que no modifica el origen de esos signos, puede encauzarse en los términos de la reflexión de Michel de Certeau (1975, 224): "Le pouvoir que son expansionnisme laisse intact est, en son principe, colonisateur. Il s'étend sans être changé. Il est tautologique, également immunisé contre l'altérité qui pourrait le transformer et contre celle qui pourrait lui résister. Il est pris dans le jeu d'une double *reproduction* celle, historique et orthodoxe, qui préserve le passé, et celle, missionnaire, qui conquiert l'espace en multipliant les mêmes signes".

nialismo.[40] Esta función, por lo tanto, nunca será ajena a los otros roles desempeñados por el sujeto; está delimitada por el *mandato* que origina el viaje y acompaña la emergencia de los roles que el recorrido y sus circunstancias le imponen en el nuevo espacio.

La dimensión autobiográfica

La voluntad de dejar "memoria viva" se expresa en el texto y en las imágenes de la Guadalupe que Diego de Ocaña pinta en su recorrido por el Perú; así, mientras el relato entraña un deseo pertinaz de memoria destinado al "allá", las imágenes pretenden perpetuarla en el "aquí". Formas diferentes pero complementarias de inscripción de las marcas de un sujeto con conciencia de la finitud, que aspira, en el acto de la escritura y de la pintura, a revertir el olvido. Esta "intención" explícita modela aquellas instancias del texto que muestran la emergencia de una dimensión autobiográfica, ligada al carácter testimonial del mismo.

Los estudios dedicados a los problemas teóricos que implica la autobiografía han mostrado su complejidad, al ahondar en la concepción tradicional que la consideraba expresión de "autoconocimiento" o "autodescubrimiento". En efecto, la posibilidad de reconstruir una vida a lo largo del tiempo, el problema del lenguaje en relación con la constitución del sujeto, el desdoblamiento entre el yo narrador y el yo narrado, las convenciones de lectura que despliega, son todos aspectos discutidos en los momentos que Angel Loureiro (1991) designa como etapas de cuestionamiento del "bios", del "autos" y de la "grapé". Georges Gusdorf, por su parte, observa que la autobiografía como género literario tiene una existencia limitada en el tiempo y en el espacio; su punto de arranque puede situarse en las *Confesiones* de San Agustín y surge en el horizonte de una civilización en la que el hombre expresa su inquietud por recuperar el tiempo ido, fijarlo en la escritura y descifrar su sentido al evocar una vida en su conjunto, lo cual significa que esa vida se valora en aquello que de único y particular posee: "El hombre que cuenta su vida se busca a sí mismo a través de su historia; no se entrega a una ocupación subjetiva y desinteresada, sino a una obra de salvación personal [...] que redime en última instancia un destino que dudaba de su propio valor" (1991, 14). Este estudioso puntualiza que la

---

[40] Observa Lafaye (1977, 327), refiriéndose al área mexicana: "Así, nada escapaba a la explotación colonial; al quinto del rey y a todas las contribuciones excepcionales (donativos) con que estaban gravados los mexicanos, se agregaba el drenaje de los legados y de las limosnas que un decreto real de 1736 había convertido en obligatorias. Uno se explica que en estas condiciones la Guadalupe del Tepeyac no haya parado de cambiar de rostro, transformándose sin duda en la 'indita' nacida de la devoción popular".

autobiografía no recupera el pasado como fue; al recapitular una experiencia, al seleccionarse unos hechos y eliminarse otros desde el presente, se produce una "verdadera autocreación" en la lectura de la experiencia, puesto que ella supone una toma de conciencia respecto de aquello que, mientras era vivido en la inmediatez de la circunstancia, no permitía la extrapolación de un sentido. Paul Eakin señala que el "acto autobiográfico", entendido como acto de la memoria, del lenguaje y de constitución del yo, es un modo de "autoinvención" que primero se efectúa en la vida y luego se formaliza en la escritura (Loureiro: 1991, 4); esta perspectiva permite diferenciar la autobiografía de la ficción. Para Eakin, el autor se crea a sí mismo en el texto, crea un yo que no existiría sin el texto; por lo tanto no estaría sometido a la prueba de validación con una realidad extratextual: encuentra su plena justificación en el mundo del texto.[41] La cuestión del discurso autobiográfico debe inscribirse, además, en marcos históricos y culturales específicos: "Una cultura en la que la confesión como práctica tiene vigencia entenderá mejor la autoexhibición de la individualidad y lo que toda autobiografía tiene de autojustificación" (Pozuelo Yvancos: 1993, 182). En el siglo XVI la autobiografía está vinculada a prácticas discursivas como el encomio y la confesión, pero además tiene puntos de proximidad con la epístola, que durante mucho tiempo permitió la manifestación de la individualidad.[42]

En el relato de Diego de Ocaña la dimensión autobiográfica emerge como resultado de su tránsito indiano; la intención de narrar su experiencia personal es explícita: "... pero no es mi intento decir más de lo que a mí me sucedió ..." (1969, 8). Esta experiencia, pues, está en principio acotada a un tiempo y un espacio específicos: el ahora, el Perú; no obstante, las interferencias entre el "antes" y el "ahora", el "allá" y el "aquí" proponen el diseño de imágenes que remiten a un tiempo anterior al de su estancia en el virreinato. En este sentido, la retrospección es importante; sabemos que Ocaña dio forma a su texto en algún punto de su estancia en Indias, probablemente la Nueva España, cuando ya había finalizado su viaje por el Perú, de modo que las notas que fue

---

[41] No se trata entonces de juzgar el estatuto ontológico del yo fuera del texto en el que ese yo se dice; el texto se configura como un "teatro de posibilidad" en el que autor y lector de la autobiografía tienden al conocimiento, si bien mediado, del yo. Por su parte, Olney (en Eakin: 1991, 82) define al yo en estos términos: "El yo se expresa a sí mismo mediante las metáforas que él crea y proyecta, y lo conocemos a través de estas metáforas; pero no existió como existe ahora y como es ahora antes de crear sus metáforas. No vemos ni tocamos el yo, pero vemos y tocamos sus metáforas; y así nosotros "conocemos" el yo, actividad o agente, representado en la metáfora y en la metaforización".

[42] Stephanie Merrin (1986, 58) observa que en este período lo autobiográfico no supone autocontemplación; se trata más bien del efecto que lo real produce en una subjetividad; cita las palabras de K. Mannheim: "Self-consciousness itself does not arise from mere self-contemplation but only through our struggles with the world."

tomando durante su recorrido le permitieron elaborar un texto que implicaba ya la revisión de la experiencia pasada. Hay, pues, una "conciencia de esa experiencia" lograda una vez que las alternativas del viaje han llegado a su fin. Dos escenas, evocadas con detalle al comienzo del texto, revelan en este sujeto un sentimiento de orfandad, que se hará presente a manera de *leit-motiv* en todas las instancias de soledad. La primera fija el momento de la despedida del convento y las lágrimas vertidas por Ocaña y Posada. Esta "separación" del claustro materno produce un estado de indefensión que se acentúa con la pérdida del compañero, fallecido en Paita. La selección de los vocablos con que se narra la circunstancia del desembarco posee los componentes de un relato de "náufrago": "Y como salimos de los barcos, nos arrojaron en aquella arena, orilla de la mar, a donde estábamos mi compañero y yo sin poder dar paso ni poder tenernos en pie, con la enfermedad y flaqueza grande que teníamos" (1969, 37). En efecto, el texto presenta como una *relación de abandonado*, que a su suerte debe recomponer los restos de un naufragio existencial; la crisis provocada por el abandono, la soledad que desde entonces habrá de vivenciar, ocasionalmente paliada con compañías transitorias, incidirán en su percepción de esta tierra como "de olvido": "El sentimiento que tuve de verme solo en este Nuevo Mundo, no puedo escribir porque palabras y fuerzas y ánimo, todo me falta en esta ocasión; y así lo dejo a la consideración de los que saben qué cosa es perder amigo y compañero y hermano, y tan bueno como el que yo veía muerto en mis brazos" (1969, 37).

La adquisición de competencias para sobrevivir en un medio desconocido es casi inmediata a este suceso. Ocaña se queda sin dinero –lo que habrá de enlazarse con la persistente referencia al "hambre"– y comienza a vender estampas y pequeños objetos traídos del monasterio. El suceso del clérigo que le compra una imagen cuando está traspasado por el hambre, la confusión del monje por el precio, para él excesivo, que el coleccionista le ofrece, ilustra las alternativas de un aprendizaje rápido de las convenciones del medio. Un episodio cobra importancia, a la luz de la imagen que el propio sujeto da de sí en un momento. En efecto, yendo de Paita a Lima, Ocaña y su criado se extravían en unos arenales. Cansados, hambrientos y confundidos topan de repente con un muro que parece ser el de una casa; relata así el suceso:

> Y me parecía que todo aquello era encantamiento entre aquella espesura y que era alguna ficción como la de don Belianís de Grecia. Y llamando a una portezuela que allí había, dije: no es posible según aquí hay la apariencia, sino que ha de salir a recibirnos sierpe o fiera con quien ha de ser fuerza pelear para entrar a gozar de este encantado lugar. [...] salió a abrir la puerta una dama tan hermosa y con tanto copete y tocado, y el vestido con tanto franjón de oro, como si estuviera en la ciudad; y cuando yo la vi, acabé de persuadirme que aquello era encantamiento, y ella espantada de verme y yo de verla a ella, nos quedamos los dos embelesados mirándonos

el uno al otro, y pensando yo cómo la trataría, que no sabía si decirla diosa, o ninfa del Parnaso ... (Ocaña: 1969, 75)[43]

El asombro que produce semejante aparición es canalizado en términos de "apariencia", "ficción", "encantamiento"; se advierte de este modo que la lectura de lo real va por cauces literarios en un primer momento, tendencia que desaparece más adelante. Sin embargo, el episodio es significativo en cuanto muestra la asimilación –aunque momentánea y casi parodiada– de la imagen del monje a la del héroe de la novela de caballerías.[44] Los "trabajos" padecidos en los caminos, en muchos de los cuales sufre hambre y soledad, son particularmente anotados; todos evocan penitencia y sacrificio.

A diferencia de otros relatos de viaje del período, en éste la intención de narrar una experiencia personal es explícita y convalidada por la presencia constante de la primera persona en el relato. Esta experiencia es percibida fundamentalmente como vivencia del sufrimiento y, en cierto modo, se adecua al motivo de la *peregrinatio*. Un recorrido semántico por el texto permite advertir la recurrencia del vocablo "trabajos" para aludir al padecimiento físico y moral que acompaña muchas veces su transitar, incidiendo en el modo en que el sujeto se relaciona con el "aquí". Del relato de tales experiencias emerge la imagen de un yo que, sobrellevando la pérdida y el desarraigo, adquiere la capacidad de imponerse al medio y a sus peligros. Los "triunfos" experimentados en su tránsito son la expresión de una modificación positiva; son las "pruebas" sorteadas con habilidad y fe.

La apelación al lector, a quien se deja librada la comprensión del sentido de una experiencia difícil de narrar, indica que el autor-narrador valoriza los "trabajos" pasados y revierte el sentido de la carencia en el acto de escribir un texto que testimonia lo vivido. Los rasgos autobiográficos presentes "ordenan" –en el relato puntual de los avatares– la percepción de un "mundo al revés" al que se le busca sentido, concentran una actitud vital y revelan al lector las imágenes que de sí mismo propone el autor-narrador. Esas imágenes no constituyen una entidad homogénea; Ocaña se presenta como un sujeto descentrado, disociado

---

[43] Se refiere al libro de caballerías *Libro primero del valeroso e invencible príncipe don Belianís de Grecia... sacado de la lengua griega, en la cual la escribió el sabio Fristón*, escrito por el licenciado Jerónimo Fernández y publicado en Burgos en 1547 (tercera y cuarta últimas partes: 1579). (Cervantes Saavedra, Miguel de. *El ingenioso hidalgo don Quijote de la Mancha*, tomo I. Estudio de Celina Sabor de Cortazar, ed. y notas de Martín de Riquer. Buenos Aires: Kapelusz, 1973. Cap. VI, nota 25: 144-45).

[44] Algún rasgo, no obstante, del "caballero" permanece en ciertos momentos; así, por ejemplo, en el episodio de la huida de los araucanos por los pantanos chilenos; relata entonces: "Y decía yo que valiera más morir peleando que no morir ahogados. Y así, llenos de agua y puestos de lodo y cargados de miedo y de mala ventura, que esto es más para llorar que no para escribir, caminamos hasta que salió la luna ..." (1969, 127).

entre un ayer y un hoy, un "allá" y un "aquí" presentes en su memoria. Este caminante lleva consigo los territorios que va dejando atrás, recuperados desde la nostalgia, el desamparo o la plenitud como una manera de enhebrar una identidad que, como los espacios, se presenta cambiante. Por esta razón, en este relato los espacios no constituyen un mero referente describible; éstos son más bien una incisión en el propio modo de subjetivación, expresada en la frase "... mi intención en este itinerario es contar lo que por mí en todas partes ha pasado ..." (1969, 250).

El relato como testimonio

Como extensión de la dimensión autobiográfica, cabe señalar un aspecto que tiene implicancias tanto en lo referido al texto como prueba del cumplimiento del mandato, como a las características religiosas que conlleva el mismo. En su "Semántica del testimonio", Paul Ricoeur estudia los contextos y sentidos en que se origina el "testimonio": un sentido "cuasi-empírico" en el que se presenta como relato de un acontecimiento y transporta las cosas vistas al plano de las cosas dichas; en este caso, el testigo deposita el testimonio de lo visto ante los ojos de quien no ha visto. Un sentido "cuasi-jurídico", en que el testimonio procede siempre a favor o en contra de; como tal, constituye un elemento en un tratado de argumentación, tiene en cuenta a la audiencia y conduce hacia un juicio. Habría, por último, un tercer sentido, que el filósofo desarrolla en el marco de una hermenéutica cristiana, desplazando el sentido del testimonio al *testigo* y su identificación existencial con una causa. Siguiendo a Ricoeur, puede decirse que el texto de Diego de Ocaña se adscribe a los dos primeros sentidos que propone el testimonio: el "cuasi-empírico" y el "cuasi-jurídico", esto es, el testimonio como relato y como argumento. Ello supone que, debido a la existencia de un *mandato* explicitado en órdenes superiores en un marco jurídico-administrativo, a la vez que testimonia la realización de la acción demandada, el texto ingresa en un circuito de legalidad que prescribe su cumplimiento en tanto "prueba". Por otra parte, el testigo propone mediante su texto una visión del mundo de "aquí" que permite a sus destinatarios confrontarla con la visión del "allá", y en este sentido constituye un argumento y condiciona una opinión. En cuanto al tercer sentido, observa Ricoeur:

> ¿Qué es un testigo verídico, un testigo fiel? Todos entienden que es algo diferente a un narrador exacto, es decir, escrupuloso. No se limita a testimoniar que ..., pero testimonia para ..., rinde testimonio a ... Por estas expresiones nuestro lenguaje entiende que el testigo consagra su adhesión a la causa que defiende por una profesión pública de su convicción, por un celo propagador, por una abnegación personal que puede llegar hasta el sacrificio de la vida. [...] este compromiso, este riesgo asumido por el testigo, repercute sobre el testimonio mismo que, a su vez, significa algo di-

ferente de una simple narración de cosas vistas; el testimonio es también el compromiso de un corazón y un compromiso hasta la muerte [...] el testimonio [es ahora] la acción misma en tanto atestigua en la exterioridad al hombre interior mismo, su convicción, su fe. (Ricoeur: 1983, 21-22)

El relato de Ocaña ofrece también este tercer sentido, correspondiente a una dimensión religiosa. ¿Cómo se hace presente este sentido? Se ha señalado que los rasgos autobiográficos se entrecruzan con lo testimonial, y que ello supone la relación autor-narrador-protagonista con el lector mediante un *pacto* de credibilidad; éste se consolida a través de estrategias como "dejar a la consideración" de quien lea la valoración de lo dicho, o apelar a la dimensión imaginaria para suplir la deficiencia de la escritura ante la imposibilidad de expresar un estado de ánimo o una escena, "interrumpiendo" de ese modo el relato. Pero el texto se propone, además, como acción discursiva que testimonia la fe del religioso, diseñándose de este modo un círculo en el que dador y destinatario se confunden en la dimensión religante, simbolizada en la Virgen de Guadalupe: "... las contradicciones que tuve de indios y españoles, fueron muchas y pasé muy malas noches por aquellos guarangales, y grandísimos soles de día. Sírvase nuestra Señora de ello; pues por Ella lo pasaba y así lo tengo ofrecido" (1969, 289). El monje se refiere en reiteradas oportunidades a este "servicio"; a ello suele agregarse, en las ocasiones en que se halla en peligro de muerte, la apelación directa a la Virgen. Dos episodios son, en este sentido, reveladores. El primero es el del encuentro y lucha con los chiriguanos; ante la inminencia del ataque, exclama: "¡Ah, Madre de Dios de Guadalupe, que me habéis traído a morir asaeteado en este desierto donde no sabrán de mí!" (1969, 217). El segundo refiere su extravío en la puna durante una tormenta de nieve; al caer la noche, se abraza al cuello de su mula buscando el calor del animal. Allí, inmóviles, permanecen como unidos en un solo cuerpo, hasta la mañana:

> Pensar que yo puedo aquí con razones encarecer lo que aquesta noche pasé, no es posible; y así lo dejo a la consideración del que lo leyere, porque la primera noche, si fue mala y de mucha nieve, hubo qué cenar y qué beber, y los duelos con pan dicen que son llevaderos; pero traspasado de hambre, sin qué beber, y nieve tanta que no parece sino que para aquella noche se guardó toda (porque de cuándo en cuándo levantaba las manos a sacudir el sombrero y parecía tenía una torre sobre mí), daba piadosas quejas a nuestra Señora y decía: Pues, ¿cómo Señora, que me ha traído mi fortuna o por mejor decir mis pecados a morir en un desierto, enterrado en nieve, estando los monjes de Guadalupe bien cenados y recogidos en sus celdas, y yo que no ando haciendo negocios sino los vuestros, pidiendo limosnas para dar de comer a los peregrinos que acuden a vuestra casa, y yo tengo de morir de hambre y perecer de frío esta noche en este desierto? (Ocaña: 1969, 274-75)

La relación polémica que se instala en esta instancia de demanda a la Virgen señala el punto crítico de un itinerario sostenido en la esperanza de la ofrenda a la Madre. Como se advierte, no es Ocaña el mártir, sino el testigo de la devoción a una causa por la que se ve expuesto a situaciones límite. Es, pues, en estos momentos, al surgir nítida la apelación, cuando se advierte la emergencia del tercer sentido que Ricoeur otorga al "testimonio". Más aún, desde esta perspectiva puede decirse que las imágenes que va pintando a lo largo de su itinerario constituyen la "memoria viva" de un testimonio de la presencia de la Madre allí donde la ausencia desdibujaba su rostro.[45]

Travesías del texto

La referencia a algunos de los aspectos presentes en el texto de este caminante me permite ahora esbozar otro argumento: el relato de viaje de Diego de Ocaña constituye la expresión del "sujeto migrante" en una situación colonial.

La incidencia que en el campo de estudio de los discursos coloniales tuvo la puesta en discusión del canon literario y –correlativamente– de la noción de *autor*, supuso una ampliación y profundización de las perspectivas críticas. Si la "literatura" concebida como "bellas letras" demostró su incapacidad para dar cuenta de la riqueza de los textos producidos en el Nuevo Mundo durante los siglos XVI y XVIII, la imagen clásica de "autor", por su parte, reveló su insuficiencia para evidenciar las posiciones que el sujeto productor de discursos debió asumir, en razón de la situación en que se hallaba inmerso. Por ello, la indagación acerca de los modos en que se expresa la profunda heterogeneidad del orden colonial es concomitante al estudio de las varias posiciones del sujeto; ambas cuestiones inciden en la comprensión de lo que Rolena Adorno (1994) denomina la "densidad textual" de la producción colonial. De otro lado, el aporte de la filosofía de Michel Foucault, dirigido a aquellas prácticas discursivas en las que la noción de sujeto absoluto dejaba paso a la observación de sus posiciones en condiciones netamente históricas, tuvo consecuencias en el cuestionamiento de la subjetividad concebida como invariable, idéntica a sí misma, y mostró que el individuo es, en cada momento, el resultado de condiciones práctico-discursivas que lo determinan y que su modo de subjetivación se constituye cambiante, siempre diferente. Teniendo a la vista este campo de reflexiones, quisiera detenerme en los últimos trabajos de Antonio Cornejo Polar. Las consideraciones del crítico peruano, centradas especialmente en la obra de José María Arguedas y en el fenómeno contemporáneo de la migración que se visualizaba en ella, le permitieron elaborar la categoría del *sujeto migrante*. Esta pretende dar cuenta de los

---

[45] A la luz de la dimensión testimonial el religioso renueva su pacto con la Virgen, quien destina a él una gracia que se vierte en la tarea exitosa: "Y nuestra Señora de Guadalupe me ayudaba en este acto, de manera que la gente quedaba gustosa y encendida en devoción suya. A ella las gracias de todo; pues con el caudal de su gracia obraba en los corazones devoción de su imagen" (1969, 331).

textos producidos por aquellos sujetos inscriptos en la dinámica de las zonas rurales a las urbanas, situación que actualmente señala otra instancia crítica en las relaciones entre centro y periferia. Cornejo Polar no llegó a abordar específicamente textos coloniales con esta herramienta crítica; sin embargo, encontró su matriz fundadora en la figura de don Felipe Guamán Poma de Ayala: "Como el sujeto mestizo, el migrante es también –por cierto– un sujeto social. Tal vez con menos arraigo colectivo y con tradición menos solvente, tiene, sin embargo, como el otro, su figura y texto fundadores: Guamán Poma de Ayala, *La Nueva crónica y buen gobierno* y de manera especial el intenso acápite 'Camina el autor'" (1995, 107). De este modo, inauguraba la posibilidad de explorar textos del siglo XVII con una categoría atingente al sujeto, que constituye, en realidad, una vuelta de tuerca de la más general y abarcadora noción de *heterogeneidad*, un ahondamiento en una de las múltiples instancias en las que ella se revela. La focalización en los rasgos que caracterizan al sujeto migrante en su discurso permite observar que su marca fundamental es el descentramiento, en la medida en que su lugar de enunciación no es uno ni homogéneo: este sujeto habla desde los varios espacios transitados que coexisten en su memoria. Por ello, el "allá" y el "aquí" parecen adensarse en una temporalidad fluctuante entre el ayer y el hoy. Una *retórica de la migración* se conforma a través de la añoranza: el pasado se concibe en términos de plenitud, en tanto que el presente suele vivirse con desasosiego. Las experiencias vitales son relativizadas por este sujeto, que tanto se posiciona en la nostalgia como en la satisfacción por los logros; por eso su discurso convoca a la vez la tristeza y el triunfalismo. El migrante asimila elementos culturales propios de los nuevos espacios transitados, pero no los resume en una síntesis, sino que los elabora como constitutivos de experiencias disímiles. Estas notas diferenciarían al migrante del mestizo, en quien se destaca la búsqueda de una síntesis; desde esta perspectiva la condición migrante se propone como no dialéctica. Señala el crítico peruano:

> Mi hipótesis primaria tiene que ver con el supuesto de que el discurso migrante es radicalmente descentrado, en cuanto se construye alrededor de ejes varios y asimétricos, de alguna manera incompatibles y contradictorios de un modo *no* dialéctico. Acoge no menos que dos experiencias de vida que la migración, contra lo que supone en el uso de la categoría de mestizaje, y en cierto sentido en el del concepto de transculturación, no intenta sintetizar en un espacio de resolución armónica; imagino –al contrario– que el allá y el aquí, que son también el ayer y el hoy, refuerzan su aptitud enunciativa y pueden tramar narrativas bifrontes y –hasta si se quiere, exagerando las cosas– esquizofrénicas. Contra ciertas tendencias que quieren ver en la migración la celebración casi apoteósica de la desterritorialización [...] considero que el desplazamiento migratorio duplica (o más) el territorio del sujeto y le ofrece o lo condena a hablar desde más de un lugar. Es un discurso doble o múltiplemente situado. (Cornejo Polar: 1996, 841)

El tipo de discurso producido por el sujeto migrante, de carácter predominantemente testimonial, da cuenta de las varias posiciones que va asumiendo en su recorrido, y en ese pasaje de lo uno a lo vario se modela un texto generalmente renuente a una adscripción genérica canónica. La categoría del *sujeto migrante* muestra su eficacia en relación con determinados relatos de viaje producidos en la dinámica de la situación colonial, pues habilita una mirada más compleja hacia la figura del *caminante*. Este transita varios espacios, convive con grupos diversos y se halla sometido a pautas de comportamiento diferentes a las de los sectores que conforman la ciudad indiana, cuya disposición física e interdictos funcionan como expresión de un orden que se modifica en los espacios no urbanos. En este tipo de relato se construyen varios espacios socioculturales y se cumplen las dos condiciones que Raúl Bueno (1996, 27-29) señala como inherentes a la manifestación de la heterogeneidad: el punto de proximidad en el que al menos dos realidades comienzan a interactuar y la individuación de los elementos en contacto. La metrópoli y la colonia, lo urbano y lo rural, lo central y lo periférico, los grupos colonizadores y los colonizados son algunos de los elementos que articula el relato, en paralelo con las posiciones asumidas por el sujeto. En su recorrido, el caminante ocupa largos períodos, que no suponen el tránsito permanente; también reside en la ciudad, se adecua a sus normas, pero no se asimila completamente a ellas; es el distanciamiento lo que posibilita la percepción de sus costumbres, la modalidad de cada sector. En cuanto al espacio no urbanizado, exige del caminante comportamientos nuevos y diferenciados al de su lugar de origen, que lo obligarán a competencias no previstas. El relato del itinerario no se ajusta a una pauta genérica: integra tanto el tipo textual de las Relaciones, como la crónica y el testimonio, dando paso a la dimensión autobiográfica.

En el caso de Diego de Ocaña, el mandato de recoger limosnas y reavivar el culto a la Virgen de Guadalupe lo muestran como un agente del colonialismo; en este sentido, su viaje se propone como el recorrido de un territorio considerado como extensión del propio. Pero este Nuevo Mundo no deja de ser una colonia y esa diferencia se expresa en las dificultades que el monje encontrará a su paso, no sólo aquéllas que surgen de la experiencia vital más concreta, sino las que evidencian las tensiones del orden colonial: el particularismo de los grupos, la desconfianza hacia los chapetones, la conflictividad de las zonas de frontera. No siempre, sin embargo, la experiencia será desalentadora. El éxito de su labor, el desarrollo de nuevas habilidades y la respuesta positiva del medio contrastarán vivamente con los momentos de abandono o soledad. El espacio originario también sufrirá modificaciones en el recuerdo, percibiendo por momentos el sujeto que su tierra lo ha olvidado. En el texto de Ocaña el contraste entre la euforia y la desazón es muy fuerte y opera como expresión de la condición migrante que los viajes coloniales suponían con su cuota de peligros e inseguridades. Como el *forastero* de las textualidades más recientes, como el *kimichu* arguediano que carga su Virgen de Cocharcas y su lorito, Ocaña recorre el espacio virreinal durante años, tensionado entre el arraigo que su Virgen simboliza y el desarraigo que la salida del ámbito originario implica. Su relato de viaje, en tanto relato de una travesía, genera formas de representación que, en el caso de su mirada colonizadora acude al mecanismo de la inversión –el tópico del "mundo al revés"– o a los estereotipos que estigmatizan al "otro" como "bárbaro". Esa travesía, sin embargo, también modifica al sujeto y lo expone a una alternancia de roles no previstos en su inicial informe de actividades.

Ocaña es el procurador de la Orden Jerónima enviado a Indias para recoger limosnas y asentar cofrades, mandato de cuyo cumplimiento rinde cuentas en un texto en el que las prolijas anotaciones de los gastos se conjugan con el detalle de todas las diligencias efectuadas. Por otra parte, todos los tramos del recorrido, las leguas entre cada paraje, la estancia en las ciudades se apuntan en un relato de viaje destinado a su comunidad y al círculo de lectores institucionales. La larga permanencia en Indias, la competencia adquirida en este espacio, "lo visto y lo vivido" autorizan su decir como descriptor: diseña entonces mapas, dibuja siluetas indígenas y describe tierras poco conocidas, en cumplimiento del mandato de "hacer entera relación" para el Consejo. Como extensión de este rol asumirá en el texto la función de "transcriptor" de la Relación de la erupción del volcán de Arequipa que los testigos del suceso le hacen. Como "autor" escribe una "Comedia" que incorpora al texto y destina al "curioso aficionado al verso". Como "pintor" crea imágenes destinadas al culto guadalupano en el Perú y se asombra a sí mismo ante la perfección alcanzada en ese oficio. Pero el texto es, además, en sus franjas autobiográficas y testimoniales, relato del tramo de una vida que privilegia el recuento de los "trabajos", poniendo de manifiesto su celo religioso. En ciertas experiencias límite el texto se torna apelación directa a la Virgen, dadora y destinataria del sacrificio que el sujeto realiza. Las diferentes posiciones que se revelan en la índole de este caminante otorgan al texto una modalidad abierta, no constreñida por una única funcionalidad. El relato de viaje de Diego de Ocaña excede ampliamente el informe de actividades, muestra una pluralidad de sentidos y atestigua la imposibilidad de leerlo desde una perspectiva unilateral.

Avatares de la memoria: el relato de fray Diego del Puerto

Rubén Vargas Ugarte (1939, 194) anotaba que entre las recientes publicaciones de relaciones de viajes inéditas hasta entonces se contaba la de fray Pedro del Puerto. En efecto, pocos años antes el argentino Francisco Silva había descubierto el manuscrito en el Monasterio de Guadalupe, que fue publicado con el título de *Viaje de un monje gerónimo al virreinato del Perú en el siglo XVII* en el tomo LXXXII del *Boletín de la Real Academia de la Historia* de Madrid (febrero-marzo de

1923). Se trata de un breve escrito de 24 folios suscrito el 22 de julio de 1629 por fray Pedro del Puerto, religioso profeso en el convento de San Gerónimo de Sevilla, dirigido "A los muy Reverendos p.re Prior y conv.to de la sancta cassa de nuestra s.a de Guadalupe". La referencia a este texto interesa por dos cuestiones; primero, por las menciones a fray Diego de Ocaña, que permiten inferir el destino que tuvieron varias de sus diligencias en el Perú; segundo, porque constituye un testimonio de los conflictos que prontamente habrían de evidenciarse entre la metrópoli y la colonia debido a las limosnas. En cuanto al texto, las notables diferencias que ofrece con el de su antecesor no desmienten la caracterización del relato de viaje del período, esto es, el constituir la respuesta textual a un mandato, de allí su carácter pragmático. Al inicio de su relación del Puerto anota que escribió dos textos anteriores a éste; el primero, referido a los "trabajos" pasados durante diez años por mar y tierra, respondía al "gusto de saber" de las cosas de Indias de parte de los compañeros de la Orden, dato que alerta acerca del interés de los peninsulares por relatos de los viajes de ultramar; el segundo rendía cuentas de las limosnas recaudadas. Este tercero, que habrá de detallar aspectos no contemplados en el segundo, se presenta como respuesta a las acusaciones de mal uso de los fondos destinados al convento, expuestas en un memorial por don Juan de la Guardia. Tal circunstancia prácticamente transforma al texto en una respuesta al memorial, centrándose en el detalle de lo obtenido: "... desde aquí [Pisco] hize libro de la poca [plata] que se juntava y por el hago esta relacion" (1923, 147). La meticulosidad demostrada en el recuento del dinero y en la exposición de su origen alerta acerca del control que los peninsulares ejercían sobre los funcionarios enviados a la colonia, pero también de las suspicacias que despertaba en otros individuos el manejo del dinero. Teniendo, pues, como horizonte un memorial, la relación de Pedro del Puerto se acomodará a satisfacer las dudas que su acusador expone, lo que dotará al relato de un fuerte carácter argumentativo. Para hacerlo, moldea su texto como un relato de viaje, de modo que las cuestiones desarrolladas adquieran claridad al ajustarse a un itinerario:

> El conocimiento desta causa se verá muy claro y manifiesto si con un poco de consideración y recuerdo se ponen los ojos en este papel, porque en él digo a V.R. la substancia de todo el negocio, contando los passos que di y anduve en la tierra del piru desde el dia que en ella desembarqué, el tiempo que ocupo en servir a essa Santa Cassa y en que negocios, la Plata que e embiado a España desde las Indias, la que truxe, y quien me la dio y en que lugares, la Plata que truxe Para algunas personas, la que truxe fuera de registro, y finalmente doy cuenta de todo, aunque por mayor en lo que es viaje y caminos, pero de la Plata muy en particular ... (del Puerto: 1923, 133)

Se diseña de este modo un campo temático acotado a una finalidad, debido a lo cual el relato carece casi por completo de descripción de la tierra; cuando esa información aparece es sumaria y sólo a los efectos de mostrar su pobreza. El religioso conjuga el relato de su viaje con la respuesta a las acusaciones, transcriptas en los folios 9 y 10; a partir de este segmento predominará el tipo textual del memorial, dándose una respuesta específica según el orden de la acusación.[46] El texto finaliza con la anotación detallada de las remesas de plata enviadas a España desde cada punto del itinerario recorrido (folios 21-24) y dos párrafos dedicados a la defensa de su persona y a la reivindicación de sus trabajos. El relato es retrospectivo; Pedro del Puerto señala que finaliza el 5 de junio de 1628 el viaje iniciado el 7 de marzo de 1612. A partir de la mención a esta fecha sigue un orden cronológico y se ajusta al principio del itinerario seguido. El monje pasó a las Indias formando parte del séquito del obispo de los llanos de Trujillo, don Gerónimo de Cárcamo, bajo cuya obediencia lo puso el General de la Orden; la premura de la partida impidió que del Puerto viajase con los poderes del convento, que habrá de recibir seis años después, en Lima. A esta ciudad llega en setiembre de 1614, transitando desde Caracas por caminos difíciles. En Los Reyes estará en estrecho contacto con el arzobispo Lobo Guerrero, quien lo acoge en su mesa durante tres años. En este punto del relato, aunque de manera escueta, del Puerto comienza a dar cuenta de los conflictos que habrá de tener con los franciscanos:

> ... et vinome a ver el padre fray Hieronimo Valera del Orden de Sanct Francisco grand sujeto en letras y a sido provincial muchas veces, el fin de la visita era saber de camino a que venia y si traia poderes de Guadalupe para los negocios de aquella cassa que alli dexo fundada el padre fray Diego de Ocaña. como no los llevava fue menester responder con traza para que no los entendiesse, al fin le despedi en este particular sospechoso y esse fue mi intento y tenerlos assi hasta que de España fuessen estos recaudos [...] son fuertes enemigos y todos los favorecen, unos por amistad, otros por deudo, aquestos por devoción a San Francisco y aquellos porque dizen que la Orden de Sant Hieronimo no tiene necesidad de aquella cassa, que bien rica es ... (del Puerto: 1923, 140-41)

La falta de los poderes habilitadores para efectuar la visita le impide actuar desde su llegada al Perú, ocasionándole no pocos inconvenientes en las ciudades donde encuentra consolidado el culto a la Guadalupe. Esta situación recién se revierte en 1618; a partir de entonces, visitará Ica, Pisco, Arica, Chuquiabo, Oruro, La Plata, los valles de Mojotoro y Mizque, Santa Cruz de la Sierra, Potosí, Cochabamba. El testimonio de esta visita ofrece un panorama del destino que tuvieron las diligencias de Diego de Ocaña. En Lima recauda del mayordomo mil

---

[46] "Cargos sacados del memorial de Don Juan de la Guardia. 1º Que pedi limosna para Nuestra Señora de Guadalupe en Caracas y desde esta ciudad a la de Lima que ay mas de mill leguas y junte gran cantidad de plata. 2º Que en la ciudad de Lima hize lo mismo y junte gran cantidad de plata por ser cofradía nueva. 3º Que en Potosi hize la mesma diligencia y que por ser los animos de los mineros muy grandes no son menos que a cinquenta y a cien pesos" (1923, 143). Los cargos del memorial siguen un orden espacial-cronológico; las respuestas dadas por Pedro del Puerto son paralelas a los cargos.

setecientos pesos de a ocho reales, juntados en veintiún años, y luego se dirige a Pisco. Sin embargo, a medida que se adentra en el circuito altoperuano, encontrará mayores dificultades para obtener el dinero de las limosnas. En Chuquiabo y Potosí deberá acudir al pleito con la Orden Franciscana, que pone trabas al registro de los libros, alegando que no posee los poderes acreditados. Los pleitos que del Puerto afirma haber entablado en el transcurso de su recorrido señalan el grado de conflictividad existente entre las Ordenes establecidas en Indias y los Jerónimos; es pues evidente que las disidencias que envuelven a las congregaciones religiosas manifiestan un entredicho mucho más profundo entre la metrópoli y la colonia. En el transcurso de un par de décadas el gesto fundacional de Diego de Ocaña parece haberse borrado. Las razones expuestas con claridad por Pedro del Puerto son dos: "... que españoles a su Guadalupe de Sanct Francisco dezian que querian y no la de España que no ven ni gozan, lo que le dan" (1923, 149), lo que lleva al núcleo del conflicto: el rechazo manifestado por los peruanos al drenaje de dinero hacia la metrópoli. Por otra parte, es notorio que los vínculos de solidaridad regional exaltados por Ocaña ya están atenuados; los datos que aporta el monje para justificar la escasez de las limosnas son suficientemente mostrativos del cambio que se ha producido en el lapso que media entre ambos viajes. El afincamiento en esta tierra del culto a la "Virgen forastera" confirma el distanciamiento entre la metrópoli y la colonia, en la que ya se consolidan formas locales de religiosidad. Si se considera, con Bernard Lavallé (1993), que el decenio 1560-1570 mostró la emergencia del antagonismo entre *modernos* y *chapetones* en las provincias franciscanas del Perú, como expresión del criollismo conventual del siglo XVI, se explica mejor el conflicto suscitado entre los frailes seráficos y los jerónimos enviados desde la metrópoli; a juzgar por el relato de Pedro del Puerto esta inquina ya había madurado hacia la segunda década del siglo XVII dando lugar a reiterados pleitos. Otros sectores de la sociedad estaban implicados en el conflicto: miembros de la dirigencia clerical, autoridades y descendientes de extremeños, que debieron haber mirado con escepticismo y desgano las acciones del monje jerónimo. La conciencia criolla de valoración del espacio propio y de los derechos que supone la permanencia en esta tierra surge con fuerza del escrito de Pedro del Puerto; en él, la Virgen de Guadalupe ha dejado de simbolizar la historia de España para transformarse en un culto local, también nutrido por los indígenas. Es que esta Virgen "Morena" se asimila, tal como lo hubo deseado Ocaña al pintarla semejante al color de los indios, a formas de religiosidad más abarcadoras en términos interculturales. Desde la perspectiva que ofrece la distancia temporal de dos décadas, el esfuerzo realizado por fray Diego de Ocaña en su recorrido por el Perú aparece en parte truncado; aquella insistencia y convicción de que "por siempre jamás" las limosnas irían a España se desdibuja ante la realidad que encuentra fray Pedro del Puerto. No obstante ello, la memoria viva que Ocaña deseaba dejar a su paso se ha consolidado en el espacio peruano; no, por cierto, como él lo entendía en términos de extensión de su propio espacio, sino absorbiendo los componentes de heterogeneidad que la situación colonial expresa.

– CAPITULO V –

CONOCI SER VOLUNTAD DE DIOS QUE PASASE A LA REMOTISIMA REGION DEL TUCUMAN

Los límites del imperio

En el ámbito rioplatense, durante la primera mitad del siglo XVIII se modifican las condiciones económicas y socioculturales que caracterizaron al estancado siglo anterior, afirmándose la importancia del puerto de Buenos Aires por el comercio legal y el contrabando, la entrada de esclavos y la exportación de cueros y plata potosina. Buenos Aires, capital de la gobernación del Río de la Plata desde 1695, experimentó un fuerte ascenso demográfico a partir de 1740 (Beato: 1992, 203). El Alto Perú continuaba siendo el centro del tráfico comercial; hacia él confluían la yerba mate y el algodón del Paraguay, y el tráfico de mulas y ganado vacuno del Tucumán, circunstancia ésta que propició la formación de una burguesía comercial en Córdoba y Salta. Durante la primera mitad del siglo se produjeron ataques de tobas y mocovíes, que presionaban sobre la línea de ciudades, desde Córdoba hasta Jujuy. Ello llevó a firmar tratados de paz entre las autoridades y estas naciones, así como a reforzar la frontera, éste con fuertes o *presidios* que extendieron el dominio blanco sobre las tierras cultivables. El fenómeno de ruralización producido en este período, con la consecuente alza del valor de la tierra, ocasionó el creciente despojo de terrenos a los indígenas, quienes para entonces se hallaban muy disminuidos.[1] En la región adyacente a la Mesopotamia, Paraguay y Brasil,

---

[1] El Obispo del Tucumán, Manuel Abad Illana, en carta al Rey fechada en 27 de agosto de 1768, anota: "Toda la provincia está llena de sitios que antiguamente fueron pueblos de indios, y el terruño que en otros tiempos bastaba para mantener muchas familias de indios, hoy apenas mantiene la de un español, y ese por los justísimos juicios de Dios suele estar pobre. Herrera llama a esta gobernación: la provincia del Tucumán, Juríes y Diaguitas. Algunos instrumen-

desde 1580 los franciscanos establecieron las primeras reducciones.[2] En 1609 el Padre Marcial Lorenzana funda el pueblo de San Ignacio Guazú, inaugurando la obra evangelizadora de la Compañía de Jesús en la región. En 1627 y 1666 se crearon en Santa Fe y Buenos Aires los depósitos de las Proveedurías de Misiones, donde se almacenaban para su comercialización los productos de las treinta reducciones. Su relativo aislamiento, la precaria colonización de esos territorios, crearon las condiciones para la formación de un emporio económico conformado por la cría de ganado y las plantaciones de yerba mate y algodón, caña de azúcar, trigo y frutales. La fabricación de embarcaciones fue otro rubro importante; en ellas se transportaban los productos y los pasajeros. De esta manera, el sistema de trabajo colectivo y la organización paternalista lograron el autoabastecimiento de las misiones. Los ataques frecuentes de los bandeirantes y la penetración portuguesa fueron resistidos por medio de un sistema defensivo que concedía a los indígenas el uso de armas por cédula real de 1639. Estas "milicias indianas" recibieron no pocas críticas por parte de la sociedad blanca y de las órdenes religiosas hostiles a los jesuitas.

El reinado de Carlos III (1759-1788) introdujo una serie de medidas tendientes a optimizar las relaciones entre la metrópoli y las colonias, como vía para encauzar el resurgimiento económico y reducir el contrabando. La política centralista reorganizó el territorio en espacios administrativos más reducidos y, en consecuencia, más manejables. En 1776 se crea el virreinato del Río de la Plata y en 1782 se establece el sistema de Intendencias. Se liberaron ciertas trabas comerciales, que beneficiaron la autonomía de Buenos Aires frente a los intereses de los comerciantes limeños. El proyecto de racionalización de recursos estaba sustentado en el "espíritu utilitario", que promovía el bienestar de los súbditos y buscaba consolidar la situación española en el contexto de las otras naciones. Cobra importancia en este período el pensamiento de los fisiócratas o neomercantilistas, para quienes la agricultura y el libre comercio constituían la base del bienestar general (Chia-

---

tos que yo he leído intitulan al Gobernador desta provincia: Gobernador del Tucumán, Juríes y Diaguitas, y Comechingones. Todos estos eran indios tan numerosos que pudieron dar nombre a este gobierno, y ya de todos ellos no hay más vestigio que el que se halla en papeles viejos. Yo he paseado a pié y a caballo el parage en donde, según el historiador Herrera, estaban poblados los Diaguitas, y aunque hablé mucho de dicho parage con los sujetos prácticos en él, nadie me tomó en boca a los Diaguitas. ¿Qué se ha hecho, señor, de tantos indios? Yo pregunto, leo, e inquiero, y ya no puedo hallar sino sus nombres" (Abad Illana en Larrouy: 1927, 282-83).

[2] Señalan Bareiro Saguier y Duviols (1991, 47-48): "Los pueblos de indios gobernados por los franciscanos conservaban, posiblemente para bien y para mal, ciertas características propias de la cultura indígena en su modo antiguo de vida. Pero en otros aspectos, los franciscanos permitieron la 'hispanización' mucho más que los jesuitas; así, los pueblos de indios estaban más occidentalizados que los de las Misiones. Por lo demás, los aborígenes se encontraban sometidos en aquellos al régimen de la encomienda".

ramonte 1979). Otro aspecto que ayudó a fortalecer el poder real fue la política regalista, que disminuyó sensiblemente el papel de la Iglesia en el terreno político, aunque no su incidencia en las mentalidades. En este marco se explica la orden de expulsión de los jesuitas. Josep Barnadas (1990, 204-206) considera que la adhesión incondicional de la Orden al papado, su compacta estructura jerárquica, que impedía cualquier intento de manipulación desde Madrid, su incidencia en la educación de las capas dirigentes, constituían a los ojos de los reformadores ilustrados un obstáculo a la expansión del poder estatal. Un factor de fuerte presión en el ámbito de las colonias fue el endurecimiento de la política anticriolla. José de Gálvez, visitador general de la Nueva España entre 1765 y 1771, uno de los máximos responsables de las reformas políticas y económicas, reorganizó los impuestos, supervisó la expulsión de los jesuitas y reprimió las revueltas populares en contra de esta medida. Gálvez desconfiaba de las aptitudes de los "españoles americanos", por lo que el resultado de su gestión fue "la enajenación de la élite criolla" (Brading: 1990, 97) de las judicaturas adquiridas durante el reinado de Felipe V. La escisión entre criollos y metropolitanos fue cada vez mayor y constituyó uno de los factores que habrían de incidir en los movimientos independentistas. La exacerbación de los prejuicios en la consideración de los grupos de la sociedad colonial, desde mediados del siglo XVIII, se evidencia en los textos de dos agentes del colonialismo: el visitador franciscano Pedro José de Parras y el visitador de postas y correos don Alonso Carrió de la Vandera. La ausencia de referencias a los criollos, la evidente desvalorización de los naturales, en el primer caso, así como la crítica a los sectores "inútiles al Estado", en el segundo, son indicativas de una cada vez mayor distancia ideológica entre la metrópoli y sus colonias. Es en este momento cuando cristaliza el conjunto de estereotipos que envolvía las representaciones de los distintos grupos de la sociedad colonial. Pero es también el momento en que se suceden con creciente virulencia rebeliones en el sector indígena y, en el letrado, nacen centros de discusión política que, acompañados del surgimiento de periódicos y de transformaciones comerciales y económicas impulsarán, pocas décadas después, la ruptura del orden colonial vigente.

Los viajes de Pedro José de Parras

El franciscano Pedro José de Parras fue un representante del sector dirigente de su Orden. Busaniche (1943, 8-9) anota que nació en un pueblo de la provincia de Teruel, durante la primera mitad del siglo XVIII, y que aún vivía en 1787. Profesó en el instituto de la Real Observancia de Zaragoza y residía en Aragón cuando sus superiores lo requirieron para viajar al Río de la Plata.[3] Llegó a Buenos Aires en ju-

---

[3] "El año de 1748, a 2 de agosto, recibí una carta en la villa de Almunia, su fecha

nio de 1749 e ingresó en el convento de la Recoleta franciscana. En noviembre de 1752 recibió el encargo de visitar las reducciones que la Orden tenía en el Paraguay.[4] Finalizado este recorrido viajó al año siguiente, también como visitador, a Córdoba. En 1759 recorrió las misiones establecidas en la costa del río Uruguay, acompañando a Pedro de Ceballos en ocasión de las negociaciones por el Tratado de Permuta entre España y Portugal. En 1776, creado el virreinato del Río de la Plata, Parras ocupó el cargo de Teniente de Vicario General en la campaña que llevó a cabo Ceballos contra los portugueses, que concluyó con la toma de Santa Catalina y Colonia. Más tarde fue designado Rector y Cancelario de la Universidad de Córdoba.

La "Revista de la Biblioteca Pública de Buenos Aires" publicó en 1882 un manuscrito del franciscano, titulado *Diario y derrotero de los viajes que ha hecho el Padre Fray Pedro José de Parras, desde que salió de la ciudad de Zaragoza, en Aragón, para la América; con una brevísima relación de lo que personalmente ha experimentado en diversos países y de las cosas más notables que en ellos ha visto*. El texto se presenta como resultado de los varios viajes que ocuparon a Parras en el cumplimiento de sus funciones como visitador. Sin embargo, a diferencia de aquellos cuya escritura atestigua la realización del mandato emitido por un superior, éste se escribe con otra finalidad, en consonancia con su momento de producción. En efecto, a mediados del siglo XVIII se acentúa el interés del público por los relatos de viaje a lugares remotos, como efectivamente debían serlo (y así lo señala el propio Parras) el Tucumán y el Paraguay para los lectores europeos. Este aspecto pauta una variante importante respecto de los relatos escritos para destinatarios específicos de un círculo reducido. La circunstancia de que Parras dedique tres segmentos a los potenciales lectores revela la modificación operada a lo largo del siglo XVIII en la constitución de un público.[5]

---

28 de julio, en que un comisario de misiones de la provincia de Tucumán, en el reino del Perú, me suplicaba desde Madrid, fuese servido de incorporarme en la misión que estaba para llevar a dicha provincia. [...] Corrió el tiempo hasta el día 19 de octubre, en que, cuando menos pensaba, llegó el mismo comisario de misiones al convento de Santa Catalina de Cariñena, en el que actualmente era morador; y atendiendo a que ya era duplicado el toque y el llamamiento, di lugar a que el dicho comisario me hablase sobre el asunto y me informase verídicamente del destino [...] y ayudándome de la consideración de habérseme instado *nominatim*, sin intervención mía, conocí ser voluntad de Dios que pasase a la remotísima región del Tucumán, para cuyo efecto recibí la patente del comisario ..." (1943, 23-24).

[4] "Cuando se celebró la congregación, ya me hallaba con una patente del M.R.P. Comisario general del reino, para que visitase generalmente la misma provincia ..." (1943, 117).

[5] Resulta ilustrativa la observación de José Carlos Chiaramonte (1979, xxvi): "Pero, además de los rasgos realmente nuevos –como, para tomar un ejemplo, la importancia concedida a la agricultura como fuente de las riquezas– hay, además, algo que trasciende la simple exposición de las ideas, que es propio

Lectores/viajeros modelo: los prólogos del Diario y Derrotero

El texto se abre con un "Prólogo al lector" en el que se argumenta acerca de la utilidad de escribir relatos de estas características; se establece de este modo una relación de complementariedad entre el viajero y el texto producido:

> Sólo el que dejando su patria, sale a experimentar las aventuras que precisamente han de acaecerle fuera de ella, puede atinar con la importancia que tiene el negocio de que cada un viajero forme su diario, ya para que concluídas las fatigas de una marcha, le quede la utilidad de referirla con propiedad y energía, ya para que, teniendo en él presente los acaecimientos sucedidos en determinados parajes, o con individuos de tales naciones, le sirvan de aviso para su consejo, y ya finalmente, para que con el conocimiento de los muchos riesgos que más de una vez le habrán amenazado muy de cerca, pueda teniéndolos presentes, aplicar con oportunidad los cautelosos medios que dicta la prudencia para evadirlos. (Parras: 1943, 13)

El vocablo "utilidad" muestra aquí su centralidad semántica; en efecto, Parras acudirá a él con la misma frecuencia con que habrá de canalizar una serie de "advertencias" necesarias para un buen viaje. Se trata de términos familiares al clima intelectual del siglo XVIII, que informan acerca del sentido de la escritura, que ya no será únicamente el de oponerle una memoria "al ancho tragadero del olvido", sino el de constituir una enseñanza. El carácter didáctico que se confiere al texto tiene relación con la importancia que adquiere el sujeto que lo produce. El rol del viajero es objeto de una tematización específica: suerte de mediador o agente intercultural, produce información acerca de remotas partes y da a conocer a sus compatriotas las particularidades de las "extranjeras naciones"; pero además, distingue las propiedades, formas y figuras de los seres de la naturaleza, es decir, produce un conocimiento que no se basa en la mera aprehensión del mundo circundante, ni en una "ridícula especulación que a cada uno suele dictar su capricho", sino en "saber con propiedad las cosas". Es ahora la "puntualidad" la que define su actitud,[6] aludiendo así al utilitarismo propio de la mentalidad ilustrada. La utilidad cumple un doble objetivo: tanto se encauza hacia el sujeto productor del texto, sirviéndole de "aviso" para el futuro, cuanto hacia los lectores. Ambos roles, pues, el de "viajero" y el de "lector", adquieren una relevancia paralela, que se refuerza en los párrafos siguientes, en los que Parras se posiciona como "lector"

---

de la Ilustración iberoamericana como tal. Se trata de la formación de un público lector que, si bien no puede compararse a lo descrito para la Inglaterra del siglo XVIII, participa en alguna medida del fenómeno de la época. Las obras del siglo XVI y XVII permanecían en un reducido círculo de lectores, por lo general burócratas y eclesiásticos. La intelectualidad de aquella época se reducía justamente a miembros de esas capas sociales, especialmente los eclesiásticos.

[6] Define *Autoridades*: "Puntualidad. Vale también certidumbre y conveniencia precisa de las cosas, para el fin á que se destinan".

para derivar la utilidad de los diarios de viaje de su capacidad para dar cuenta de los cambios producidos en los países (1943, 14). Lo que aquí se está evocando es la existencia de un cuerpo de textos constituido en enciclopedia, de la que dan cuenta las frecuentes "colecciones" y "catálogos" de viajes publicados en Europa, así como la capacidad del viajero para generar conocimientos y representaciones válidas para una comunidad de lectores. Más adelante, el fraile se refiere a su propio hacer como viajero, puntualizando:

> Todo lo dicho y la atención a haber hecho viaje y transitado por parajes y países en que han estado pocos, y los que han escrito, o escribieron en diversa forma, u observaron con mucha diferencia de tiempo; por esto no excuso el trabajo de adaptar esta obrita, en que inculcaré varias advertencias que pertenezcan, o a las mismas cosas que se han de tratar, o al modo con que cada uno se debe dirigir, para que pueda en sus peregrinaciones lograr algún crédito y comodidad. (Parras: 1943, 15)

A lo largo del texto se advierte que cumple con este doble propósito de informar acerca de lo que ha visto y "personalmente examinado" y de aconsejar respecto del modo de comportarse. La propuesta didáctica se amplía ahora, al igual que como habrá de ocurrir con Carrió de la Vandera, a los lectores y potenciales viajeros. Este aspecto termina de perfilarse en el capítulo I: "Advertencias precisas para el que sale de su patria y ha de vivir entre gentes que no comunicó", en el que se aconseja acerca de la necesidad de portar documentos que den fe del bautismo, limpieza de linaje, oficios ejercidos y pasaportes, el cuidado en la elección de los acompañantes, en las palabras que se dicen y ante quiénes, el silencio respecto de asuntos que se quieren secretos y la puntualidad en la correspondencia. El franciscano diseña el rol del viajero de acuerdo con las convenciones morales y sociales del momento; de tal modo, "cuerdo, prudente, sagaz, estadista y político" son las cualidades que lo harán respetable en otras naciones. Para persuadir a los lectores de la importancia de un saber conducirse, relatará casos breves, ilustrativos de las consecuencias que acarrea el no seguir estos avisos; incluso él mismo se propone como protagonista de algunos de ellos, en una suerte de *anti-imitatio*, lo que no es otra cosa que una estrategia persuasiva para presentarse como el viajero modelo. El tercer segmento que obra a manera de prólogo se ubica al comienzo de la segunda parte del *Diario y derrotero*, que trata del viaje realizado al Paraguay. La advertencia, que en este caso está referida a lo que debe entenderse por la provincia franciscana del Tucumán, Paraguay y Río de la Plata, permite inferir que tal información está destinada a un lector europeo:

> Esta provincia es, sin duda alguna, la más dilatada que tiene toda la religión de nuestro seráfico P. San Francisco, por lo que necesita un prelado, si ha de visitarla toda, más de un año, y para ello tendrá que caminar mucho más de dos mil leguas, como podrá sumarse al fin de mi diario, el que, sin duda alguna, parecerá muy menudo; pero atendiendo a que yo lo voy formando, ya por divertirme, ya por lanzar la ociosidad de algunos ratos que

le sobran al día, los que regularmente se ocupan en conversaciones inútiles, y ya finalmente porque en algún tiempo me pueden servir las cosas notables en él, por muy frívolas que parezcan; por esto, pues, apuntaré con puntualidad, todo aquello que yo conozca conducente a los expresados fines. (Parras: 1943, 122)

El texto, pues, adquiere un valor *per se*, que finca en dos aspectos, el ser útil y el ser entretenido, para el propio autor y para los lectores. Anota, al término de sus viajes: "... lo escrito basta para hacer memoria de estos países, cuando el Señor me conceda el singular favor que le pido de retirarme cuanto antes a un rinconcito del Paraguay" (1943, 242). La frase crea una futura escena de lectura, un espacio ideal de remembranza por medio del texto que ahora se escribe. En cuanto a los otros destinatarios, son convocados en diferentes momentos por medio de las "advertencias" que, cuando se ofrece la ocasión, van apuntándose. Se diseña así un primer circuito de lectores, el más cercano, formado por los religiosos aragoneses de la Orden,[7] a ellos se suman, de modo más general, quienes entran en la categoría del "prudente pasajero" y del "lector" convocado en los prólogos.

El diario: la reiteración de la primera persona

Un elemento novedoso que aporta el siglo XVIII en la conformación del canon del relato de viaje es la presencia del tipo textual del "diario",[8] mucho más ligado a la práctica de la navegación. Ciertamente, hay relatos que dan cuenta del recorrido por tierra de los que no está ausente el elemento cronológico que caracteriza al diario, pero éste se encuentra generalmente subsumido en una estructura de tipo espacial. En el texto de Parras, por el contrario, el carácter de diario es predominante; él pauta lo espacial y recorta de manera más nítida el itinerario, estableciendo un ritmo fijo y por momentos altamente monótono. Se modifican entonces los sintagmas verbales; así, frases del tipo "se camina", "se sube", tienden a ser suplantadas por "caminamos", "salimos", "despaché", "me ocupé", con lo que adquiere preponderancia la primera persona singular o plural. La estructura del diario se mantiene fija a lo largo de varias páginas, de modo tal que cuando Parras incorpora alguna reflexión, inmediatamente retoma el presente de

---

[7] La explicación del por qué de la advertencia a los religiosos aragoneses se encuentra más adelante, cuando Parras hace una evaluación general de las regiones y gentes conocidas durante su trayecto hacia Cádiz; señala, a propósito de Aragón: "Fáltale comercio, pero los naturales, tampoco son inclinados a él, por lo que raros aragoneses salen de aquel país para otra parte, a distinción de vizcaínos y montañeses, de que están llenas las demás provincias de España y las Indias ..." (1943, 54-55).

[8] Parras utiliza también el vocablo "derrotero", tomado de las cartas de navegación; con él designa el viaje desde Cádiz al puerto de Buenos Aires y el recorrido por los ríos Paraná y Paraguay.

la escritura: "Volviendo ahora al orden del diario, digo, que los días 18 y 19 navegamos ..." (1943, 141). Esto significa que adopta la estructura del diario no como una práctica cotidiana realizada en el transcurso de los viajes,[9] sino como un modo de ordenar un relato con vistas a su comprensión por parte del lector. Produce de esta manera un efecto de inmediatez respecto de lo narrado, aunque se trata de un texto elaborado sobre la base de un "libro de memoria" (1943, 197). La elección del diario como estructura del relato parece responder a una demanda de la época. En efecto, señala *Autoridades*: "Usado como sustantivo, significa la relación histórica de lo que ha ido sucediendo por días ú de día en día, en una expedición, viaje, etc. como son los que hoy salen impresos en Francia, Inglaterra y Holanda con el nombre de Jornales de los Sabios, que contienen lo que se van adelantando cada día las Ciencias y Artes". No es, pues, aventurado relacionar el tipo textual del "diario" con el clima del momento, signado por el florecimiento de las ciencias naturales y la creación de sociedades científicas y academias en la década de 1730-1740, que impulsan expediciones a distintas partes del globo, creando una suerte de conciencia eurocéntrica que, entre otras cosas, produjo significados respecto de "el resto del mundo" (Pratt: 1992, 23). Pedro José de Parras no es un naturalista ni un geógrafo, pero su postura didáctica, la modelización que en el texto produce acerca de sí y del viajero, lo aproximan a los tipos ideales que surgen en la época: el aventurero, el científico, el viajero (Hazard: 1963, 136-38). El "diario", en este sentido, es una estructura textual que remite directamente al yo como centro productor del discurso.[10] No se trata, sin embargo, de una primera persona que trasunte sus emociones o se deje influir por las respuestas que le demanda el medio, sino de una persona que regula la producción del discurso mediante una frecuente remisión al mismo, lo que supone una vigilancia sobre sus efectos en el lector. Las anticipaciones o remisiones a diferentes zonas del texto son un modo de guiar la lectura; son estos envíos los que alertan acerca de la conciencia de que se está produciendo un texto cuya finalidad utilitaria y recreativa impide las reiteraciones o vacíos que en todo diario se producen. Ello refuerza la idea de que Parras adopta la estructura del diario para crear en el lector la impresión de estar siguiendo, día por día, los sucesos que acaecen al viajero. Esta ficción de co-presencia literaturiza un texto que, de otra manera, carecería de interés para quien no fuese su propio autor.

---

[9] De hecho, establece claramente el momento en que escribe: "Cuando escribo esto, que es el año 1753 ..." (1943, 112).

[10] Mignolo (1982, 60, nota 12) ha destacado que, en términos de comunicación, la persona del destinador es la misma que la del destinatario en el caso del "diario". En el texto de Parras, sin embargo, el destinatario se bifurca en dos direcciones: el propio autor, en un futuro lejano, y el lector en un futuro próximo.

Los espacios y sus saberes

Tal como lo indica el extenso título de la obra, Parras relata varios viajes. El texto se divide en dos partes; la primera da cuenta de su salida de Aragón, la estada en Madrid, el trayecto a Cádiz y la navegación hasta Montevideo; finaliza con la descripción de esta ciudad y de Buenos Aires. Comprende la segunda parte los viajes efectuados con motivo de las visitas al Paraguay y a Córdoba. Incorporado como "Apéndice", refiere el viaje efectuado a las misiones de la Compañía de Jesús en 1759.[11] Los itinerarios, pues, cubren el espacio metropolitano y el americano. El primer recorrido, por las tierras españolas, aporta indicaciones respecto del modo más cómodo de viajar y describe brevemente las particularidades de cada ciudad, para centrarse luego en Madrid. La referencia a edificios, palacios e iglesias más importantes —en los que el texto aparece como una verdadera guía para el viajero, con indicaciones acerca de "lo que hay que ver"— está seguida de un segmento dedicado al modo de conducirse en la corte:

> El modo de vivir en la corte, es tratar a todos con desconfianza, comunicar sus negocios con muy pocos, no dar su caudal antes de conseguir, pero sí ofrecer a tiempo; y la mayor felicidad consiste en acertar a elegir patrimonio de valimiento. Se ha de hacer esfuerzo por no manifestar mucha pobreza, aunque la haya, porque no hallará quien le haga una cortesía. Aunque unos u otros de aquellos mismos ante quien pretende, le hagan algunos desaires, no debe darse por entendido, tenga paciencia y proponga entonces sus negocios con más instancia, que acá no se extraña la majadería, antes se les paga sus dilaciones en la misma moneda. (Parras: 1943, 48)

Las advertencias diseñan los rasgos que caracterizan al viajero como "observador", "prudente" y "mundano", cualidades que se pretende transferir a todo aquel que deba efectuar negocios en la corte. La navegación desde Cádiz a Montevideo es otra ocasión para aconsejar al "prudente pasajero"; paciencia, obediencia, resignación y prudencia serán necesarias para sobrellevar los disgustos de una larga travesía atlántica (1943, 68-69). Tampoco olvida aconsejar acerca del tipo de vituallas necesarias, información que conjuga con la referida a las temperaturas en la línea equinoccial, las especies de mar, etc. La escala en Río de Janeiro le permite opinar respecto de los inmigrantes: "... aunque pasen a Indias en cueros y en España sean hijos de verdugos, ya se echan a nobles, y así en Indias ningún español sirve a otro, aunque el uno sea muy pobre y el otro muy rico" (1943, 88). Este saber —resultado, en parte, de su experiencia en Indias, pero sobre todo reiteración de una secular opinión de los españoles metropolitanos— obra a manera de advertencia general sobre su carácter. Los capítulos X y

---

[11] Este "Apéndice" se compone de un "diario", sin otros datos que el día en que llegan a cada misión y la cantidad de leguas recorridas, y de una "Lista de todos los jesuitas que hallé en los pueblos por donde pasé", en la que anota el nombre y lugar de origen de cada misionero.

XI están dedicados a describir Montevideo y Buenos Aires. Parras actualiza el modelo descriptivo urbano: emplazamiento, temple, calidad de los edificios, número de conventos y hospitales, características del puerto, cantidad de habitantes, cultivos. Adelanta la opinión de que Buenos Aires "en breve tiempo será tan grande que pueda competir con la corte de Lima" y, finalizada la descripción, convocará nuevamente al lector para advertirle acerca de la diferencia entre la metrópoli y la colonia:

> Aseguro sí, que quien pasa a Indias, puede hacerse cargo que el día que pasa en ellas, aquel día nace con uso de razón, y así vaya observando lo que le convenga, que en todas las cosas tendrá en qué ocuparse la más prudente reflexión.
>
> Oiga, vea y calle, para vivir en paz; y sobre todo no hay que decir: –esto se hace en mi tierra, patria o provincia, que no todos gustan de que les anden poniendo ejemplares, y a muchos les parece que lo mismo es contarles el diverso modo con que se hace ésta o la otra cosa en Europa, que censurar el modo con que la hacen en Indias. (Parras: 1943, 115)

Es cauteloso respecto de lo que dice, en consonancia con lo que predica. Esa reserva no deja, sin embargo, de sorprender al lector contemporáneo, por el silencio que entraña hacia el criollo.[12] Si se compara este texto con testimonios contemporáneos como los de Jorge Juan y Antonio de Ulloa, respecto del encono entre criollos y peninsulares, se advierte lo significativo del silencio de Parras ante esta problemática, a la que sólo alude de pasada,[13] en contraste con la mención a todos los encuentros habidos con sus compatriotas, en especial aragoneses.

La relación hasta aquí desplegada, entre la referencia a las ciudades y el comportamiento que demanda al viajero, es sustancial a lo que puede considerarse el *mundo de la cultura* en la axiología del texto. Este aspecto tiende a desaparecer cuando Parras relata sus viajes al Paraguay y al Tucumán; prevalecen entonces las observaciones referidas a curiosidades del mundo de la naturaleza (las virtudes del diente de yacaré, el cerro de piedra-imán, la madera que se transforma en pedernal al contacto con las aguas del Paraná, etc.) y la traducción de voces guaraníticas o pertenecientes al dialecto rural, que el lector seguramente desconoce y que prueban la actitud indagatoria del fraile y la utilidad de la experimentación. En segundo lugar, se produce una especie de inversión en orden a la posición del sujeto y su mirada. En efecto, el trayecto por España lo tuvo más bien como un observador que realizaba un aprendizaje del comportamiento de religiosos, nobles y cortesanos, los que, más allá de sus diferencias, se presentaban como iguales en tanto se reconocían en el uso de un código social común. Por

---

[12] El término "criollo" no es utilizado por Parras, quien prefiere hablar de "blancos" o de "indianos", desde una perspectiva metropolitana: "Poco a poco fuí observando cómo me había de gobernar. Visité todos los indianos ..." (1943, 43).

[13] En especial, la "Sesión novena" de las *Noticias secretas de América*.

el contrario, la visita a la Provincia franciscana lo presenta en una posición de superioridad respecto de los otros, decididamente observados como subalternos. Esta posición específica incide en la construcción imaginaria de un espacio diferenciado: el de las misiones de Itatí, Itá, Caazapá y Yutí. ¿Cómo se construye este espacio?

Una primera diferencia surge de las características que en él adquiere el desplazamiento del visitador quien, rodeado de una comitiva y objeto de ceremonias especiales en cada misión, efectúa un recorrido muy poco parecido a lo que denomina su "peregrinación". Tales notas establecen una distancia marcada con el espacio no "reducido", definido por la presencia de "bárbaros" e "infieles", sujeto a frecuentes ataques de tribus hostiles al blanco; naturalmente, se trata de un espacio mucho más lábil y ominoso que el de las misiones. Otro aspecto atiende a la selección de lo que se describe del espacio misionero. En efecto, el visitador no se interesa en absoluto por mostrar los efectos de la conversión en los indígenas reducidos o el celo apostólico con el que los misioneros enfrentan su labor, sino en detallar la organización administrativa y económica de las misiones. La tercera diferencia –ya apuntada– surge del tipo de relación que se establece entre el sujeto observador y los otros; de acuerdo con ella este espacio se plantea como el lugar de la absoluta *subalternidad*; los "casos" relatados tenderán a afirmar tal convicción en los lectores. También aquí habrá de mostrar su saber el viajero, referido tanto al propio modo de conducirse, cuanto a la manera de tratar al otro. Veamos algunos ejemplos. Las condiciones del viaje que realizan Parras y su comitiva no son siempre idénticas; hay tramos sujetos a la belicosidad de algunas tribus, lo que condiciona que el recorrido se haga por río o por tierra. La descripción de los Payaguás expone, en este sentido, su barbarie; valientes en el río, cobardes en la tierra, desnudos, deshonestos, sodomitas, traidores, feísimos como el mismo demonio, tales rasgos justifican la tremenda emboscada de los portugueses en el año 1748.[14] Pero sorteados los peligros, la comitiva avanza sin problemas por el espacio domesticado, siendo esperada en cada punto del itinerario con alimentos y cabalgaduras:

> Las ocho de la mañana serían, el 2 de marzo, cuando llegó a la Villeta, el Padre cura del *Itá*, fray Santiago Molina, con indios y caballos para conducirme a su pueblo; llevaba consigo dos clarineros, chirimías y cajas que

---

[14] Conocedores de la habilidad de los payaguás en el río, los portugueses los atrajeron hacia un sector en el que habían ocultado rejas con puntas. Así emboscadas las canoas, desde los barcos los exterminaron con armas. Tal estratagema merece, de parte del franciscano, la siguiente reflexión: "No es buena acción matar a nadie con capa de paz; pero con esta gente, que sólo conoce la paz para cometer con más seguridad los insultos, creo que tiene disculpa el hecho de los portugueses, y más cuando esto se funda en una dilatada experiencia de más de doscientos años, en los cuales, no se sabe que un solo indio de esta nación se haya convertido" (1943, 140-41).

tañeron muy bien mientras almorzábamos, y después, por todo el camino. Cuando pasamos a la parte del norte, hallamos una bellísima cena, con toda la providencia de mesa y sillas y alguna porción de música, sin que faltase cosa de aquellas con que los padres curas suelen obsequiar a los prelados. (Parras: 1943, 187)

Este tipo de viaje era el que comúnmente realizaban todos los misioneros que se dirigían a las reducciones, pero las ceremonias estaban reservadas a los prelados. Dadas estas características, no hay en estos segmentos del texto indicaciones referidas a tramos sin aguadas o postas de descanso y aprovisionamiento, tan comunes en otros textos de viajeros.

De las cuatro misiones franciscanas que Parras visita, la primera de ellas, Itatí, ubicada en las barrancas del Paraná, es la que describe con mayores detalles. A lo largo de varias páginas refiere su ubicación, el número de habitantes, la planta de la misión, la cantidad de ganado equino y vacuno, los diferentes talleres, los instrumentos que tañen los indígenas, sus diversiones, el tipo de trabajo y el modo de distribuir las tareas. La segunda parte de la descripción se dedica al carácter, costumbres y vestimentas de los nativos. Se trata de un muy completo panorama de la vida en las misiones, del que, sin embargo, se halla ausente cualquier alusión al estado espiritual o a ejemplos de conversión, aspecto al que los jesuitas otorgaban suma importancia en sus epístolas (Mühn 1946). Los casos que relata Parras, por el contrario, están destinados a mostrar el tipo de relación corriente entre naturales y misioneros. Si bien describe el estado de las otras misiones, no lo hace con el detallismo que dedica a la de Itatí, que obra como una "descripción modelo"; por ello, señala al finalizar:

> Muy larga parecerá esta relación a quien leyere este derrotero; pero me ha parecido preciso hacerlo para no detenerme en lo perteneciente a los demás pueblos que visité, porque en todos hay las mismas costumbres, y en todos los de esta provincia da la tierra las mismas cosechas, y sólo se diferencian en ser mayores o menores y en una u otra cosa particular que en sus respectivos lugares apuntaremos ... (Parras: 1943, 175)

La aclaración es indicativa de su preocupación por lograr un relato ameno, que no agobie por su prolijidad. Pero, hay además otro aspecto; se trata de la tendencia a generalizar, a disolver en "lo mismo" las particularidades que pudiesen existir –y que de hecho existieron– merced a factores de diversa índole. Lo que Parras construye, pues, es un espacio homogéneo, reiterado en la serie, diferenciado de otros espacios posibles por la existencia de un mecanismo de control y sujeción en el trato hacia el "otro". La "marca del plural" (Memmi 1969) que caracteriza a este espacio supone, de parte del visitante, un saber sin fisuras, sin interrogantes respecto de sus habitantes. El sujeto que se desplaza por él no se presenta en una situación de aprendizaje o de observación del comportamiento ajeno, abierto por lo tanto a actitudes alternativas; antes bien, las reflexiones que le suscitan los otros tienden siempre a apoyar una opinión forjada de antemano. Así, pues, el indígena es caracterizado como humilde, cobarde, bajo de ánimo, carente de honor, paciente y dado a tres vicios: la lujuria, la embriaguez y el hurto. Para demostrarlo, relata un "caso gracioso":

> Estando sentado en la puerta del conventillo con el intérprete que yo llevaba, llegaron dos indios en sana paz, y después de haber hecho el uno de ellos un largo razonamiento, lo tradujo mi intérprete en cuatro palabras, diciéndome que toda aquella arenga se reducía a decir que aquel indio que traía consigo, lo acababa de hallar adulterando con su propia mujer, y que así, que le mandase yo pagar lo que conociese que era justo por el hecho. Se le preguntó inmediatamente que cuánto le parecía ser el importe de aquel negocio, y respondió que si el otro indio le daba unos calzones, quedaría contento, y que a lo menos debía darle un cuchillo; y por aquí puede inferirse hasta dónde llega su estupidez. (Parras: 1943, 174)

El enmarque del texto en términos de "caso gracioso" muestra la perspectiva desvalorizante de la que parte el relator, sustentada en una situación de traducción. El largo razonamiento del indígena es reducido a pocas palabras, en un desplazamiento que va del guaraní al castellano y de lo vago a lo "esencial", es decir, de una lengua a otra en la que –claramente– se revela la estulticia del indio. De acuerdo con esta versión, el indio sería incapaz de comprender la diferencia entre un bien moral (la honra) y uno material (los calzones o el cuchillo). Lo "gracioso", en este caso, es pretender la conversión de un bien por otro. El sistema lingüístico del español permitiría, de acuerdo con la perspectiva que adopta Parras, inferir la "estupidez" de los indígenas en general, puesto que el "caso" es extensivo a todos. Señala en otro momento que: "... ellos no entienden del Rey ni otros ministros, ni son capaces de que se les imprima otra cosa más de lo que ven" (1943, 170). Esta percepción del "otro" como inferior habilita, entonces, la permanencia de un sistema de sometimiento: "... es menester mantenerlos en esta sujeción y servidumbre, para que no peligre la fidelidad y obediencia, que a mi ver, se arriesga siempre que se varía de sistema ..." (1943, 172).

Del rigor como aprendizaje del Evangelio

Parras transcribe algunas voces guaraníticas que dan cuenta del tenor de las relaciones entre indígenas y misioneros. Si bien –aclara– no tienen nombres propios para expresar los diversos grados de superioridad, "Pay-rubichá" o "Padre Superior" es el apelativo que le corresponde como visitador; "Pay-tuyá" y "Pay-miní" designan, respectivamente, al cura que dirige la misión y a su compañero. Como "Padre", el cura gobierna a los indígenas en lo espiritual y temporal, administrando el trabajo y las cuentas de la misión, organización a la que el visitador caracteriza en estos términos: "... en una palabra, compónese todo el pueblo de menores cuyo tutor y curador es el cura ..." (1943,

170). Pero Parras se explaya sobre el carácter de esta relación, fundada en el castigo y el despotismo, y la ilustra con el relato de varios "casos", cuya estructura cerrada facilita la conclusión de los lectores. Anota así un suceso referido a las elecciones anuales de alcaldes y regidores, dirigidas por el cura de la misión de Caazapá, "... con tanta despotiquez, que el último día de diciembre les da una lista de los que han de ser elegidos, y esos lo son indefectiblemente el día siguiente ..." (1943, 194). El año de 1750 puso en la nómina a un cacique, destacado por sus dotes, pero se dio con la sorpresa de que no había sido elegido; hallando su dirección desairada, el franciscano averiguó que esta exclusión se debía a que sus antepasados, los caciques más poderosos de la región, habían martirizado a un misionero, por lo que los indígenas consideraban a este descendiente indigno de cualquier honor. El propio Parras confirma la versión de boca del aludido; el caso obra como prueba del "mucho amor" hacia los Padres y del cuidado con que mantienen "sus tradiciones". Más adelante, el visitador provee a sus lectores otro ejemplo de la "humildad o pusilanimidad" de los neófitos de Yutí. Al llegar a ella, ordena mandar a llamar a los indios que trabajaban las plantaciones para inquirir si eran asistidos por el cura, un anciano "de despectible estatura y ridícula disposición". Llegado éste al lugar, encontró a la mayor parte dispersa por el monte y dedicada al ocio. El cura manifiesta su enojo, disponiendo entonces el castigo:

> Comenzó éste a las nueve de la mañana, con tanto empeño que, al hacerse de noche, ya estaban azotados los doscientos indios. Quien considere a un pobre fraile, de las circunstancias que quedan referidas, en un bastísimo despoblado, castigando a doscientos hombres, no sé qué concepto formará de éstos. Confieso que cuando estuve enterado del caso, califiqué a esta pobre gente, por la más miserable que puede verse, aunque nunca acabé de determinarme que toda esta sumisión fuese cobardía, porque también me consta de que es gente animosa para el trabajo, ágil y prontísima para sus operaciones de campo, diestra para el manejo de los caballos y armas y finalmente hay muchos de una agudísima penetración; por lo que, siendo el hecho cierto, discurra cada uno sobre él, lo que le pareciere, que yo últimamente me resuelvo en que no es otra cosa, esa que parece bajeza, sino una profundísima obediencia y respeto a sus curas y religiosos, a quienes veneran quizás más de lo que conviene. (Parras: 1943, 199-200)

La presentación del caso parece derivar dos posibles juicios acerca del carácter de los indígenas; sin embargo, en el contexto general de las opiniones vertidas por Parras, es indudable que la cobardía se impone como una característica inherente a su naturaleza; el modo en que describe al cura del pueblo refuerza tal opinión. En ningún momento el visitador censura el castigo físico como recurso de sujeción; por el contrario, lo justifica otorgándole un sentido positivo. Observa en otro pasaje: "Para esto de recibir el castigo son resignadísimos [...] y han concebido con tanta tenacidad esto de que el castigo es una señal de amor, que sucede cada instante llegar un indio al cura con grandes quejas porque no le mandaba castigar, y que era señal que no le quería, y verse precisado el cura a mandar que le diesen veinte y cinco azotes, los cuales siempre se dan en el medio de la plaza" (1943, 171-72). Evidentemente, esa práctica era cotidiana y aceptada por el conjunto de la Orden franciscana; Parras la convalida en un contradictorio discurso que, si por una parte canaliza una supuesta convicción de los indígenas de que los azotes son signo de amor, por otra reconoce que la asistencia diaria a la iglesia obedece al temor al castigo y no a la devoción, cosa que –señala– "jamás he reconocido en ellos".[15] De estos casos, así como de las reflexiones que le suscitan, está ausente todo sentimiento devoto; son relatos descarnados, que ponen al desnudo la naturaleza de las relaciones entre los frailes y los indios, mantenidos siempre en el lugar de "los menores", término que en el texto cobra el sentido de "esclavos".[16] Finalmente, la perspectiva desplegada acerca del "otro" confirma la superioridad de quien habla de ese "otro".

Un viajero ejemplar

Se ha señalado ya la tendencia a la centralidad de la primera persona en el *Diario y derrotero*, evidenciada tanto en la elección de este tipo textual como en las advertencias hechas a los lectores. Desde la posición de prelado y hombre de experiencia, Pedro José de Parras se construye a sí mismo como un viajero ejemplar. Así, las "calidades" de quien sale de su patria, señaladas en el capítulo I, son las que él ostenta y las que le posibilitan la obtención de cargos importantes en América. Los viajes le permiten mostrar de qué manera tales calidades se prueban en las circunstancias que impone el medio. La estancia en Cádiz, en espera del navío que habría de conducirlo al Nuevo Mundo, es una oportunidad para: "... ver lo que es la confusión del mundo, la política del siglo, la cautela para pasar la vida, para cuyo efecto es necesaria grande advertencia, a fin de imponerse cualquiera en la urbanidad de las gentes con quienes ha de comunicarse, siguiendo sus estilos en cuanto no se oponen a la moderación religiosa" (1943, 61). En apoyo de esta advertencia, el franciscano narra su encuentro en un café con unos caballeros y unos religiosos, quienes lo convidan. La opípara cena era regada con muchos brindis, después de los cuales se estrellaban contra el muro copas y botellas. Instado repetidas veces a compartir la diversión, se excusa amablemente aduciendo su calidad de "religioso pobre y mendigo"; tal modo de conducirse le vale, de parte de un inglés que compartía la mesa, tres loas referidas a lo corriente de su conver-

---

[15] No sólo acepta el castigo; cuando en una misión el cabildo en pleno le solicita que suplanten al cura, el visitador se niega para no concederles la razón: "Bien es que todo se fundaba en el mucho rigor con que los trataba, y no dejaban de tener razón, mas no convenía quitarlo a instancia de ellos" (1943, 174-75).

[16] Así los nomina al referirse a una estancia de los jesuitas: "... y lo que más admiración me causó, fué saber que en ella tenían los Padres cuatrocientos esclavos ..." (1943, 190).

sación sin melindres, a no haber manifestado su disgusto por lo desmesurado de las actitudes de los demás y a no haber incurrido en su desorden (1943, 63). Al relatar las alternativas de la navegación hasta Montevideo, refiere un incidente entre los marineros y el capitán del barco, que estuvo a punto de terminar con todos los pasajeros arrojados al mar, salvo él, que se había granjeado el respeto de la tripulación (1943, 97). En ambas oportunidades reflexiona acerca de las ventajas de un comportamiento acorde con las circunstancias; se erige así en ejemplo de viajero, cuyos atributos consisten en el ser español metropolitano y prelado; desde esa posición observa a quienes lo rodean. En el extremo de la alteridad, Parras ubica a los negros y a los indios, reunidos éstos bajo el común atributo de "menores" sujetos de dominación. En una posición cercana, se identifica con la elite peninsular dirigente en los negocios de la colonia (obispos, gobernadores) y se reconoce en los aragoneses residentes en ella. Respecto de las "mezclas", hace evidente su rechazo al referirse a ciudades como Asunción, fuertemente mestizadas.[17] El viaje a Córdoba le permite ofrecer al lector un caso en el que el factor lingüístico obra como ejemplo de su perspectiva desvalorizante respecto del criollo campesino. En un paraje cercano a Areco, Parras y su comitiva acampan cerca de un rancho habitado por un hombre de "raro genio":

> Era este hombre, a mi parecer, mestizo o mulato, y de las mismas circunstancias me pareció su mujer, y ambos eran como de edad de cincuenta años, harto feos y con un vestido pobrísimo. Luego que nos apeamos le preguntó el prosecretario, cómo era su nombre, y respondió que se llamaba don Santiago Ontiveros, y sin cesar prosiguió diciendo que estimaba mucho la obsequiación que se le hacía con nuestro hospedaje, y que por elevación un *pandem pandem et de veriguando* lograba su rancho estas fortunas, que lo estimaba mucho y que viéramos si podía servirnos en algo con *su nada* y luego mandó a la señora que saliese, diciendo: *desaloje usted por un rato de ese camarín y venga a la conversa de los padres*; y es de notar que toda su casa no era más que un ranchito, y por el medio estaba dividido en dos cueros, y a la división que servía para dormir la llamaba camarín ... (Parras: 1943, 224-25)

Parras remeda el hablar afectado y extravagante de este criollo, cuya ridiculez destaca justamente en las condiciones de aislamiento y pobreza en que habita. La elección del caso no es fortuita, le permite delinear lo que considera un rasgo propio de los habitantes de la colonia: el afán de mimetizarse con el metropolitano, por medio de un lenguaje al que deforma con incorrecciones. La presencia en el texto de estos casos muestra de qué manera se han acentuando los prejuicios eurocén-

---

[17] "Háblase por lo común el idioma natural de los indios, y las mujeres, aunque sepan el castellano, como regularmente no lo hablan con propiedad, repugnan la conversación en lengua española. La mayor parte de la gente vive en sus haciendas de campo. Es el gentío de bajísimo espíritu, y no puede hacerse de él plena confianza. Los vecinos de la ciudad son más cultos, pero no son instruídos en la más acendrada política" (1943, 209).

tricos a mediados del siglo XVIII, expresados por alguien que asume una posición de centralidad. Parras mantiene, acerca de las cosas y los habitantes de Indias, un saber que no se modifica al contacto con la realidad; su aprendizaje, en todo caso, le sirve para consolidar una opinión ya formada.[18] Preocupado más bien por relevar el comportamiento que un viajero prudente debe adoptar en diferentes circunstancias, no presta demasiada atención a la naturaleza o a las características de los caminos. Cada tanto, alguna "cosa notable" convoca su actitud indagatoria, pero ésta es simplemente un atributo más del viajero observador; en todo caso, las explicaciones están destinadas a mostrar la diversidad de la vida rural de la colonia frente al paisaje metropolitano. En Parras observamos una afirmación del colonialismo, en lo que despunta como la preocupación de los fisiócratas, en los escasos momentos en que evalúa el medio por el que transita.[19] De la lectura de su texto emerge una representación de la colonia y de sus grupos que, retomando los estereotipos ya conformados, afirma el ser metropolitano *en la distancia* desde la cual se observa y se describe.

---

[18] La que, por cierto, incluye su propia contradicción. En efecto, en un único pasaje, se encuentra esta afirmación: "Particularmente cantó el maestro de capilla la oración de Jeremías, que me enterneció sobremanera, porque toda ella comprende literalmente aquellos miserables indios, como evidentemente constará a quien esté enterado de la servidumbre en que el español tiene a esta nación" (1943, 205).

[19] "Hay dilatadísimos bosques y montes a que no se les ha encontrado el fin. La mayor parte de la madera es de bellísimo cedro, de que pudieran hacerse famosos navíos, los cuales pudieran traerse hasta Buenos Aires, con sólo la corriente, estando el Paraná crecido, y aquí, en la Ensenada de Barragán, acabarlos de perfeccionar; y creo que tuviera al Rey mucha conveniencia este astillero, que, sólo los que habemos estado en esos países, sabemos por cuán escaso jornal trabajarían los naturales en esta faena, como lo hacen en las bellísimas falúas, lanchas, botes y barcos grandes que allí se construyen" (1943, 198).

– CAPITULO VI –

Y DIO FIN ESTE CANSADO VIAJE HISTORICO

Un funcionario reformista

Alonso Carrió de la Vandera nació en Gijón en 1716, en el seno de una antigua familia de la nobleza menor asturiana. Por sus padres heredaba un corto mayorazgo en el pueblo de Jobe, una vara de regidor perpetuo de Gijón y el patronato de la curia de San Juan de Veriña, todo lo cual le daba para un mediano pasar. A los veinte años decidió, sin embargo, pasar a México; establecido en la zona de Nueva Vizcaya, se dedicó durante una década al comercio. En 1746, bajo la protección de un rico comerciante, pasó a Lima. Tres años después efectuó un viaje a Chile y desde allí se trasladó por tierra a Buenos Aires. En 1750 se casó con Petronila Matute y Melgarejo, miembro de una prominente familia limeña que poseía cargos hereditarios en el Cabildo y en la Casa de la Moneda. Entre 1750 y 1757 fue corregidor de la provincia de Chilques y Masques, cercana al Cusco, cargo al que accedió en reemplazo de su suegro, don Pablo Matute de Vargas; también por esta época fue alcalde mayor de Minas y subdelegado de Bienes de Difuntos. Reintegrado a su vida de comerciante, se dedicó a los negocios en Lima, Cusco y Charcas, donde internaba ropa de la tierra y de Castilla. Cuando en 1767 se decreta la expulsión de los jesuitas de los dominios de ultramar, Carrió de la Vandera se ofrece para repatriar a un grupo de religiosos, a quienes custodia en el viaje a España.[1] Al año siguiente

---

[1] El encargo fue concedido por el virrey Amat, seguramente en prueba de confianza por su adhesión a la corona. Sin embargo, Carrió no fue un enemigo de la Orden; si bien compartía el regalismo y la tendencia secularizante del despotismo ilustrado, sus vinculaciones con el Provincial de la Orden, el Padre Pérez de Vargas, pariente de su esposa, eran buenas. Indica Macera, de acuerdo con la documentación existente en el Archivo Nacional del Perú, que la hija de Carrió recibió de la Orden una asignación de 3.000 pesos, en prueba de confianza. Carrió, después de la expulsión, justificó así ese favor: "No se crea que en todo esto obró el padre Provincial por acto de mera generosidad sino en remuneración de los servicios que el suplicante y toda su familia le hicieron en su vida.

se traslada a la corte para solicitar recompensa por sus servicios a la corona; si bien le fueron denegados sucesivos pedidos de corregimientos consiguió, en 1771, el favor del marqués de Grimaldi, quien lo hizo nombrar visitador de la Superintendencia de Correos y Postas para la ruta Buenos Aires-Lima (Borello: 1982, 152). Al arribar a Buenos Aires, comenzó las tareas de reorganización del sistema junto a Domingo de Basavilbaso, primer administrador general de correos de esta ciudad, entre setiembre y octubre de 1771. El 5 de noviembre inició su viaje de visita. En Córdoba se unió a la comitiva Calixto Bustamante Carlos, en calidad de amanuense, finalizando su misión en Potosí.[2] Desde esta ciudad Carrió partió al Cusco, donde permaneció desde el 16 de enero al 14 de abril de 1772, dando término a su extenso recorrido en Lima el 6 de junio de ese año. Carilla (1973) y Borello (1982) observan que, ya antes de la llegada a Lima, se habían producido desinteligencias entre Carrió y Basavilbaso y el administrador de correos del virreinato José Antonio de Pando. En 1774 el conflicto se acentuó, por lo que el virrey Amat debió formar una junta para dirimir la cuestión. En 1777 el virrey Guirior nombró a Carrió contador-interventor en la Administración de Correos en Lima. De esa época data su "Manifiesto" contra Pando y sus partidarios, a raíz del cual se le entabla un juicio y es encarcelado un tiempo. En 1778 el ministro Floridablanca aconseja su jubilación. Muere en Lima en 1783. La figura de don Alonso Carrió de la Vandera es, pues, la del funcionario imbuido de las propuestas reformistas. Aun cuando se dedicó durante largos años al comercio, se mantuvo siempre ligado a la esfera administrativa colonial, como lo evidencian los cargos que se le confirieron. Su partida de España siendo muy joven, las casi cuatro décadas de residencia en América, en México y el Perú, donde contrajo matrimonio y tuvo descendencia, son una clara muestra de que a su estrecha participación ideológica en el proyecto reformista, sumaba un importante bagaje de experiencia en los asuntos americanos. Estuvo ligado al estrato criollo dirigente y conocía sus puntos de vista y las fricciones constantes entre "españoles europeos" y "españoles americanos". En un pasaje de *El Lazarillo*, señala: "... es preciso advertir que fuera de Lima se dicen limeños a todos aquellos que tuvieron alguna residencia en esta capital, ya sean criollos o europeos. En la Nueva España los llaman peruleros, y en la península

---

Muchas fueron las asistencias que se le suministraron al Pd. Provincial pues no hubo necesidad religiosa que no se le socorriera" (Cit. por Macera en Carrió de la Vandera: 1966, 12).

[2] Señala Busaniche (en Concolorcorvo: 1942, xvi-xvii) que unos meses antes del arribo a Buenos Aires del visitador, Domingo de Basavilbaso recibió una carta en la que se le encomendaba la protección de Calixto Bustamante Carlos Inca, quien contaba con el antecedente de haber sido servidor del Presidente de Chile, Antonio Guill y Gonzaga, hasta su muerte. Borello (1982, 152) indica que se debe a J. Real Díaz el hallazgo del recibo firmado por el amanuense en Potosí, el 21 de agosto de 1772, donde consta haber recibido doscientos pesos por sus tareas de diez meses.

mantienen este nombre hasta en sus patrias, y así en Madrid, a mi cuñado y a mí y a los demás criollos nos reputaban igualmente por peruleros o limeños" (1973, 468). El hecho de que Carrió se identifique como criollo supone, en su caso, asumir una territorialidad dinámica y una posición particularmente apta para evidenciar las intrincadas relaciones con la metrópoli en estos momentos.

La complejidad de El Lazarillo de ciegos caminantes

Las investigaciones en torno al texto han demostrado que tanto la fecha de impresión, como el lugar y la imprenta son datos falseados por su autor. En efecto, la portada indica que la obra fue publicada en "Gijón, en la imprenta de la Rovada. Año de 1773". Según Marcel Bataillon (1960), el libro fue impreso, sin licencia, en 1775 o principios de 1776 en la imprenta de los "Huérfanos" en Lima. Se ha atribuido tal enmascaramiento de datos a la disputa entre Carrió y Pando, así como a ciertas veladas críticas a funcionarios que aparecen en el libro. El otro aspecto que ocupó a los críticos fue el de la autoría de *El Lazarillo.* Como observa Carilla, los datos de la paternidad se buscaron, no en el propio texto, sino en los documentos que pudiesen certificar la existencia real de Calixto Bustamante Carlos Inca, así como su autoría. Indudablemente, la hipótesis de que el autor fuese "indio" era tentadora en el siglo XIX, cuando escritores e historiadores se dieron a la tarea de construir las literaturas nacionales. La documentación sacada a luz en el siglo XX ha permitido aclarar estos puntos oscuros, posibilitando abordar otros aspectos del texto (Carilla en Carrió: 1973, 13-17).[3] Por mi parte –y coincidiendo con la lectura del profesor Carilla– considero que la presencia en el título de los nombres de Carrió de la Vandera y de Concolorcorvo es indicativa de la ficcionalización que rodea al plano autorial. En efecto, el texto se presenta a sus lectores –ya desde el título– como el resultado de un *pacto de escritura* entre dos sujetos:

> *El Lazarillo de Ciegos Caminantes desde Buenos Ayres, hasta Lima con sus itinerarios según la más puntual observación, con algunas noticias útiles a los Nuevos Comerciantes que tratan en Mulas; y otras Históricas.* Sacado de

---

[3] Según Macera (en Carrió: 1966, 14-15, nota 14), en vida de Carrió y hasta el surgimiento de la república no se puso en duda su autoría; la "genealogía del error" se origina en el momento en que la cultura criolla se empeña en "nacionalizar" sus testimonios literarios, y se complica con posteriores reivindicaciones indigenistas. Surgen, entonces, "las soluciones de la duplicación", que resolvían el problema imaginando una colaboración entre el visitador y su amanuense, que a nivel simbólico mostraba una suerte de reconciliación indoespañola. Representantes de esta solución fueron Mendiburu y Busaniche. En 1947, en un artículo poco conocido, Vargas Ugarte afirmaba la autoría de Carrió, basándose en el testimonio de los contemporáneos, el estudio de la obra y la documentación existente en el archivo Moreyra. En la década del '50 los trabajos de Bataillon y Real Díaz dirimirán definitivamente la cuestión.

las Memorias que hizo don Alonso Carrió de la Vandera en este dilatado Viage, y Comisión que tuvo por la Corte para el arreglo de Correos, y Estafetas, Situación, y ajuste de Postas, desde Montevideo. Por Don Calixto Bustamante Carlos Inca, alias Concolorcorvo, Natural del Cuzco, que acompañó al referido Comisionado en dicho Viage, y escribió sus Extractos.

Ha sido señalado que el texto vuelve en varias oportunidades a su proceso de escritura (Pupo-Walker 1982; Zanetti 1995) y ésta es la primera, que presenta a dos participantes; cada uno aporta algo al texto: el Comisionado sus "Memorias",[4] con los itinerarios, noticias de interés para los comerciantes e informaciones históricas, texto primero a partir del cual don Calixto Bustamante escribe los "Extractos".[5] *El Lazarillo de ciegos caminantes* aparece, en esta inicial instancia, como un texto producido a partir de otro texto, una suerte de *suplemento* de aquél, aunque más pormenorizado y convenientemente "autorizado" por el visitador.

El libro se abre con un "Prólogo y Dedicatoria a los contenidos en él", que presenta una diversidad de aspectos. El epígrafe[6] anticipa irónicamente una relación jerárquica y un lugar ambiguo por parte del hablante. Se inicia entonces la configuración del rol textual del "autor", su ubicación en una tradición escrituraria, la mención a los destinatarios del texto, la función de las postas o mansiones en Europa y en América. Además, se anticipan consejos al pasajero o caminante, se caracteriza al texto y se critica la falsa erudición de quienes ignoran lo más próximo y concreto, finalizando con una primera escena de lectura, en la que el visitador lee el prólogo y censura su extensión. La "Primera Parte" aborda el viaje desde Montevideo hasta Potosí, delimitación inicial que se complica con la presencia de otros segmentos. Se abre con un "Exordio", en que la primera persona deja de corresponderse con la del "Prólogo"; es evidentemente el visitador quien ahora habla[7] para plantear las relaciones entre la historia y la fábula. La

---

[4] En el sentido apuntado en *Autoridades*: "Memorias. Se llama también el libro, cuaderno, papel u otra cosa, para tenerla presente y que no se olvide: como para escribir alguna Historia, u otra cosa".

[5] Según *Autoridades*: "Extracto. Resumen sacado de obra dilatada: como extracto de unos autos jurídicos, de unas cuentas, etc.". A lo largo del texto se advierte, por el contrario, que el visitador censura permanentemente lo "dilatado" y "difuso" del relato que escribe su amanuense.

[6] "Quod neque sum cedro flavus, nec pumice levis; erubui domino cultior esse meo" (Porque ni soy rubio como el cedro, ni pulido con la piedra pómez, me avergoncé de ser más elegante que mi señor).

[7] Son varias las oportunidades en que se abandona la ficción del "autor" Calixto Bustamante; en el "Exordio" esta primera persona remite a un texto escrito con anterioridad al itinerario que ahora emprende: "Tengo dicho en mi *Diario Náutico* que a los ochenta y cuatro días de haber salido de la ría de La Coruña, en el paquebote correo de S.M. nombrado el 'Tucumán', dimos fondo a la vela en la algosa arena de la mejor ensenada que tiene el Paraná" (1973, 128). Carilla (en Carrió: 1973, 128, nota 9) indica que J. L. Pérez de Castro

postura sustentada por Carrió respecto de la historia es de una sorprendente actualidad; en efecto, desarrolla su argumento alrededor de la posición que ocupan los viajeros entre ambos discursos, en relación con la "verdad" a la que alude el epígrafe "Canendo et ludendo refero vera":

> Si fuera cierta la opinión común, o llámese vulgar, que viajero y embustero son sinónimos, se debía preferir la lectura de la fábula a la de la historia. No se puede dudar, con razón, que la general extractó su principal fondo de los viajeros, y que algunas particularidades se han escrito sobre la fe de sus relaciones. Las cifras de los peruleros, en quipus, o nudos de varios colores, los jeroglíficos o pinturas de los mexicanos, la tradición de unos y otros, vertida en cuentos y cantares y otros monumentos, corresponden (acaso con más pureza) a nuestros roídos pergaminos, carcomidos papeles, inscripciones sepulcrales, pirámides, estatuas, medallas y monedas, que por su antigüedad no merecen más crédito, porque así como no estorban las barbas para llorar, no impiden las canas para mentir. Con estos aparatos y otros casi infinitos se escribieron todas las historias antiguas y modernas. (Carrió: 1973, 123-24)

Carrió acude a la conocida división entre historia general y particular para mostrar que ambas se nutren de informaciones proporcionadas por los viajeros; luego, relativiza el valor de la escritura, tal como se conforma en el marco de la cultura eurocéntrica, al instalar el factor temporal en la evaluación del tipo de fuentes. De este modo, ubica en una misma jerarquía los diferentes tipos de escritura, tanto amerindias como occidentales, señalando que su antigüedad no constituye una condición de "verdad". Este argumento le permite inferir la incertidumbre de la historia, y la opción por "la lectura de la fábula, porque siendo ella parto de una imaginación libre y desembarazada, instruye y deleita más". El segundo argumento para privilegiar la fábula se basa en la recepción del discurso histórico; aduce que el aplauso o el vituperio dependen de la versión favorable o desfavorable que un historiador brinde de su nación; en este sentido, reitera que "todos concurrimos a la incertidumbre de la historia". Destaca luego las dos condiciones inherentes a la fábula: deleitar e instruir, sin por ello dejar de decir verdades. Entre los viajeros y los historiadores se genera, entonces, la misma relación que entre los lazarillos y los ciegos: "Aquellos, como de superior orden, recogen las memorias de los viajeros más distinguidos en la veracidad y talento. No pretendo yo colocarme en la clase de éstos, porque mis observaciones sólo se han reducido a dar una idea a los caminantes bisoños del camino real, desde Buenos Aires a esta capital de Lima, con algunas advertencias que pueden ser útiles" (1973, 127). Queda evidenciado que conoce perfectamente la preceptiva dedicada al "exordio", que le ha permitido argumentar acerca de la incertidumbre de la historia y las ventajas de la fábula; a la vez, ha diseñado en esta instancia el rol de viajeros e historiadores y sutilmente ponderado como fuente

---

publicó un "Extracto" del viaje de Galicia a Montevideo escrito por Carrió de la Vandera en 1771, al emprender su comisión.

fidedigna la palabra de los primeros. Con ello, valoriza su propio texto y su rol, acudiendo al tópico de la humildad para captar la benevolencia y atención de su público, al tiempo que encauza su expectativa (Mortara Garavelli 1991). Sin abandonar ciertos rasgos irónicos, evocó en la memoria de los lectores el relato de Fénelon, *Les aventures de Télémaque* (1699), sugiriendo que la enseñanza corre paralela con el deleite, y que éste es un modo de acercamiento a la verdad.[8]

Inmediatamente se inicia el relato del viaje por el virreinato, cuyo primer punto es Montevideo. Desde Buenos Aires comienza el itinerario por el camino de postas, atravesando la campaña bonaerense y la extensa región del Tucumán. La descripción de este tramo, que finaliza en Jujuy, se completa con otra sección, titulada "Descripción lacónica de la provincia de Tucumán, por el camino de postas", en la que efectúa una evaluación del gran espacio que acaba de recorrer; aquí habrá de adquirir relevancia el discurso del funcionario, al canalizar propuestas que competen a la región. Sigue luego la descripción de la ruta de Buenos Aires a Chile; como su recorrido no ha formado parte del viaje, se aclara que corresponde a una "vuelta fantástica". El último tramo de esta "Primera Parte" corresponde al itinerario que cubre la provincia de Chichas. La "Segunda Parte" se abre con la descripción de Potosí y continúa –siempre siguiendo la ruta de las postas– con las de La Plata, Oruro, La Paz, Puno y Cusco. Al llegar a esta ciudad se interrumpe el itinerario y se instala la escena del diálogo entre Concolorcorvo y el visitador. Este extenso segmento de carácter argumentativo está dedicado a la defensa de la conquista española; elaborado a partir de la lectura de Herrera y Solís propone una versión interesada –y por momentos tergiversada– de la conquista, cuya función es desmentir las críticas de otras naciones europeas. En la misma línea, pero con una modificación en el estilo, puede leerse el segmento siguiente, dedicado a refutar las acusaciones hechas a los españoles, básicamente referidas al sistema de repartimientos, a la esclavitud y a las condiciones de trabajo en los obrajes. El texto adquiere ahora las características de un contra-discurso dirigido a: "... estos monsiures, o sean milords o ilustrísimos a la francesa, inglesa o italiana, [que] sólo piensan en abatir a los españoles, publicando [...] ignorancias y defectos que cuasi

---

[8] En un pasaje de una carta que Carrió envía en abril de 1776 a los Jueces Administradores de Correos en Madrid, insiste en el mismo argumento: "No ignoran V. SS. lo árido de un Diario, particularmente en Payses despoblados, por lo que me fue preciso vestirle al gusto del Pays para que los Caminantes se diviertan en las Mansiones, y se les haga el camino menos rudo. Yo recelo, que no sean del agrado de V. SS. por difuso, y en algunas partes jocoso. Lo primero lo executé a pedimento de los Tratantes en mulas, que no creo sea desagradable a ninguno, y aun pienso que ahí tendrán mucho la complacencia de saver a fondo la sustancia de este género de tragín. En lo segundo procedí según mi genio, en que no falté un punto a la realidad, porque me parece, que lo demás es un engaño trascendente a la posteridad..." (Borello: 1982, 154-55).

hacen creer a los españoles poco advertidos, y dar motivo a los sabios a un concepto injusto por falta de práctica de los ingenios americanos ..." (1973, 349-50). Si la defensa de la conquista estaba puesta en boca de Concolorcorvo, la refutación de las tiranías cometidas por los españoles corre en este momento por cuenta del visitador, quien enfoca la cuestión desde la perspectiva del criollo ilustrado conocedor de la problemática americana. El segmento siguiente retoma el diálogo, esta vez para exponer la opinión sobre los repartimientos, los vicios y virtudes de los indios, reafirmándose los estereotipos de vieja data. Sin embargo, los temas relevantes son los que atañen a la política de la lengua y a la reducción de los "bárbaros" del Chaco, que forman parte de la agenda del funcionario reformista. Sigue luego una suerte de caracterización general de los grupos de la sociedad colonizada: negros, indios y mestizos. La mirada racista, el afán clasificatorio caracterizan este tramo del texto; la teoría acerca de las causas de la disminución de los indios se apoya en el argumento climático, por una parte, y en la expoliación que sufren de manos de sus caciques y curacas, por otra. Una nueva modificación del discurso se produce en este momento –aunque siempre bajo la forma del diálogo– que, en clave irónica, presenta el autorretrato del amanuense. A continuación, el texto reingresa en el itinerario desde el Cusco a Huamanga, Huancavelica y Lima, incorporando la descripción de las fiestas cusqueñas hecha por Concolorcorvo. La "Segunda Parte" finaliza con "el chiste de un tucumán".

Tres "Apéndices" se incorporan al concluir el "itinerario histórico". El primero, de carácter eminentemente pragmático, repasa las rutas virreinales, aunque ahora en sentido inverso al viaje realizado, es decir, partiendo de Lima; los destinatarios concretos son aquí "los señores limeños". No se trata, sin embargo, de una información redundante, ya que se agregan consejos referidos al despacho de correspondencia y al modo de evitar la pérdida de cartas. El segundo está dedicado a la descripción de Lima y de sus ingenios, lo que permite que el visitador se explaye acerca de las calidades de los criollos. Nuevamente acude a la relación clima-temperamento para desmentir el prejuicio acerca de su debilidad y temprana decrepitud intelectual. Reafirmando su conocimiento de ambos virreinatos, el visitador finca su argumentación en las diferencias climáticas entre México y Perú y la corona con dos anécdotas caracterizadoras del ingenio de los criollos. El tercer apéndice se inicia con la discusión entre ambos hablantes acerca del mejor modo de finalizar "este viaje e itinerario histórico". Para aligerar el final, el visitador propone relatar una burla entre un gachupín y ciertos chapetones limeños. Finalmente, el texto completo se cierra con la cita latina que lo había abierto: "Canendo et ludendo retuli vera", que reafirma el propósito expresado en distintos pasajes del libro e insiste en el carácter verdadero de todo lo escrito.

El Lazarillo presenta una gran complejidad, más allá de la que su título permitía esperar. En este sentido, un rasgo característico es la permanente suspensión de la expectativa del lector; en efecto, se anuncia en varios momentos que se dará fin a un tema, pero inmediatamente después éste se retoma en la misma línea o se despliega hacia otras direcciones, como si el dinamismo del texto se afirmara en el constituirse en suplemento, cuya importancia sólo se revela al finalizar la lectura del segmento. Puede adscribirse a este texto el rasgo de una *escritura desatada* en constante proliferación. La cohesión se produce, entonces, de manera transversal, en un recorrido que va hilvanando sus diferentes planos e instancias discursivas. De este modo, sobre un carril de base conformado por el *itinerario del camino de postas* emerge la configuración ideológica del espacio, que ya no atiende únicamente al *camino* en tanto referente privilegiado, sino que delínea tres grandes espacios: el tucumano, el peruano y el limeño. En ellos, la presencia de los *gauderios*, de los *indios* y *criollos*, respectivamente, concita la aparición del discurso del funcionario, caracterizado por su inmediatez y por su carácter prospectivo. *El Lazarillo* incorpora, como parte de su memoria, textos de diferentes proveniencias, históricos y literarios, los que le permiten el doble ejercicio de la ironía y la crítica. De otro tenor son los que ingresan como información característica del relato de viaje: itinerario en leguas, datos extraídos de censos, que dan cuenta de la actividad específica del funcionario en su visita. Los cuentos y chistes, que generalmente pautan el fin de algún pasaje descriptivo (Rodilla-León 1997), atenúan el estilo del seco informe que el visitador rechaza y producen un efecto de coloquialismo. Si a ello se le suma la ficcionalización del plano autorial y la ficción de diálogo en los segmentos que soportan el discurso argumentativo, se comprende la porosidad de un texto que, entre uno de sus mayores logros, cuenta con la conformación de la imagen de un público permanentemente convocado en él.

El "Prólogo"

Constituye una instancia privilegiada en la que quedan planteadas las cuestiones referidas al rol textual del "autor" Concolorcorvo, a los lectores del texto, al tipo de texto que va a leerse y a su temática. El epígrafe de Ovidio introduce los rasgos que conforman el rol asumido por el amanuense: es una figura que se afirma en la negación (no es esto ni lo otro) y que se ubica en un lugar subalterno frente al otro. No se trata, sin embargo, de una relación jerárquica sin más; en el paratexto, la relación condensa una complejidad que proviene del hecho de que el "no ser rubio" ni "pulido" no significa que no se sea más elegante que el señor. Esta misma complejidad se traslada a la ficción de autoría entre el visitador y su amanuense. A pocas líneas de comenzado el prólogo, la primera persona se caracteriza como "peje entre dos aguas" en cuanto a su escritura, ubicándose en un lugar intermedio entre los escritores graves ("el Plomo") o leves ("el Corcho"); poco después se define racialmente como "cholo" –"los cholos respetamos a los españoles, como a hijos del Sol"–, para afirmar luego parentéticamente que es descendiente de sangre real, aunque "por línea tan recta como la del arco iris". Unos párrafos más adelante, agrega: "Yo soy indio neto, salvo las trampas de mi madre, de que no salgo por fiador". De esta manera, se inicia un proceso –que será constante a lo largo del texto– de autocaracterización por parte de la primera persona "Concolorcorvo". Esta se elabora según una doble perspectiva: en relación con el tipo de texto que está produciendo y de acuerdo a su ubicación racial. En cuanto a la primera, la relación es siempre dinámica en la medida en que el propio texto se configura como el producto de varios tipos; respecto de la segunda, lo que resalta es la permanente *desestabilización* de las imágenes que de sí mismo propone el "autor". Es, pues, el factor racial el que se muestra fluctuante; si por momentos se acerca peligrosamente al "mestizo", en otros se asimila al indio "neto", para inmediatamente cuestionarse su pureza. En consonancia con esta inestabilidad del lugar de enunciación, el texto se presenta como resultado de un complejo proceso: es extractado de las "memorias" del visitador –según reza el título– y posteriormente reducido por el propio funcionario, quien censura lo escrito por Concolorcorvo. Pero, además, es el producto de una autoría compartida:

> Yo me hallo en ánimo de pretender la plaza de perrero de la catedral del Cuzco, para gozar inmunidad eclesiástica y para lo que me servirá de mucho mérito el haber escrito este itinerario, que, aunque en Dios y en conciencia lo formé con ayuda de vecinos, que a ratos ociosos me soplaban a la oreja, y cierto fraile de San Juan de Dios, que me encajó la introducción y latines, tengo a lo menos mucha parte en haber perifraseado lo que me decía el visitador en pocas palabras. Imitando el estilo de éste, mezclé algunas jocosidades para entretenimiento de los caminantes para quienes particularmente escribí. Me hago cargo de que lo sustancial de mi itinerario se podía reducir a cien hojas en octavo. En menos de la cuarta parte le extractó el visitador ... (Carrió: 1973, 116-17)

Ese lugar sesgado de la subalternidad se afirma, parodiando las relaciones de méritos y servicios, en la pretensión de obtener la plaza de perrero (esto es, "El que en las iglesias catedrales tiene cuidado de echar fuera de ellas los perros", según *Autoridades*), lo que por cierto no implicaba inmunidad eclesiástica. También la autoría es ahora repartida entre varias manos, tomando para sí el "autor" la responsabilidad de "perifrasear" e imitar el estilo del visitador. Este "Explicar con muchas voces lo que se podía decir con pocas, ú de varios modos" (*Autoridades*), modela una escritura segunda, que suma a lo serio de las "memorias" el entretenimiento. El juego jocoso, sin embargo, no obstaculiza la búsqueda de "verdad" y de "utilidad" como atributos inherentes al texto. Por una vía sinuosa, tal pretensión se legitima en la remisión a la obra del cosmógrafo mayor del reino don Cosme Bueno, considerada un modelo por Carrió. El doctor Bueno había recibido en 1741 el encargo del virrey marqués de Villagarcía de redactar descripciones geográficas de las diferentes provincias del virreinato. La extensa obra, publicada entre 1764 y 1778, conocida con el título de *Lazarillo de ciegos*, se organiza de acuerdo con la tradicional división en corregimientos o provincias y arzobispados, obispados y curatos; contiene además la "Guía de Forasteros" de 1779. Las descripciones responden al principio comunicativo y estructural de las primitivas Relaciones.[9] La obra del doctor Bueno contiene un sinnúmero de datos geográficos, climáticos e históricos de suma utilidad para los lectores, de allí la popularidad de que gozó en su tiempo. Si se tiene en cuenta que la mención a esta obra está seguida de la crítica a don Pedro de Peralta y al extravagante caballero tucumano, ignorante de lo que pasaba a su alrededor aunque conocedor de memoria de la historia de Carlomagno, se comprende la aspiración a que *El Lazarillo de ciegos caminantes* integre el conjunto de textos útiles para los caminantes, y también para las reformas que se estaban produciendo contemporáneamente y a las que, tales textos, ayudaron a consolidar.[10]

---

[9] Se trata de una escritura por mandato; en 1772, el gobernador de Tucumán, don Gerónimo Matorras, recibió de parte del virrey del Perú la orden de encomendar a un individuo capaz la descripción de la gobernación, tarea que recayó en Filiberto de Mena. La "Descripcion de la ciudad de Salta, su Jurisdicion, y Fronteras, y otras particularidades de substancia...", fue escrita siguiendo la "Instrucción" remitida a sus efectos, y posteriormente enviada al doctor Bueno, quien la redujo considerablemente en sus *Almanaques* anuales. Contiene datos geográficos, históricos, censos, noticias de vecinos prominentes, información sobre regimientos, iglesias, imágenes, indios reducidos o "bárbaros". (Cfr. Filiberto de Mena en Rodríguez: 1916, 295-465).

[10] En varias oportunidades y de distintas maneras, Carrió insistió acerca de la necesidad de que los "ingenios" americanos se abocasen a la tarea de escribir libros útiles al conocimiento de la realidad circundante, que incluso fueran un freno a las tergiversaciones –producto del desconocimiento– de parte de los europeos. Defendió un estilo ameno y directo que acercara a un público amplio tales libros. Esta convicción emerge en un escrito posterior, que Macera titula "Borrador de un manuscrito que empezó a hacer D. Alonso Carrió" y que quizás fue pensado como prólogo a su *Reforma*; en un pasaje del mismo Carrió señala: "El autor del Lazarillo desde Montevideo a Lima, espacio de mil leguas, formó un Itinerario del Camino Real de Posta, bien circunstanciado y verídico, el que dedicó a los caminantes adornándoles de algunas especies jocoserías para divertirlos en los mesones de las molestias que se padecen en las jornadas. *Gratum victoribus opus*; y el Cosmógrafo mayor del reyno, quiero decir el doctor don Cosme Bueno Catedrático de prima de Matemáticas adornó sus anuales pronósticos describiendo geográficamente las provincias del Reino por Obispados. Sus memorias están llenas de noticias muy útiles a la historia eclesiástica, Natural y Civil. Si a una obra de este carácter graduaron los críticos de Lima de delirios astrológicos, Porqué nos admiraremos que al Lazarillo se haya tratado por el oráculo de los críticos de un agregado de simplezas? Sin embargo, no creo que el señor Archicrítico diese el sentido común al verbo simplear que suena con tanto desprecio entre todas las clases de hombres. Quiso decir el lazarillo era una simple relación de lo que había observado desde Montevideo a Lima por el Camino Real de Postas al que fué destinado por la Corte. Esta expresión simple no la tuvo por injuria cierto sabio hablando de un escritor sencillo, veraz e ingenuo pués lo elogia llamándole varón de suprema

El "Prólogo" propone, además de las cuestiones apuntadas, una estrecha relación con sus lectores. En efecto, con Carrió de la Vandera arribamos a la sustanciación de la imagen de *público*. El relato de las vicisitudes de un recorrido abandona ahora destinatarios reducidos y específicos para ir en busca de un haz de lectores y, por lo tanto, de lecturas abiertas a varios sentidos. La variedad de lectores queda expresada en la convocatoria del "Prólogo"; allí, el "autor" se dirige:

> ... a la gente que por vulgaridad llaman de la *hampa*, o *cáscara amarga*, ya sean de espada, carabina y pistola, ya de *bolas, guampar y lazo*. Hablo, finalmente, con los cansados, sedientos y empolvados caminantes [...] No porque mi principal fin se dirija a los señores caminantes, dejaré de hablar una y otra vez con los poltrones de ejercicio sedentario, y en particular con los de allende el mar, por lo que suplico a los señores de aquende disimulen todas aquellas especies que se podían omitir, por notorias, en el reino. (Carrió: 1973, 99-100)

La apelación directa cubre, pues, un arco de "caminantes" que se extiende desde los más rudos trajinantes y muleros hasta los más "bisoños", desde los habitantes del reino hasta los peninsulares; más aún, el texto no se dedica sólo a los viajeros, sino también a quienes buscan información de carácter no tan puntual como la vertida en los segmentos destinados a los consejos; para ellos propone una imagen general del virreinato y de sus posibilidades comerciales; se trata, en este caso, de apelar al "lector sabio en materias de comercio". La pluralidad de nominaciones referidas a los lectores: "el pasajero", "caminantes bisoños", "señores pasajeros, así europeos como americanos", "trajinantes", "caminantes a la ligera", "señores muleros", "los comerciantes que más estimo entre los trajinantes", "los señores limeños", indica que se ha producido una ampliación social del hábito de la lectura. No obstante, poco más adelante, el "autor" introduce una fuerte restricción: su prólogo *no habla* con los trajinantes indígenas: "Los caminantes del chuño, papa seca y fresca, quesillo, zapallo o calabaza, con algunos trocitos de chalona y algunas yerbecitas [...] Con éstos no habla mi prólogo, sino con los crudos españoles, así europeos como americanos, que fiados en su robustez almuerzan, meriendan y cenan jamones, chorizos y morcillas ..." (Carrió: 1973, 114). De esta manera, el espacio de la lectura se destina claramente a los miembros de la sociedad colonizadora, por otra parte, los únicos que tendrán acceso al texto. No es ésta, sin embargo, la única razón; en *El Lazarillo* los grupos pertenecientes a la sociedad colonizada –indígenas trajinantes, serranos, mestizos de leche– cumplen un rol diferente; son peones, guías, cargadores, que siempre usan de la picardía o del latrocinio y se aprovechan de los pasajeros. Por eso, el texto más bien previene contra sus artimañas y los convierte en personajes de anécdotas que muestran sus ruindades,[11] o aporta consejos para evitar sus proce-

---

simplicidad: *eminentissimes simplicitatis virum*" (Carrió: 1966, 105-106).
[11] Dos anécdotas revelan, en el prólogo, tal perspectiva; la primera es la del indio

deres aviesos. Finalmente, el "Prólogo" adelanta los temas que habrán de constituir la materia del libro: dedica algunos párrafos a caracterizar los correos y postas como medios de comunicación de máxima utilidad para el Estado y los particulares, señala su uso continuo en las naciones europeas por parte de viajeros "curiosos", contraponiendo esta actitud a la de los españoles de la Península y del Perú, que se desplazan sólo por obligación, y adelanta sintéticamente las postas del itinerario que va a iniciar. No poco espacio dedica a los consejos sobre el modo conveniente de emprender extensos viajes: cuestiones de seguridad de las cargas, formas de pago de salario, vestimenta y provisiones. En este punto, el visitador se presenta como un viajero modelo, conocedor avezado de rutas y comportamientos en virtud de los "más de treinta y seis años que casi sin intermisión había caminado por ambas Américas", en un procedimiento alternativo al del consejo directo.

El Lazarillo *como escenario del proceso de escritura/lectura*

Como se ha visto, el "Prólogo" y el "Exordio" constituyen momentos privilegiados para caracterizar el tipo de interacción producida entre el visitador y Concolorcorvo respecto de la escritura de *El Lazarillo*. Susana Zanetti (1995, 178) ha observado que esa "aparente alianza" es continuamente puesta en escena. En efecto, a lo largo de sus páginas el lector asiste a una constante remisión al acto de escritura y al de lectura, lo que produce el efecto de texto que va escribiéndose a medida que se avanza en el itinerario propuesto. De este modo, se despliega una temporalidad que enhebra dos planos, el del viaje y el del relato que da cuenta de él. En este segundo caso, el tiempo del relato sufre diversas fracturas, producidas por la detención que supone el acto de lectura y corrección de lo que ya se ha escrito.

Dándose por supuesta la existencia de un *texto primero* —las "memorias" del visitador, a las cuales el lector no tiene acceso puesto que solamente el amanuense las ha tenido en sus manos para extractarlas—, el escenario de la lectura-escritura tiene lugar en el *segundo texto* cuya, "autoría" corresponde a Concolorcorvo. Este escribe y el visitador lee, en una atribución de roles ya presente en el "Prólogo" en la anécdota de la biblioteca del caballero tucumano. Si bien el episodio cumple una función crítica respecto de la inutilidad de ciertos saberes, según la perspectiva pragmática del visitador, la escena obra como la inicial de una serie en la que queda establecido que el rol del lector

que astutamente señalaba la cruz en la puna diciendo "caimi cruz", para que el español le convidase de beber. Ejemplifica no sólo la astucia del indio, sino sobre todo la del español, que con unos sorbos de aguardiente evitó males mayores. La segunda refiere el engaño de unos mestizos serranos a la superiora de un convento (Carrió: 1973, 108-109 y 115-16).

estará a cargo de Carrió de la Vandera. Se trata de un lector que muestra su ilustración intercalando comentarios apropiados a la ocasión, ampliando la enciclopedia de su amanuense o corrigiendo errores. Dichos, sentencias latinas o comentarios críticos respecto del texto que se escribe, provienen de este lector que muestra su saber decir a un escribiente que acepta de buena gana los reparos puestos a su tarea (Carrió: 1973, 120). A medida que se avanza en el itinerario y en la escritura, el visitador lee lo que se ha añadido. De este modo, una detención en el viaje (generalmente la estancia al finalizar un tramo del recorrido) suele acompañarse de una interrupción de la escritura:

> Después de haber descansado dos días en Potosí, pidió el visitador este diario, que cotejó con sus memorias y le halló puntual en las postas y leguas; y aunque le pareció difuso el tratado de mulas, permitió que corriese así, porque no todos comprenden las concisiones. Quise omitir las coplas de los gauderios, y no lo permitió, porque sería privar al público del conocimiento e idea del carácter de los gauderios, que no se pueden graduar por tales sin la música y poesía, y solamente me hizo sustituir la cuarta copla, por contener sentido doble, que se podía aplicar a determinados sujetos muy distantes de los gauderios, lo que ejecuté puntualmente, como asimismo omití muchas advertencias, por no hacer dilatada esta primera parte de mi diario ... (Carrió: 1973, 275-76)

Planteadas como instancias metatextuales, estas zonas someten al texto a un examen crítico en sus diferentes momentos. Las "memorias" constituyen el modelo en orden a la "verdad histórica" a la que debe sujetarse el "diario" de Concolorcorvo; la segunda condición que debe cumplir éste es la de ser de agrado y utilidad para el público, aspecto que la lectura del visitador no descuida. Admite que la información debe ser amplia en temas poco conocidos, pero no permite que se abunde sobre lo sabido (Carrió: 1973, 277-78). Se infiere entonces que *El Lazarillo* se propone ofrecer una información novedosa y práctica; para ello cuenta con el conocimiento previo de los lectores.[12] De allí la extensión dedicada a ciertos temas y la rápida o escueta referencia –aunque actualizada en sus datos– a otros, tal como sucede con la descripción de ciudades tan conocidas como Potosí. Buen conocedor de lo que puede suscitar interés en los futuros lectores, el visitador previene a Concolorcorvo que esté atento en determinadas circunstancias. El encuentro, en el trayecto tucumano, con un "campestre cortejo" de rústicos mozos y mozas, lleva a la comitiva a integrarse a la fiesta por indicación del Comisionado, quien les sugiere guardar en la memoria la copla que más les agrade para luego transcribirla. La inclusión de coplas, refranes y chistes en el texto, siempre por consejo del visitador, revela su habilidad para destacar los rasgos más representativos de los diferentes grupos y las características del idioma español

---

[12] Al llegar a Huancavelica, a Concolorcorvo se le ocurre que sería importante incluir una descripción de las minas, ingenios y hornos, pero el visitador lo ataja: "Muy ociosa sería, señor Concolorcorvo, esa descripción, que ya tienen hecha tantos hombres sabios" (Carrió: 1973, 418-19).

americano.[13] De este modo, en cuestiones de estilo y de lengua, el visitador cumple una función de "lazarillo" frente a Concolorcorvo, actuando como mentor en la elección y tratamiento de los temas y criticando los excesos escriturarios del escribiente.

El "Apéndice III" presenta la cuestión de cómo dar fin al texto. La escena de la escritura muestra al amanuense poniendo "la mano en la testa para discurrir el medio de concluir este viaje e itinerario histórico". De esta situación lo ayuda a salir el visitador indicándole que lo haga con una "burla chistosa" de un gachupín a unos chapetones. Así, el final queda a cargo del visitador, como más sabio en materia de libros. Planteada también la cuestión de la recepción del texto, será una vez más Carrió quien sopese las reacciones posibles y ataje venideras críticas: "Reniegue VM. y dé al diablo la obra o composición, de que no se hable mal. Ninguna ha salido hasta ahora al gusto de todos, y hay infinidad de sujetos que, no siendo capaces de concertar un período de seis líneas en octavo, ponen un defecto en las cláusulas del hombre más hábil" (Carrió: 1973, 465-66). Se vislumbra una firme conciencia de la utilidad del libro, a despecho de posibles opiniones adversas. Esta línea, aunque sutilmente, ha recorrido todo el texto y es emblematizada en la figura de la personificación: son los "libros verdes".[14] "Hay hombres que no saben otra cosa que contradecir y oponerse a todas las ideas que no son propias. A éstos, dijo el visitador, los llama el agudo Gracián *libros verdes*" (Carrió: 1973, 427).

El Lazarillo reúne las instancias crítica y metacrítica canalizadas en el juego ficcional de la autoría, más allá de la función de distribución de responsabilidades que le ha asignado la crítica (Borello: 1982, 155). Sin embargo, el texto es sólo en parte "literario", lo que implica que la ficcionalización de este plano responde a una libertad controlada. En efecto, ella se adecua al relato de viaje, por lo que los roles desplegados en las escenas de escritura y lectura responden a las figuras del "amanuense" y del "funcionario". Ahora bien, el efecto de ficcionalidad tiende a diluirse cuando los hablantes salen del escenario descripto e ingresan en un tipo de discurso argumentativo, específicamente destinado a la defensa de la conquista española y a señalar las virtudes y defectos de los grupos coloniales. Si bien éste ha constituido un punto de discusión de un sector de la crítica, preocupada por la contradictoria circunstancia de que fuese Concolorcorvo quien vertiese los juicios más adversos, la cuestión cambia desde la perspectiva de la autoría ficticia; sabemos

---

[13] Por ejemplo, en la fiesta se hace el chiste de "liebre por gato"; Concolorcorvo y sus compañeros creen que es invención de uno de los presentes, pero el visitador les aclara que es frase corriente en el Paraguay y en Buenos Aires (Carrió: 1973, 251-52).

[14] Según *Autoridades*: "Libro verde. El que contiene las cosas particulares de un País, y especialmente de los linajes dél, y lo que cada uno tiene de bueno o malo. Figuradamente llaman así a la persona dedicada a tales noticias".

entonces que el "diálogo" también lo es. La temática abordada en estos pasajes se encuadra en la esfera de pensamiento del funcionario, se atenúan los rasgos de humor y la voz del amanuense es la del *alter ego* de Carrió de la Vandera; su función se reduce a dar pie a la exposición. De allí la rigidez perceptible en esa ficción de diálogo, que se presenta como un procedimiento característico del discurso argumentativo. Susana Zanetti ha observado acertadamente que:

> La dependencia del texto respecto de la voz de Carrió es tal, que de su presencia indirecta a través de los relatos que introduce Concolorcorvo, asistimos, a medida que avanza el texto, a una suerte de invasión que culmina en el diálogo final —el cual por otra parte ocupa casi la quinta parte del texto. La función tutelar del mentor, si no alcanza a paralizar la actividad de escritura de la alteridad, luego de controlarla imponiéndole sus criterios, parece sofocarla, exactamente cuando entran al Cuzco y a expresar los alcances de la historia y la cultura del Otro y su significación presente. (Zanetti: 1995, 185-86)

Así, pues, de la ficción de autoría desplegada en las sucesivas escenas de lectura y escritura es posible derivar la posición de los sujetos diseñados en este plano. En efecto, comparadas entre sí las figuras de Concolorcorvo y el visitador, se advierte que el modo de construcción es diferente. El primero ocupa un lugar permanentemente desestabilizado por una variedad de nominaciones que impiden saber con certeza cuál es la posición racial que ocupa; "indio neto", "cholo", "pobre serrano", "criollo natural" dice de sí mismo en diferentes oportunidades, en tanto que el visitador lo nombra "señor Concolorcorvo", "cansado inca", "señor inca", "seor cangrejo". Carrió de la Vandera, por su parte, sólo es nominado como "el visitador" o "señor don Alonso", afirmándose de este modo una posición estable. De Concolorcorvo —como señala Zanetti— prácticamente desconocemos su historia y su entorno, y lo que él cuenta está sometido a la burla. Si eso ocurre con su pasado, de sus aspiraciones futuras dice, primero, que pretende la plaza de perrero en la catedral del Cusco y, más tarde, agrega que estuvo a punto de pasar a España, en seguimiento de un tío que, aunque indio, logró llegar a ser gentilhombre de cámara de Carlos III, pero que no lo hizo debido a la muerte del pariente, "... y porque muchos españoles de juicio me dijeron que mis papeles estaban tan mojados y llenos de borrones que no se podrían leer en la corte ..." (Carrió: 1973, 394). Ese carácter *borroso* de los supuestos papeles es el mismo que rodea la figura del amanuense. Tal atribución, por cierto, muestra que en este pasaje la figura de Concolorcorvo es utilizada como un instrumento de crítica a los muchos aspirantes a prebendas y títulos nobiliarios, que abundaron en el reinado de Fernando VI. Por el contrario, los datos biográficos del visitador, así como sus funciones, no son pasibles de la más mínima duda. Algo similar ocurre con el "autorretrato" de Concolorcorvo, elaborado por contraste con el del administrador de correos del Cusco (Carrió: 1973, 396); el procedimiento compositivo es similar al del retrato quevedesco, pero lo que interesa subrayar es que el del amanuense surge como una *emanación* del retrato del funcionario, con lo que se afirma otra vez su lugar dependiente. El único aspecto que se confirma en el texto es el referido a su posición de "peje entre dos aguas"; en efecto, al reprenderlo el visitador por su mala pronunciación, Concolorcorvo protesta que él es indio neto; Carrió le retruca: "Dejemos lo neto para que lo declare la madre que lo parió, que esto no es del caso, porque VM. tuvo la misma crianza fuera de casa que el resto de los españoles comunes serranos, y siempre sirvió a europeos y no lee otros libros que los que están escritos en castellano ..." (Carrió:1973, 371). Culturalmente definido como *mestizo* según la opinión del visitador, se termina de diluir su siempre puesta en duda filiación étnica, a la vez que se lo sitúa en una relación de dependencia cultural y laboral respecto de los españoles europeos.

De este modo, puede considerarse que el escenario de la escritura/lectura planteado en *El Lazarillo* reproduce el sistema de jerarquías vigente en la sociedad virreinal. Ellas parecen afirmarse en sus diferencias en la misma medida en que las identidades a las que echa mano Concolorcorvo se desestabilizan, en contraste con la posición sólida que ocupa el visitador.[15] La voz de éste se consolida en la confluencia de un saber acerca de ambas Américas y de un saber decir respecto del libro que se escribe.[16] Como sujeto letrado-funcionario es capaz de elaborar y reelaborar su propio decir y el de los otros, de allí que su rol se construya como el del crítico (del libro) y el del reformador (de un sistema económico y social). La diferencia con el carácter letrado de Concolorcorvo es evidente: carece de espíritu crítico y es él mismo objeto de críticas, aun cuando éstas siempre le lleguen con la cómplice simpatía del mentor.

El viaje y su itinerario

Como indica el título, los "ciegos caminantes" encontrarán en el texto noticias de los itinerarios que cubren las rutas entre Buenos Aires y Lima, sacadas de las memorias de Alonso Carrió de la Vandera "en este dilatado Viage, y Comisión que tuvo por la Corte para el arreglo de Correos, y Estafetas, Situación, y ajuste de Postas". Nuevamen-

---

[15] Se despliega, de este modo, a lo largo del texto, una suerte de tensión entre la afirmación permanente de un lugar, respecto de sí mismo y de los otros, en el caso del visitador, y la negación constante de su lugar, por parte de Concolorcorvo.

[16] Es significativo que el visitador le impida a Concolorcorvo hacer una descripción de Lima, aduciendo que un "pigmeo" no puede lograr una empresa no coronada por "muchos hombres gigantes", para terminar describiendo él mismo la gran ciudad; tal censura muestra que también en el plano de la ficción autorial incide la configuración ideológica del espacio.

te, se presenta al viaje como resultado de un *mandato*, cuyo cumplimiento atestigua el texto. La circunstancia de que el informe del visitador exceda lo burocrático y se proyecte hacia un amplio círculo de lectores muestra la apertura de las fronteras de la escritura por mandato.[17] No obstante ello, el carácter del informe puntual no desaparece en ningún momento del recorrido; está presente en la mención a las autoridades y funcionarios de cada ciudad y a los maestros de postas que se nombran o confirman durante la visita; una rápida evaluación de la calidad de las personas acompaña siempre a esa mención. Así, por ejemplo: "Su actual dueño es un honrado francés, nombrado don Juan Boyzar, quien aceptó la maestría de postas bajo de las mismas condiciones que los demás tucumanes". (Carrió: 1973, 242). Otro elemento propio de la esfera de actividad del funcionario es el registro del número de habitantes de cada ciudad, con datos sobre nacimientos, muertes y división por castas. Carrió recoge esta información de los libros parroquiales y de las comunidades religiosas, anotando la fuente de proveniencia para certificar la validez de los datos.

Respecto del itinerario seguido, y siendo precisamente ése el motivo de la visita, se anota siguiendo un ordenamiento muy preciso de acuerdo a las divisiones jurisdiccionales de las ciudades y provincias y a las rutas. La mención a las leguas que distancian un paraje de otro indica los tramos en cada jurisdicción y a la vez las jornadas que insume el viaje. Estos datos son completados con la descripción del camino, los accidentes del terreno, las aguadas y los consejos al caminante. Como en todo relato de viaje, la oposición urbano/rural funciona a la base del diseño espacial, pero ello no significa que en *El Lazarillo* se otorgue más importancia al primero, lo que implica que la oposición señalada como una constante en este tipo de relato adquiere rasgos específicos en función de la mirada de quien recorre el espacio. En este caso, al constituir el interés del visitador la revisión del sistema de postas y correos, serán los microespacios en los que ellos se encuentran los que ameritarán el detalle. En cuanto a las ciudades, son objeto de una descripción tendiente a evaluar el crecimiento del comercio y la población, datos esenciales para considerar el sistema instaurado en 1747 de manera organizada. En *El Lazarillo* se presenta la descripción del camino en términos similares a otros textos, con indicaciones precisas acerca de sus características. El procedimiento descriptivo, elaborado siguiendo la forma del instructivo, alterna con segmentos que proporcionan una información global inicial, seguida de una particular de la situación de las postas. Así, por ejemplo, la descripción del sitio nombrado Mojo, donde el viajero encontrará un tambo y una pulpería, está precedida por un párrafo con el encabezamiento: "Pro-

---

[17] "No corresponde tampoco atribuir a relaciones literarias lo que corresponde al viaje en sí (al viaje de un funcionario, aunque tenga entrecruzamientos que escapan a esa misión)" (Carilla en Carrió: 1973, 22).

vincia de Chichas", en el que se mencionan la calidad de los pastos y los productos que en ella se encuentran (Carrió: 1973, 271-72). Una constante a lo largo del itinerario es la progresiva focalización en el espacio objeto de interés; en estos casos, la inicial información general se obvia para abordar directamente la descripción de la posta y las comodidades que se ofrecen a pasajeros y cabalgaduras. Ocurre lo mismo con el camino, sus accidentes, el tipo de pastos, el caudal de los ríos: su mención siempre atiende a mostrar el modo más práctico y pertinente de sortear inconvenientes. Este tipo de focalización permite que *El Lazarillo* integre al lector en el recorrido del itinerario, mediante un procedimiento que aúna el tiempo de la escritura con el de la lectura:

> Basta de gauderios, porque ya veo que los señores caminantes desean salir a sus destinos por Buenos Aires.
>
> Dos rutas se presentan: la una por tierra, hasta el real de San Carlos. Este camino se hace con brevedad en tiempo de secas, pero en el de aguas, se forman de unos pequeños arroyos y ríos invadeables y arriesgados [...] pero advierto a mis lectores que la ruta más común y regular es por el río, a desembarcar en el Riachuelo, cuyo viaje se hace en una de las muchas lanchas que rara vez faltan en Montevideo. (Carrió: 1973, 137)

La inclusión en el texto del viajero como acompañante del visitador atenúa el carácter de viaje ya acaecido para producir un efecto de simultaneidad entre el tránsito y la lectura. El uso de adverbios temporales, de la primera persona en plural y de verbos en presente o futuro instala la ilusión de co-presencia:

> Ahora voy a dar una noticia importante a los señores viajeros, y en particular a los que vienen de España con empleos a este dilatado reino.
>
> Los provistos para la jurisdicción de la Audiencia de la Plata caminarán conmigo, eligiendo los bagajes más acomodados a su constitución; pero los provistos para la real Audiencia de Lima, y con precisión los de Chile, tomarán las medidas para llegar a Mendoza al abrirse la cordillera ...
> (Carrió: 1973, 151)

Los diferentes modos en que el visitador incluye al lector como acompañante indican una intensificación de este procedimiento respecto de los relatos de viaje anteriores; no solamente se traduce en la ilusión de co-presencia, sino también en la importancia que se otorga a temas de interés para el tipo de lector que busca *El Lazarillo*. La detallada información sobre la invernada de mulas, por ejemplo, ha sido sugerida por un amigo del visitador, quien la evalúa de utilidad "para el público en general". De esta manera, así como en el plano de la ficción de autoría el libro aparece como resultado de una labor compartida, en el relato del itinerario se encuentra un lector que asume la figura del "acompañante" o que se presenta para señalar temas interesantes. Desde esta perspectiva, es indudable que la textualización del "lector" otorga al relato una nota de actualidad muy marcada. Todos los segmentos dedicados al viaje constan de informaciones precisas y vigentes al momento de la escritura, sea en materia de funcionarios empleados en el servicio de postas y correos, de costos de arreos, de gastos de viaje o de comercio. Pero la presencia de un lector ficcionalizado no permite olvidar en ningún momento el carácter "histórico" puntual que posee el itinerario. En efecto, esto se evidencia en los momentos en que se aleja de las rutas seguidas en el viaje real, para proveer información sobre otras vías de comunicación. Así, al llegar al Saladillo de Ruy Díaz, punto en el que se dividen las rutas hacia Potosí y Chile, se señala que se dará razón de la segunda al fin de la primera parte, "por no interrumpir mi viaje", lo que de hecho ocurre más tarde, pero enmarcándoselo bajo la forma de un viaje "fantástico":

> ... y mientras llega Mosteiro de la comisión con que pasó a Yavi, y descansamos algunas horas en la Quiaca, a donde finaliza la gran provincia del Tucumán, daremos una vuelta fantástica por las pampas, hasta la capital del reino de Chile. [...] y adiós, caballeros, que ya me vuelvo a la Quiaca sin cansancio, después de haber andado en pocos minutos 728 leguas, de ida y vuelta, que otras tantas hay desde Buenos Aires a Santiago, que es la capital del fértil reino de Chile, según mi itinerario. (Carrió: 1973, 261 y 270)

Este deslinde, que no obsta por cierto la veracidad de los datos aportados sobre la ruta no visitada, corrobora el carácter de informe burocrático del relato. Pero, a la vez, reinstala el binomio "utilidad y entretenimiento" característico de *El Lazarillo*; así, el viaje "real" se adecua a un referente extratextual, en tanto que el viaje "fantástico" se conforma de acuerdo a un referente intratextual: el texto como "mapa" de todas las rutas virreinales.

Un aspecto inherente al relato de viaje del período considerado que, como varios otros, encuentra su culminación en *El Lazarillo*, es el referido a los consejos y prevenciones a los caminantes. La presencia de estas franjas, que acentúan el carácter pragmático del texto, es constante. En primer lugar, destaca en el "Prólogo" la advertencia acerca del *modo de leer el texto*:

> Las leguas están reguladas lo mejor que se pudo, con atención a las comunales del reino, a que todos nos debemos arreglar, como sucede en todo el mundo. Si alguna posta se atrasa o adelanta por comodidad del público, en el actual real camino, en nada alterará el número de leguas, porque las que se aumentan en una, se rebajan en la siguiente. (Carrió: 1973, 113)

Por otra parte, la mayoría de los consejos están referidos a los alimentos que es necesario llevar, adecuándose en cada caso la provisión a las características climáticas de las zonas por las que se circula, así como las ya señaladas advertencias acerca de lo que se hallará en cada tambo y hasta las artimañas de que habrán de valerse los caminantes para asegurarse el descanso (Carrió: 1973, 298). Y, en fin, hay en *El Lazarillo* multitud de consejos sobre cuestiones inherentes al viaje: cómo realizar las jornadas, cuándo se deben mudar cabalgaduras, en qué lugares atender a la provisión de agua, cómo cruzar los ríos en tiempos de creciente, qué trayectos son buenos para trotar, cómo se viaja en una carreta, cómo evitar incendios y encuentros con tigres, etc., o cómo dirigir la correspondencia con acierto por los circuitos postales. Tales consejos hallan su justificación en la experiencia del visitador, que suele presentarse como el modelo de viajero en selección de vestimenta, avíos, trato y paga a los peones, datos éstos de utilidad para los "caminantes bisoños".

La configuración ideológica del espacio

La mirada que recorre el espacio a través de las rutas que lo atraviesan produce, simultáneamente, distinciones entre las regiones en función del tipo humano o sector que en ellas predomina. En *El Lazarillo* se pueden distinguir tres grandes configuraciones espaciales: el Tucumán, que incluye el área rioplatense, desde Montevideo y Buenos Aires hasta La Quiaca; las zonas aledañas al Cusco y la ciudad centro del antiguo imperio incaico, y Lima, la capital virreinal. Estos espacios se delimitan en función del predominio de los *gauderios*, los *indios* y los *criollos*, respectivamente. Al interior de estas áreas funciona la oposición espacio urbano/espacio rural, así como la comparación entre las ciudades, lo cual otorga complejidad y cohesión al diseño que proponen las rutas virreinales. Anota, al llegar a Buenos Aires:

> Esta ciudad está situada al oeste del gran Río de la Plata, y me parece se puede contar por la cuarta del gran gobierno del Perú, dando el primer lugar a Lima, el segundo al Cuzco, el tercero a Santiago de Chile y a ésta el cuarto. Las dos primeras exceden en adornos de iglesias y edificios a las otras dos. La de mi asunto se adelantó muchísimo en extensión y edificios desde el año de 1749, que estuve en ella. (Carrió: 1973, 139)

Fundamenta estas evaluaciones en la competencia adquirida en sus anteriores recorridos, así como en el conocimiento que como funcionario posee del sector dirigente ciudadano, situación que posibilita que la mirada descriptora penetre en el interior de las casas de los "colonos pulidos" y recorra su mobiliario, rememore saraos, vestimentas y características lingüísticas. La atención puesta en tales aspectos permite extrapolar los rasgos diferenciadores de los espacios urbanos. Siempre respecto de Buenos Aires destaca la gran cantidad de comercios, y acota que no ha sabido de mayorazgos ni de otros intereses de sus vecinos que los comerciales. La evaluación positiva destaca su carácter de puerto abierto al exterior; se trata de una sociedad pujante —Carrió deja esbozar los viejos conflictos con la elite comercial limeña— poco sujeta a pretensiones nobiliarias, cuyo dinamismo contrasta con las ciudades del Tucumán. Surge nítidamente la diferencia con la sociedad cordobesa conservadora, clasista y pleiteadora. El cuento de la "mulatilla" azotada y humillada por haberse atrevido a usar ropas no conformes a su calidad, le permite manifestar el carácter —"extensivo a todo el Tucumán"— de las cordobesas. Despunta en Carrió la ironía al referirse a la celosa guarda de los privilegios: "... y no sé cómo aquellos colonos prueban la antigüedad y distinguida nobleza de que se jactan; puede ser que cada familia tenga su historia genealógica reservada" (Carrió: 1973, 167). Estas evaluaciones recorren el texto y muestran hasta qué punto el diseño espacial está atravesado por la ideología colonialista del visitador. En efecto, éste se sitúa en un grado de máxima distancia respecto de los grupos que habitan las ciudades y la campaña de lo que poco después se conformará como el virreinato del Río de la Plata; de allí la insistente utilización del vocablo "colonos", con el que en repetidas oportunidades disuelve diferencias que, contradictoriamente, afirma en otras.

La comparación entre la ciudad-puerto y las mediterráneas opera según la matriz ideológica civilización/barbarie; ésta se evidencia en un tipo social al que dedica especial atención a partir de Montevideo y hasta finalizar el itinerario por el Tucumán: el "gauderio", quien diseña con su presencia un espacio semibárbaro, abierto, en el que se disuelven los límites que impone la civilización. Su existencia se anuncia acompañada de una evaluación espacial condicionante: la abundancia de la tierra, factor que determina la holgazanería de sus habitantes. Carrió de la Vandera señala en repetidas oportunidades esta nota al efectuar la descripción de Montevideo: los gauderios son "holgazanes criollos"[18] que encubren su "poltronería" en el negocio de las pulperías o el contrabando; son vagos y malentretenidos que: "Se pasean a su arbitrio por toda la campaña y con notable complacencia de aquellos semibárbaros colonos, comen a su costa y pasan las semanas enteras tendidos sobre un cuero, cantando y tocando" (Carrió: 1973, 135). La inmensa extensión de tierras y de ganado, así como las actividades intermitentes, son propicias para hacer del gaucho un ser absolutamente improductivo, que funda su modo de vida en el placer y la libertad. Conchabados como peones en los viajes de muleros, su modo de amansar las bestias es "grosero, bárbaro e inhumano". Pero no son únicamente trashumantes, también se encuentran en el territorio tucumano viviendo en estado de absoluta pobreza. Significativamente, Carrió vuelve a referirse a los gauchos luego de describir la actividad de las arañas de seda y las abejas, esos "útiles animalitos" que pueblan la campaña del Tucumán; allí:

> ... el corto número de colonos se contentan con vivir rústicamente, manteniéndose de un trozo de vaca y bebiendo sus alojas, que hacen muchas veces dentro de los montes, a la sombra de los coposos árboles que producen la algarroba. Allí tienen sus bacanales, dándose cuenta unos gauderios a otros, como a sus campestres cortejos, que al son de la mal encordada y destemplada guitarrilla cantan y se echan unos a otros sus coplas, que más parecen pullas. (Carrió: 1973, 247)

---

[18] La prolija descripción de este tipo humano en el texto ayuda a fijar su etimología. Señala Corominas que *gaudeamus* "produjo a su vez el rioplatense y port. *gauderio* 'hombre de mala vida', 1773".

Se plantea, de este modo, la oposición entre una naturaleza que no cesa de "producir" en un concierto permanente en que las especies animales y vegetales derrochan abundancia, y estos "colonos, o por mejor decir gauderios" improductivos; el rumor de los laboriosos animalitos contrasta con los rústicos cantos e instrumentos desencordados de los gauchos. Tal tipo humano produce, a la mentalidad ilustrada del visitador, una mezcla de desprecio y fascinación,[19] que lo conduce a una predecible analogía: los gauderios viven "como los israelitas en el desierto".

Así, pues, la reunión de determinados elementos –la abundancia, la enorme extensión y la casi inexistencia de colonos laboriosos, opacados por la presencia de un grupo que escapa al modelo demandado por el orden colonial– hace del espacio tucumano un territorio sin límites precisos, una "frontera" en que el "otro" –el indio pampa, el colono semibárbaro– propone sus propias interacciones y, en este sentido, ejerce resistencia al orden y al progreso. De acuerdo con esta percepción dieciochesca, las ciudades aparecen como islas de cultura, a las que las rutas enhebran en el trajín civilizatorio.

El siguiente territorio ideológicamente conformado se presenta en la "Segunda Parte" y cubre la zona que media entre Potosí y Lima. A diferencia del espacio anterior, éste no será objeto de una descripción detallada, sino que se diseñará en el "diálogo" entre el visitador y su amanuense: "Ya, señor Concolorcorvo, me dijo el visitador, está Vm. en sus tierras; quiero decir en aquellas que más frecuentaron sus antepasados. Desde los chichas a los huarochiríes, adonde da fin mi comisión, están todos los cerros preñados de plata y oro …" (Carrió: 1973, 277). Una primera modificación se produce en orden a la abundancia de la tierra, que ahora finca su riqueza en los minerales. Unido a ella, la presencia de indios "reducidos" que laboran las vetas, construye un territorio efectivamente colonizado. Una vez más, el Potosí emerge como metáfora de la riqueza del reino y expresa una historicidad en términos de tradición, a la que el epígrafe de Virgilio ("*Nimborum in patriam, loca foeta furentibus Austris*") le confiere sustento; se trata, en efecto, de una antigua "patria" para los españoles, de la cual se puede hablar en pasado y en presente. La perspectiva de Carrió, sin embargo, es siempre crítica, por lo que no se dejará seducir por la antigua opulencia, observando el avance de la producción minera en Chichas, Porco y provincias circunvecinas. A diferencia del espacio anterior, éste se caracteriza por constituir el escenario de una intensa actividad productiva, en la que el pacto colonial supone la dirección y emprendimiento de los españoles y el acatamiento de los indígenas. En efecto, en esta instancia, el territorio se consolida como resultado de la interacción entre ambos grupos, aun cuando sean los españoles los que hayan

---

[19] No debe olvidarse que, entre las páginas más logradas de *El Lazarillo*, se cuentan las dedicadas a la "fiesta" campestre, en las que la crítica suele ver una riquísima escena costumbrista (Pupo-Walker 1982).

llegado para subsanar una secular *falta* de los segundos. Esta carencia se muestra en múltiples ejemplos; así, se acude a la antigua creencia de que antes de la llegada de los conquistadores los andinos no conocían el laboreo de los metales preciosos;[20] se destaca la longevidad de los españoles y también de los indígenas, aunque siempre dentro de "su limitado talento"; y, en fin, se señala que es posible encontrar pueblitos de "indios muy racionales, que sólo hablan el idioma castellano".

La estancia en el Cusco –"muy mejorada por los españoles"– dará entrada al intertexto crítico, lo que revela que en el lugar donde hay más "historia" es donde se produce el conflicto de las interpretaciones. Hacia este centro de interés se desliza lentamente el visitador, quien acude a una disquisición trivial, referida al emplazamiento de la ciudad, para encarar la defensa de la conquista española. Un territorio, pues, con una historia, que le permite a Carrió remontarse a la llegada de Colón al continente y demostrar –aun a costa de tergiversar lecturas– que el juicio de franceses, italianos e ingleses es absolutamente errado. Sin embargo, la impugnación se limitaría a obrar como un contra-discurso, si no se estuviese produciendo una operación más importante: la exposición y afirmación de un modelo de colonización. En un pasaje del "diálogo", leemos:

> No pase VM. adelante, señor inca, me dijo el visitador, porque ésta es una materia que ya no tiene remedio. Parece que VM. con sus principios pretende probar que la conquista de los españoles fue justa y legítima, y acaso la más bien fundada de cuantas se han hecho en el mundo. Así lo siento, le dije, por sus resultas en ambos imperios, porque si los españoles, siguiendo el sistema de las demás naciones del mundo, hubieran ocupado los principales puertos y puestos de estos dos grandes imperios con buenas guarniciones, y tuvieran unos grandes almacenes surtidos de bagatelas, con algunos instrumentos de fierro para trabajar cómodamente las minas y los campos, y al mismo tiempo hubieran repartido algunos buenos operarios para que se les enseñasen su uso, y dejasen a los Incas, caciques y señores, pueblos en su libertad y ejerciendo abominables pecados, lograría la Monarquía de España sacar de las Indias más considerables intereses. Mis antepasados estarían más gustosos y los envidiosos extranjeros no tendrían más motivos para vituperar a los conquistadores y pobladores antiguos y modernos. (Carrió: 1973, 341)

Las causas de la justicia o ilegitimidad de la conquista son ahora puestas en un segundo plano, para abordarse la cuestión del sistema implantado a partir de ella. Carrió contrapone el sistema colonial de

---

[20] "Más plata y oro sacaron los españoles de las entrañas de estas tierras en diez años que los paisanos de Vm. en más de dos mil que se establecieron en ellas ...", observa el visitador al inicio de la "Segunda Parte", aseveración que se repite más adelante: "Es constante que los indios jamás supieron ni saben el modo de beneficiar las minas, y que solamente dirigidos de los españoles saben sacar el metal fuera de la mina, y que los barreteros mestizos e inteligentes les juntan para llenar sus tenates, capachos o zurrones, de un peso liviano. Estos no podían hacer sus faenas sin la asistencia de los españoles y mestizos ..." (1973, 277 y 333).

factorías establecido por el resto de las naciones europeas, al modelo de colonización hispana, que no busca únicamente el beneficio obtenido por la producción de materias primas, sino que se preocupa por evangelizar y sacar de la barbarie a los pueblos conquistados.[21] En este sentido, puede decirse que *El Lazarillo* profundiza la perspectiva colonialista que el relato de viaje del período canaliza, al mostrar abiertamente las ventajas del sistema colonial vigente. Ellas, así consideradas, constituyen el fundamento del discurso reformista, articulado a partir de la observación de los "vicios" y "deficiencias" que aún persisten en la sociedad colonizada.[22]

El tercer espacio diseñado es Lima. Como se señalara, en la ficción de diálogo el visitador ataja la pretensión de su amanuense de hacer una descripción de la ciudad, aduciendo que otros –Juan y Ulloa, Cosme Bueno– ya lo hicieron; no duda, sin embargo, en hacerse cargo él mismo de tal tarea, echando mano, una vez más, a la diferencia jerárquica inherente a los roles textuales. La "gran capital" se presenta así como emblema de la autoridad política, judicial y religiosa y como punto de concentración de la riqueza y la cultura; en ella florecen los ingenios *criollos*. Es, pues, en este segmento, en el que se advierte la particular manera de ubicarse del sector criollo al que representa Carrió de la Vandera, articulada según la doble vía de la crítica y la defensa. A la primera corresponden las opiniones vertidas acerca del desmedido lujo que conduce a la poltronería, la confusión de criados ("la gente más soez que tiene el género humano") y el costo excesivo que supone mantenerlos; a la segunda compete la convicción acerca de la calidad de los ingenios criollos. Esta línea de defensa se abre con una referencia al grupo al que pertenece el visitador:

> Con la erección de tribunales y otros empleos honoríficos pasaron de España a esta capital muchos segundos de casas ilustres, unos casados y otros que tomaron estado aquí [...] Muchos sujetos que vinieron de España sólo con el fin de hacer fortuna han tenido su nobleza oculta hasta que la consiguieron y pudieron mantener su lustre en un lugar tan costoso y en que está demasiadamente establecido el lujo. [...] La nobleza de Lima no es disputable, o lo será toda la demás del mundo, porque todos los años esta-

---

[21] El punto abordado parece ser una respuesta al anticolonialismo hispano radical expresado por Cornelius de Pauw en sus *Recherches philosophiques sur les américains ou Mémoires intéressants pour servir à l'histoire de l'espèce humaine* (Berlín, 1768). Si bien criticaba "la cruauté, l'avarice, l'insatiabilité des Européens", de holandeses, ingleses y franceses, hacía recaer sobre los españoles el peso de los errores: "Les Espagnols, ces possesseurs indolents & fanatiques d'une contrée qu'ils on dévastée en brigands & en barbares ..." (Cit. en Alvarez Arregui: 1994, 38).

[22] No por acaso, este segmento se cierra con la enumeración de los "errores y abominaciones" en que se hallaban sumidos los indígenas antes de la conquista: sacrificios humanos, canibalismo, sodomía, idolatrías, debilidad, corto talento (1973, 341-42).

mos viendo criollos que heredan señoríos y mayorazgos de los más antiguos de España. (Carrió: 1973, 443-45)

Invierte así el juicio generalizado, según el cual quienes cruzaban el océano se convertían al pisar tierra peruana en nobles; por el contrario, tal vez pensando en su propia condición, aquí presenta una "nobleza oculta" que sólo se evidencia cuando el caudal lo justifica, sospechoso giro que revela uno de los rasgos del acendrado (y complejo) colonialismo del momento. En todo caso, lo que se subraya es esa calidad cohesiva de la ciudad virreinal, en la que brilla lo más ponderado de España y de la que es su extensión natural. No obstante, es evidente que la defensa de los ingenios criollos acusa el impacto de las críticas, por demás conocidas, a este sector; consciente de ellas, centra primero su defensa en una suerte de igualación entre españoles americanos y peninsulares; instala de este modo un equilibrio a partir del cual –de acuerdo con la demanda de la época de comparar y sistematizar– analiza las "opiniones comunes" respecto de los criollos, acudiendo, ahora sí, a las diferencias climáticas entre México y Perú. Los comentarios acerca de aspectos tan dispares como la influencia de la humedad del aire, la vestimenta, las enfermedades más frecuentes, el calzado de las mujeres, la cantidad de sirvientes, la aplicación temprana al estudio, le llevan a afirmar que la robustez del cerebro es mayor en Perú que en México. Además, trata de invalidar, contando para ello con la voz autorizada del Padre Feijoo, la opinión que sostenía que los españoles americanos perdían el juicio a los cincuenta o sesenta años (Gerbi 1960).

En Alonso Carrió de la Vandera la defensa del español americano se confunde con la defensa del criollo limeño, grupo que convoca su sentido de pertenencia, lo que significa que no está para nada interesado en defender con idéntico fervor a los criollos de otras regiones. Esta diferencia se advierte no sólo en la preeminencia que termina otorgando a los ingenios peruanos por sobre los mexicanos, sino además en la designación de "colonos pulidos" para referirse a los criollos de Buenos Aires o del Tucumán. Una vez más, despunta el sistema de diferenciaciones que estructura en distintos niveles al texto. El visitador dedica sus esfuerzos a refutar las críticas y prejuicios hacia el sector con el que se identifica; por el contrario, serán los otros dos grupos –indios y gauchos– el objeto de *su* crítica, haciendo suyos entonces los prejuicios y la perspectiva del español metropolitano, para articular sobre esta base el discurso reformista.

La descripción como diagnóstico

Una particularidad del texto consiste, pues, en erigirse en contra-discurso destinado a desmentir "opiniones comunes" en Europa; el visitador casi no nombra a los detractores del sistema colonial español, pero es evidente que conoce sus libros o al menos sus comentarios; a esos discursos acusatorios destinará sus refutaciones. Por otra parte, como buen funcionario ilustrado, sabe que un modo eficaz de desautorizar los juicios adversos es contraponerles un amplio conocimiento de la realidad virreinal, que evidencia en las descripciones, breves o dilatadas, acerca de la naturaleza y de los sectores sociales; ellas completan el cuadro de situación que ofrece la visita de las postas y estafetas y posibilitan las propuestas de reformas.

Carrió dedica un segmento de la descripción de Montevideo al rubro del comercio de cueros; la prolija mención de sus usos, los bajos costos y el mal aprovechamiento le permiten evaluar la pérdida en unas 20.000 cabezas de ganado anuales. Este derroche se reitera al describir el modo habitual de alimentación de los gauchos, que matan una res para comer sólo el matambre o la lengua. El cálculo que deriva (200 libras de que comen doscientos "milores" en Londres y 500 consumidas por sólo siete u ocho gauderios) realza el efecto de abundancia desaprovechada en la zona rural y también en la ciudad de Buenos Aires. Otro tanto ocurre con la mención a los peces y las aves de corral, cuyo número y tamaño merecen una anotación cuidadosa. Los buenos pastos, señala más adelante, son propicios para la expansión y cría de ganado en los pagos de Areco y Arrecife; los vinos de Mendoza y el aguardiente sanjuanino proveen a todas las ciudades del Tucumán y se comparan en calidad a los productos españoles. La entrada en esta ciudad da ocasión para observar la actividad de las arañas productoras de seda, que rodean con exquisitos hilos los montes cercanos. La extensa descripción de las carretas le permite nombrar las variedades de madera. La descripción de la feria anual de mulas en Salta es motivo para extenderse en cuestiones de costos, fletes, tipo de invernada y pastos, enfermedades frecuentes de los animales y modo en que se los amansa, derivando de los distintos métodos el temperamento de "tucumanes" e indios. A esta descripción dilatada, el visitador añade la abundancia de miel en la región, lo que le permite efectuar una evaluación general:

> Acaso en todo el mundo no habrá igual territorio más al propósito para producir con abundancia todo cuanto se sembrase. Se han contado hasta doce especies de abejas, que todas producen miel de distinto gusto. La mayor parte de estos útiles animalitos hacen sus casas en los troncos de los árboles, en lo interior de los montes, que son comunes, y regularmente se pierde un árbol cada vez que se recoge miel y cera, porque la buena gente que se aplica a este comercio, por excusar alguna corta prolijidad, hace a boca de hacha unos cortes que aniquilan el árbol. (Carrió: 1973, 246)

Sumada a esta abundancia desaprovechada por la falta de colmenas, "la grana y añil, y la seda de gusano y araña, con otras infinitas producciones", son muestra de las riquezas naturales de la región tucumana. Un aspecto al que presta suma atención es el climático; de él deriva conclusiones –a veces francamente caprichosas– como la mayor o menor longevidad de los habitantes, el color de la tez, la escasa fertilidad de las indígenas, las enfermedades más características de cada zona. La calidad de las aguas es otro motivo de interés; el visitador registra la presencia de aguas termales y de aljibes y canales de desagüe en las ciudades y expone las ventajas de las cisternas. Concluye que la existencia en el Cusco sería intolerable sin los "huatanayes", dada la cantidad de almas de la ciudad y la entrada diaria de bestias e indios, que Lima tiene infinitas acequias mal repartidas y que México las tiene bien distribuidas, pero que la llaneza del terreno obliga a limpiarlas continuamente.

Las descripciones correspondientes al mundo de objetos naturales se articulan en *El Lazarillo* con las dedicadas a los distintos sectores que integran la sociedad colonial. Para Carrió la influencia del medio determina las conductas de los hombres que lo habitan; haciendo gala de una manía clasificatoria, registra los vicios y (escasas) virtudes de los americanos. Acude a la ya clásica división entre bárbaros y civilizados, a la que suma un tercer término: los semibárbaros, y entre españoles americanos y metropolitanos. Sobre este cañamazo teje las imágenes de las castas virreinales. En el extremo más alejado de lo que concibe como cultura ubica a los indios del Chaco y a los pampas; el carácter nómade y los riesgos de un encuentro en despoblado le merecen comentarios que no son sino un conjunto de imágenes consagradas por la mitología blanca:

> Estos indios pampas son sumamente inclinados al execrable pecado nefando. Siempre cargan a las ancas del caballo, cuando no van de pelea, a su concubina o barragán, que es lo más común en ellos, y por esta razón no se aumentan mucho. Son traidores, y aunque diestrísimos a caballo en el manejo de la lanza y bolas, no tienen las correspondientes fuerzas para mantener un dilatado combate. (Carrió: 1973, 152)

Esa especie de horror al vacío que provocaba la inmensidad de las pampas y el peligro constante de los malones son conjurados en el texto mediante la presencia de estereotipos que, en éste como en otros casos en que se refiere a estos indígenas, muestra la intensidad y duración de las representaciones del otro. Un rasgo que se acentúa en *El Lazarillo*, por contraposición con lo que se dice de otras "naciones", es la ausencia de historia respecto de los pampas o los indios del Chaco; ambos grupos parecen suspendidos en una escena en la que el nomadismo imposibilita delinear un territorio y, con ello, una tradición. Respecto de los "indios reducidos", el argumento de partida para anatematizarlos se basa en la sujeción precolonial; Carrió no escatima adjetivos denigrantes en este movimiento inicial:

> Estos señores despóticos tenían a sus vasallos en un continuo movimiento y sujetos a un tributo anual, pero usaron de una estravagante y bárbara máxima de cobrar a ciertas naciones groseras y asquerosas la talla o tributo en piojos, en que verdaderamente aumentaban esta inmunda especie, porque era cosa natural que aquellos vasallos procurasen adelantar la

cría. Si Motezuma y el último Inca mandaran a sus asquerosos vasallos que pagasen por cada piojo que se les encontrase en su cuerpo un guajolote, o cuy, procurarían aumentar esta especie tan útil y sabrosa, y casi aniquilar la asquerosa, impertinente y molesta. (Carrió: 1973, 259)

Apoyándose en el argumento de la "tiranía" (que, por cierto, le servirá para contrastar con las bondades de la conquista española) subraya la "inutilidad" del tributo y su índole repulsiva. La elección semántica, –que habría hecho las delicias de Buffon–, no puede ser más acertada en cuanto a la representación del pasado incaico que se quiere proponer a los lectores. Curiosamente, en un texto en el que se pretende corregir la "opinión común" sobre tantos temas, las zonas destinadas a caracterizar a los indígenas peruanos se atienen con mayor fuerza a los prejuicios de larga data. Más aún, el visitador, en su afán denigratorio, hace caso omiso de ciertas lecturas, como la de Garcilaso Inca, confunde datos o simplemente los tergiversa, como cuando se refiere a la traición de Manco Cápac a Pizarro. Se detiene especialmente en los "errores y abominaciones" del tiempo de los incas, que persisten a pesar de la influencia benéfica de los españoles, y elabora juicios de carácter general sobre los indígenas: "Los indios son de la calidad de los *mulos*, a quienes aniquilan el sumo trabajo y entorpece y casi imposibilita el demasiado descanso. Para que el indio se conserve con algunos bienes es preciso tenerle en continuo movimiento ..." (Carrió: 1973, 363). Tales sentencias, disolventes de diferencias internas y promotoras de un programa de acción por parte de los españoles, se basan en una premisa expuesta de manera contundente: "El que vio un indio se puede hacer juicio que los vio todos". La frase, habilitada por el conocimiento del visitador de ambos virreinatos, señala hasta qué punto la mentalidad colonial ha elaborado un discurso monolítico respecto de los indígenas,[23] y acentuado al mismo tiempo las diferencias sectoriales hasta un grado extremo.[24] La incorporación de negros, mestizos, gau-

---

[23] Juicio igualmente definitivo es el que se vierte sobre los negros: "Nadie puede dudar que los indios son mucho más hábiles que los negros para todas las obras de espíritu" (1973, 370). La comparación, no obstante, no favorece a los indígenas, si se tiene en cuenta que Carrió considera que: "... los indios, según llevo dicho, jamás se aplican voluntariamente a las obras de trabajo corporal, eligen la pintura, la escultura y todo lo que corresponde a pasamanería" (1973, 386).

[24] Discurso que, con escasísimas variantes, habrá de continuar más allá de la ruptura del régimen colonial; de hecho, es posible encontrarlo todavía en textos "indigenistas" del siglo XX. Podría, pues, ubicarse en la segunda mitad del siglo XVIII el momento culminante de fijación de estereotipos acerca del "otro" indígena, precisamente por el carácter de tesis que revisten los argumentos eurocéntricos, convalidados por el discurso de las ciencias naturales en boga en Europa. Así, por ejemplo, en su *Relación abreviada de un viaje hecho por el interior de la América Meridional* (1773), La Condamine (1941, 40-41) afirma: "*Lenguas de América, todas pobres*. Todas las lenguas de la América Meridional de las que tengo alguna noción son muy pobres; muchas son enérgicas y susceptibles de elegancia, singularmente la antigua lengua del Perú; pero a todas

chos y colonos de diversas calidades supone, pues, una mayor exaltación de los rasgos diferenciadores, de la que no se hallan ajenas la mentalidad ilustrada propensa a las clasificaciones, ni la profundización del colonialismo propio del reinado de Carlos III.

Acentuar los rasgos supone, al mismo tiempo, rechazar todo tipo de contacto y de grupo que tienda a diluirlos. En este sentido, ilustrativa del repudio a las "mezclas" es la opinión que al visitador le merecen los mestizos: "Cuidado con mestizos de leche, que son peores que los gitanos, aunque por distinto rumbo", se previene en el "Prólogo" a los caminantes, para posteriormente elaborar una sugestiva comparación: "... un caudaloso río que se hace de dos arroyos grandes, el uno de agua muy cristalina y el otro de agua turbia, de que sale un mixto, como de español e india" (Carrió: 1973, 243). En opinión del visitador, estos "mesticillos contrahechos" suelen confundirse peligrosamente, por su color más claro, con los blancos; también ocurre que los blancos pueden mamar leche de sus amas indias –tal como lo prevenía Lizárraga– y, en este caso, adquirir parte de sus vicios. En síntesis, puede considerarse que la descripción en *El Lazarillo* adquiere la impronta ilustrada de la época:[25] permite redimensionar el espacio de acuerdo a las potencialidades que ofrece la naturaleza, funciona como indicador de diferenciación en el plano social, canaliza las críticas y se carga con valor de juicio; asimismo, constituye un paso previo a la elaboración del discurso reformista proyectado en el texto.

El discurso reformista

El objetivo inmediato de la visita a las estafetas y postas del virreinato es producir una serie de cambios que permitan optimizar las comunicaciones y el comercio. De todo ello da cuenta en su itinerario Alonso Carrió de la Vandera, anotando a su paso las acciones que lleva a cabo como funcionario.[26] Entre las atribuciones que le competen se

---

les faltan vocablos para expresar las ideas abstractas y universales, prueba evidente del poco progreso realizado por el espíritu de estos pueblos". Carilla (en Carrió: 1973, 364, nota 6) cita idéntico juicio de Antonio de Ulloa en sus *Noticias Americanas* (1772): "Visto un indio de cualquier región, se puede decir que se han visto todos ...".

[25] No es casual que en *El Lazarillo* predominen las descripciones referidas, como se ha visto, a la riqueza de cueros, carne, maderas, miel, y que se preste atención a la calidad de las aguas de los ríos o las cisternas y canales urbanos, además de las rutas; esta selección coincide con los aspectos a los cuales la administración absolutista otorgó importancia como factores de progreso económico. (Brading: 1990, 89).

[26] Así, especifica en todos los casos las tasas fijadas: "Don Juan Maurín se obligó a poner un tambo a la entrada del río para proveer de víveres a correos del rey y pasajeros y tener caballos de refresco para vadearle con toda seguridad, y por esta pensión y beneficio le asigné dos pesos más de gratificación por cada tres

cuentan el cambiar de sitio las postas o el remover a los maestros, todo lo cual fundamenta con razones surgidas de la observación de cada situación particular (estado de las cargas de acuerdo a las características del terreno, costos de flete, condición de las mansiones, etc.); de allí que las breves descripciones de los microespacios sirvan para fundamentar las resoluciones tomadas. Tampoco deja de anotar las circunstancias en que acude al consejo de hombres prácticos, con vistas a una optimización del servicio:

> Desde El Cuzco había consultado el visitador al superior gobierno la ruta de los correos por Viña, dirigiendo un *derrotero* que le habían propuesto varios hombres prácticos, de que se dio *traslado* al administrador general de correos, quien puso algunas dificultades, dictadas de sujetos sin formal conocimiento, cuyo expediente pasó a manos del actual señor gobernador Jáuregui para que con asistencia del visitador se formase una junta de prácticos para que se resolviese la ruta más segura y conveniente al Estado. Esta se compuso de viajeros y arrieros. (Carrió: 1973, 419)

El pasaje es particularmente revelador del tipo de acciones que lleva adelante el visitador; en efecto, el mundo desplegado en *El Lazarillo* es el de los caminantes y arrieros, destinatarios privilegiados del texto; como contrapartida, muchos de ellos proveen útiles informaciones que el funcionario aprovecha en orden a las mejoras de las rutas, lo que destaca el carácter pragmático de esta comunicación. En cuanto a los maestros de postas, su nombre y condición se registra siempre, datos éstos que testimonian que el texto se propone, entre otras cosas, como informe destinado a los superiores.[27] Más aún, no deja de registrar los inconvenientes que le ocasionan estos mismos superiores, como ocurre con el administrador general de correos Pando o con otros funcionarios que ponen trabas a sus decisiones en Potosí, donde las diligencias de cierto ministro, "aunque no le abatieron el ánimo, le hicieron desconfiar del buen éxito de su visita". En este sentido, deben considerarse también como emanadas de la esfera de sus actividades las críticas que efectúa a algunos corregidores, provenientes de reclamos que le hacen llegar los arrieros y vecinos en Oruro, lo que permite calificarlos de "locos furiosos"; tal juicio se funda en el relato pormenorizado de los abusos cometidos en el lugar y de la malla de alianzas que los encubre:

> Una queja tan general y tan bien fundada de vecinos y forasteros obligó al visitador a solicitar un vecino honrado que se hiciese cargo de la maestría de postas, para proveer en aquella villa de caballerías de silla y carga a correos de Su Majestad y a pasajeros [...] no pudo hallar sujeto más al propósito que la persona de don Manuel de Campo Verde y Choquetilla, español, y descendiente por línea materna de legítimos caciques [...] pero cuan-

---

caballos, o cuatro para el Rey, y al doble para los particulares ..." (1973, 197).

[27] Se plantea la incógnita respecto de si esas "memorias" a las que refiere el título de *El Lazarillo* existieron y si constituían un informe más escueto. De todas maneras, nuestra única evidencia es el texto tal como nos ha llegado con las informaciones atinentes a sus funciones como visitador, las que, por otra parte, otorgan al texto su carácter de "verdad histórica".

do el visitador esperaba que el corregidor y Cabildo le diese las gracias por tan importante servicio, se halló con la oposición que había hecho el corregidor ... (Carrió: 1973, 301)

El relato de las disidencias que enfrentan al visitador con el cabildo de la ciudad es mostrativo igualmente del carácter de informe puntual del itinerario, sustentado en la mención a las reales ordenanzas. Completan, en fin, las cuestiones atinentes a la visita las propuestas de reformas de aspectos específicamente ligados a las postas y estafetas, como las multas para quienes cubran de frases groseras las paredes de las postas, cocinen en los aposentos o introduzcan en ellos sus cabalgaduras. De esta manera, se advierte que el itinerario se construye según dos planos que operan en simultaneidad. Uno refiere a los caminos y mansiones, con detalle de leguas entre cada paraje y características del tránsito; el otro a la tarea específica de la visita; contiene datos de censos, indica las confirmaciones, designaciones y remociones de maestros de postas. Las breves descripciones permiten fundamentar las razones que llevan al visitador a señalar los sitios más adecuados para un mejor servicio y las reformas efectuadas muestran la voluntad de optimizarlo; los destinatarios de esta información son los funcionarios. La índole particular e inmediata de los datos aportados en este caso es paralela al pragmatismo inherente a los consejos, lo que produce una trabazón temática que dificulta su deslinde. Ahora bien, estas propuestas tan ligadas a su específica tarea de visitador del sistema de postas se abren hacia otros aspectos de la realidad virreinal. Esta nueva instancia abarcadora se construye según una estrategia basada en la inicial presentación del estado en que viven los indios pampas y del Chaco, los colonos semibárbaros o gauderios tucumanos y los indios peruanos, la que se apoya en la premisa de su común *inutilidad para el Estado*; demostrada ésta, avanza hacia las propuestas de reforma radical para cada sector y región.

En la ficción de diálogo entre el visitador y Concolorcorvo, éste le pregunta: "... ¿por qué razón, los españoles, que conquistaron y redujeron a sus costumbres y leyes a siete millones de indios, no pueden reducir y sujetar a los indios del Chaco y de las montañas?" (Carrió: 1973, 378). El interrogante –hábilmente situado en la línea de denostación de los incas– recibe de parte del interlocutor una respuesta destinada a "instruir" a aquellos españoles que piensan que con mil hombres y unos buenos oficiales se puede conquistar tan dilatada frontera. Este método, en opinión del visitador, no es efectivo debido al nomadismo de los pampas y chaqueños. Concluye entonces que no hay otro remedio con los indios bárbaros que el de "la defensiva e irlos estrechando por medio de nuestra multiplicación". Apoya su argumento en la experiencia observada en la zona de Nueva Vizcaya, en la que el establecimiento de una red de presidios permitió que en dos décadas se formasen poblaciones de españoles y mestizos que operaron como una barrera de contención para los indígenas.[28] El visitador informa que el actual gobernador del Tucumán, Gerónimo Matorras, ha prometido a la corte sujetar a los indios del Chaco, ofreciendo poblar cuatro ciudades. Observa como remate: "Extraordinario servicio si pudiera conducir colonos de la Flandes y cantones católicos".[29] Se trata, pues, de una concreta propuesta de *eliminación* de los bárbaros por medio del paulatino estrechamiento de la frontera blanca y de su *sustitución* por colonos europeos.

Algo similar plantea respecto del Tucumán. En efecto, como se ha señalado, este territorio recibe por parte del visitador un tratamiento especial, que deriva de las potencialidades observadas, perdidas por la desidia de sus pobladores. Carrió se explaya sobre dos aspectos que entiende decisivos en la consideración de este espacio: la riqueza de la tierra y la escasez de habitantes. En el segmento en que específicamente desarrolla su propuesta retoma la primera de esas notas, contraponiendo la dieta alimentaria de los campesinos tucumanos y españoles. El modo bárbaro de matar todos los días una res para sustentar un desayuno o una cena sin hora fija, es el absoluto opuesto de lo que ocurre en España, donde una vaca y dos o tres cochinos, más abundantes verduras sirven para alimentar a una familia de siete u ocho miembros. De todo ello carece esta "miserable gente", contentándose con un poco de yerba mate, tabaco, azúcar y aguardiente, no porque la tierra sea estéril, sino por su natural ociosidad: "Estos así están contentos, pero son inútiles al Estado, porque no se aumentan por medio de los casamientos ni tienen otro pie fijo y determinado para formar poblaciones capaces de resistir cualquier invasión de los indios bárbaros" (Carrió: 1973, 257). El problema es complejo, puesto que esos colonos deberían servir de refuerzo a la frontera, lo que no ocurre debido a lo precario de su existencia y a la tendencia a desplazarse; la primera medida a tomar, pues, refiere a este punto:

> Para la reducción de éstos no hay otro arbitrio que el de que se multipliquen nuestras poblaciones por medio de los casamientos, sujetando a los vagantes a territorios estrechos y sólo capaces de mantenerlos con abundancia, con los correspondientes ganados, obligando a los hacendados de dilatado territorio a que admitan colonos perpetuos hasta cierto número, con una corta pensión los primeros diez años, y que en lo sucesivo paguen alguna cosa más, con proporción a los intereses que reportaren de la calidad de las tierras y más o menos industria ... (Carrió: 1973, 257-58)

---

[28] La presentación del método utilizado en la Nueva España para aislar a los "bárbaros" es acompañada del caso del cántabro Berroterán, que aterrorizaba con sus matanzas de indios. El cuento, así inserto en este segmento, tiene por función decir lo que Carrió no dice expresamente, esto es, que la única solución es exterminarlos (1973, 380-81).

[29] La propuesta, en este caso, es seguida del "problema propuesto a los sabios de Lima": si el español que disparó al indio del Chaco cuando éste "le dijo con serenidad: 'español, haz tun'" había actuado por valor o cobardía. Como en el cuento de Berroterán, lo que aquí se sugiere es la eliminación violenta del otro "bárbaro" (1973, 176-77).

Se espera así eliminar al gaucho itinerante, no sujeto a una tarea determinada, dando lugar a la creación de poblaciones estables mediante el sistema de arriendo de parcelas, que a su vez posibilitaría un trabajo de explotación efectivo de la tierra, sustento de la auténtica riqueza según los fisiócratas de la época. Se trata de una reforma de alcance acotado a un grupo que aún permanece en estado de semibarbarie y al que, en consecuencia, hay que sujetar al poder de la capa dirigente. La segunda cuestión, referida a la escasez de habitantes, también será objeto de una propuesta. El visitante parte de una evaluación de los cálculos efectuados, señalando:

> ... la falta mayor es la de colonos, porque una provincia tan dilatada y fértil apenas tiene cien mil habitantes, según el cómputo de los que más se extienden [...] Cien mil habitantes en tierras fértiles componen veinte mil vecinos de a cinco personas, de que se podían formar 200 pueblos numerosos de a cien vecinos, con 500 almas cada uno, y en pocos años se podrían formar multitud de pueblos cercanos a los caudalosos ríos que hay desde el Carcarañar hasta Jujuy. (Carrió: 1973, 253)

Contempla, de este modo, una redistribución de los habitantes en el espacio tucumano, con vistas a un poblamiento uniforme, estable y en crecimiento; entiende que esto es posible en virtud de las riquezas naturales de la región: el agua abundante y la madera permitirían la confección de norias, los cueros serían empleados en sogas y cubos, y la infinidad de ganado ayudaría a la saca de aguas. El proyecto no se limita a un redimensionamiento espacial, sino que se hace extensivo a la inmigración, paso esencial para modificar las costumbres de los colonos. Opina, así, que:

> Si la centésima parte de los pequeños y míseros labradores que hay en España, Portugal y Francia, tuvieran perfecto conocimiento de este país, abandonarían el suyo y se trasladarían a él: el cántabro español, de buena gana; el lusitano, en *boahora*, y el francés *très volontiers*, con tal que el Gran Carlos, nuestro Monarca, les costeara el viaje con los instrumentos de la labor del campo y se les diera por cuenta de su real erario una ayuda de costas, que sería muy corta, para comprar cada familia dos yuntas de bueyes, un par de vacas y dos jumentos, señalándoles tierras para la labranza y pastos de ganados bajo de unos límites estrechos y proporcionados a su familia, para que se trabajasen bien ... (Carrió: 1973, 254)

Se trata, entonces, de un plan de reformas perfectamente articulado que proyecta un territorio posible y propone una sociedad futura para el extenso espacio tucumano. Es este discurso prospectivo, caracterizado por el uso del condicional, el que lleva a su punto culminante el pensamiento reformista colonial. Carrió de la Vandera no se limita a mostrar los "vicios" de los grupos que habitan este espacio; propone su eliminación –en el caso de los indios "bárbaros"– y la sustitución del gaucho o colono semibárbaro por medio de la inmigración europea. Casamientos, poblaciones estables, crecimiento del número de habitantes, obras hidráulicas son algunas de las medidas contempladas para la mejora del Estado. Interesa señalar que *El Lazarillo* no solamente muestra una notable diferencia con los relatos de viaje anteriores, respecto de los cuales ofrece la novedad de una propuesta de reforma, sino que además es un ejemplo de la persistencia de trazas ideológicas, cuya continuidad –en lo que refiere a la percepción del espacio que poco después será el virreinato del Río de la Plata– es de larga duración. Así, las representaciones del territorio y de los tipos humanos que se proponen en este texto, así como las propuestas de él emanadas, reaparecen casi un siglo más tarde en las conocidas tesis de Sarmiento y Alberdi, se refuerzan con el discurso científico positivista y confluyen en el proyecto de nación argentina que efectiviza la generación de 1880.[30]

De otro tenor, e indicativas de la diferente percepción respecto del ámbito peruano, son las reformas que propone para la población indígena. Carrió, como se ha visto, profesa un rechazo acendrado a las "mezclas", a las que considera una de las causas de la disminución de los "indios netos"; su sociedad ideal debería ser aquélla que mantuviese intactas las diferencias raciales y que diese lugar al aumento poblacional de cada casta.[31]

---

[30] Las ideas expuestas por Carrió de la Vandera reaparecen en un texto fundamental para el proyecto de país imaginado por Juan Bautista Alberdi en sus *Bases y puntos de partida para la organización de la República Argentina* (1852). Entre otras afirmaciones tendientes a fomentar la inmigración europea, como único medio para eliminar la barbarie vigente en la Argentina mediterránea, leemos: "Hoy mismo, bajo la independencia, el indígena no figura ni compone mundo en nuestra sociedad política y civil. Nosotros, los que nos llamamos americanos, no somos otra cosa que europeos nacidos en América. Cráneo, sangre, color, todo es de fuerza. El indígena nos hace justicia; nos llama *españoles* hasta el día. No conozco persona distinguida de nuestras sociedades que lleve apellido *pehuenche* o *araucano* [...].

"Haced pasar el *roto*, el *gaucho*, el *cholo*, unidad elemental de nuestras masas populares, por todas las transformaciones del mejor sistema de instrucción; en cien años no haréis de él un obrero inglés, que trabaja, consume, vive digna y confortablemente. Poned el millón de habitantes, que forma la población media de estas repúblicas, en el mejor pie de educación posible, tan instruido como el cantón de Ginebra, en Suiza, como la más culta provincia de Francia; ¿tendréis con eso un grande y floreciente estado? Ciertamente que no; un millón de hombres en territorio cómodo para cincuenta millones, ¿es otra cosa que una miserable población?" (Alberdi en Rotker: 1994, II, 66-74).

[31] Una vez más, será un "cuento" el que canalizará, en clave satírica, la percepción del visitante respecto de cada grupo. El que cierra el extenso segmento dedicado a los "vicios" de los indios e inicia la propuesta de reforma del sector es expresión de cómo opera la sociedad colonizadora en el mantenimiento y acentuación de las diferencias entre los grupos colonizados: "Voy a concluir este puntito para probar la exactitud de los indios. Mandó un corregidor a estos ministriles que pegasen cien azotes a un esclavo suyo, negro. Lo amarraron fuertemente en la picota, y después de haberle arrimado más de ochenta azotes se suscitó la duda sobre si le habían arrimado ochenta y cinco u ochenta y seis. El negro afirmaba con juramento que había contado ochenta y seis. Los indios fueron de parecer que sólo habían arrimado ochenta y cinco, y para descargo de sus conciencias volvieron a contar de nuevo". El cuento, que finaliza con renova-

Sin embargo, considera que la preservación de las lenguas amerindias es nociva para la religión y el Estado:

> El perjuicio que se sigue en lo político, es de mucha consideración, porque por medio de los cantares y cuentos conservan muchas idolatrías y fantásticas grandezas de sus antepasados, de que resulta aborrecer a los españoles, mirándolos como a unos tiranos y única causa de sus miserias [...] Por estas razones, y otras muchas [...] se debía poner el mayor conato para que olvidasen enteramente su idioma natural. (Carrió: 1973, 369)

El visitador tiene en claro que la aculturación de la lengua es el medio más eficaz para impedir que los indígenas conserven las tradiciones y costumbres que les son propias; elabora de este modo una política de homogeneización lingüística, que condice con las diferencias sociales por otra parte exaltadas. Su propuesta se encamina a dar forma definitiva, entonces, a la colonización del otro, que entiende deberá estar a cargo de los curas y corregidores. De este modo, Alonso Carrió de la Vandera completa su programa de reformas para la modernización del virreinato del Perú. Apoyándose en su experiencia como comerciante, corregidor y visitador de correos, elabora un plan perfectamente estructurado para cada uno de los espacios recorridos: reformas en el sistema de fletes y comunicaciones para optimizar el comercio, propuestas de refuerzo de la línea de presidios para eliminar a los grupos pampas y del Chaco, junto a una decidida política de inmigración de colonos europeos y, en fin, una política de la lengua destinada a generalizar el uso del español,[32] constituyen las grandes líneas sustentadoras de una reforma que proyecta una sociedad futura y un territorio posible. Es, pues, la fuerte presencia de este discurso la que otorga a *El Lazarillo* una vigencia que supera el momento específico de su producción.

La provincia imaginaria

En su artículo "Concolorcorvo reformador", Gregorio Caro Figueroa ha llamado la atención acerca de que los estudios dedicados al autor de *El Lazarillo* hayan ignorado la existencia de otro texto, la *Reforma del*

---

dos azotes en pos de la exactitud numérica, prueba la "gran caridad" de los indios hacia los negros. Como se advierte, el visitador estimula la distancia entre las castas, como parte de una secular práctica colonialista (1973, 367).

[32] La propuesta se inscribe en el marco ideológico del despotismo ilustrado. Jesús Bustamante (1992, 53) indica que, en 1770, Carlos III expidió una cédula real para incentivar la extinción de los diferentes idiomas hablados en sus dominios de América y Filipinas y su suplantación por el castellano. La medida, por fortuna, no tuvo más éxito que las que se venían formulando desde el siglo XVI, con lenguaje y formas más tolerantes aunque con el mismo espíritu; se consiguió, no obstante, acabar con la literatura impresa en las lenguas generales.

Perú,[33] que Carrió escribió y firmó el 30 de julio de 1782, poco antes de morir. Señala Pablo Macera, en el prólogo a su edición de 1966, que el manuscrito carece de título; Vargas Ugarte lo denominó en su momento *Plan para una Reforma Económica del Perú*. Macera, en cambio, prefiere una denominación menos acotada a lo económico, opción que comparto y que estaría en consonancia con las nominaciones presentes en el texto: "Plan" y "Plan de Gobierno". El hecho de que Carrió de la Vandera dedicase sus afanes a la elaboración de este escrito, retirado ya de toda función burocrática, evidencia a las claras la persistencia de un discurso que, entrecruzado con otros aspectos, atraviesa *El Lazarillo* y es retomado posteriormente en un texto que, tanto Macera como Caro Figueroa, consideran de carácter *proyectista-arbitrista*. Por ello, un cotejo –si bien somero– entre ambos textos posibilita rastrear la insistencia sobre las reformas planteadas en el itinerario, así como las notables variantes que ofrece en orden a una "República que se va a formar de nuevo". Entre ambos textos media no solamente una decena de años, sino además un acontecimiento de importancia radical en el área peruana: la rebelión de José Gabriel Condorcanqui, Túpac Amaru II, que conmovió los cimientos ideológicos y sociales de la situación colonial vigente e influyó de manera decisiva en las propuestas de reformas elaboradas por la elite criolla. Pablo Macera (en Carrió: 1966, 16) observa que la impronta de la sublevación tupacamarista exacerbó el desarrollo de dos nacionalismos, el indígena –iletrado, campesino, de contenido mesiánico y propósito revolucionario– y el criollo urbano, comprometido con el régimen colonial, pero temeroso a la vez de la reacción de la gran mayoría indígena ante los abusos de ese régimen, que también perjudicaba sus intereses. Este criollismo, que no era revolucionario sino reformista, se expresará en una "ideología de la crisis". Se trataba, por lo tanto, de producir algunas modificaciones en el sistema, no de eliminarlo, de señalar los abusos para que fueran corregidos por quienes los fomentaban. En esa instancia de crisis, la élite criolla cerró filas reafirmando los lazos de lealtad al rey. En efecto, Carrió de la Vandera insiste en que su plan es "útil al rey, al reino y a cada provincia en particular". La figura del soberano, verdadero Padre y César al que hay que darle lo que le pertenece, se proyecta en escala descendente hacia sus funcionarios: el Intendente será, entonces, "como un buen padre de familia" velando por los intereses de los súbditos:

---

[33] "No deja de llamar la atención que aun en la muy cuidada y erudita edición en castellano del *Lazarillo...* publicada en 1973 por Labor en Barcelona, bajo los cuidados y la autoridad de Emilio Carilla, no se mencione ni entre las obras menores aquellos apuntes que Carrió dictó en una vejez ya sin bríos literarios, pocos meses antes de morir [...] Pese a su prolija reconstrucción bio-bibliográfica, Carilla pasa por alto la *Reforma del Perú*, texto encontrado en Lima en el archivo de la familia Moreyra y del que dio cuenta ya en 1947 el padre Ramón Vargas Ugarte en el tomo quinto de su obra *Manuscritos peruanos en las bibliotecas y archivos de Europa y América* [...] Tampoco lo hacen José Real Díaz (1956) y Marcel Bataillon (1960)" (Caro Figueroa: 1996, 86).

Principios del Plan.– Ya es tiempo de proponer mi Sistema. Es sencillo, pero no me atrevo a asegurar que es el único medio que se debe elegir, porque pueden otros muchos discurrir con más acierto porque sólo deseo servir al Rey y al Público. Doy principio por el Cuzco porque es la última Ciudad de este Virreynato o la primera que encuentran los porteños y provincianos súbditos del Virreinato de Buenos Aires. Diez Provincias están sujetas en lo espiritual y temporal a esta Ciudad y su Casco que puede contarse por otra con respecto a su comercio. Estas once Provincias son tan desiguales en Gente y producciones que no admiten comparación, y así he resuelto formar una imaginaria que sirva de norma para que se arreglen las demás sin tropiezo alguno. (Carrió: 1966, 33)[34]

En el plan se conjugan el análisis de la realidad concreta, rasgo característico de la mentalidad del ex funcionario, con un marcado idealismo, propio de los arbitristas, canalizado en el proyecto de una provincia imaginaria. La circunscripción provincial, que obrará de "modelo" a reproducirse en las distintas regiones, se conforma como una estructura fija que deberá contar con una población de cuatro mil hombres útiles, divididos en dos mil "españoles originarios" y dos mil "españoles naturales". Su principal jefe tendrá el título de Intendente de Provincia o de República,[35] la que estará compuesta por treinta pueblos y diez doctrinas o curatos. Serán gobernados por una burocracia mixta de doscientos cincuenta y tres funcionarios, desde el Intendente hasta los maestros de escuela, quienes percibirán en concepto de sueldo un total de 30.000 pesos anuales.[36] La exactitud de los cálculos incluye un catastro o impuesto único para cada sector, los ingresos que per-

---

[34] Nótese que el vocablo "público" posee en este contexto un sentido diferente al que se le ha otorgado en el análisis de la constitución de un público "lector" en *El Lazarillo*. En el plan de reformas, se toma por "el común del Pueblo ó Ciudad", como lo registra *Autoridades*.

[35] Señala Haring (1990, 98-99): "Pieza central de la revolución en el gobierno fue la introducción de los intendentes, funcionarios que encarnaban todas las ambiciones intervencionistas y ejecutivas del estado borbónico [...] En 1768, José de Gálvez, con la colaboración del virrey Croix de Nueva España, presentó una propuesta para la total supresión de los alcaldes mayores como de los repartimientos y su sustitución por intendentes. Su argumento era que los magistrados de distrito oprimían a los indios y defraudaban a la corona el dinero de los tributos. La premisa implícita en esta propuesta, que se elaboró en un debate posterior, era que si los indios se veían libres del monopolio forzoso de los alcaldes mayores y los corregidores entrarían libremente en el mercado como productores y trabajadores. Sus opositores, sin embargo, sostenían que sin "repartimientos de comercio" los indios volverían a una economía de subsistencia o, simplemente, incumplirían cualquier obligación de crédito". Carrió es partidario de una solución alternativa: crear el cargo de Intendente, pero no eliminar los repartimientos.

[36] En el marco de estas rígidas demarcaciones, distingue entre aquellos pueblos de cien familias, compuestos por criadores, labradores y algunos artesanos, y las grandes poblaciones, que sólo deben componerse de ministros de justicia, mayorazgos y artesanos. Como se ve, rasgos de la mentalidad toledana perviven en este plan de reformas.

cibirá la Provincia y las ganancias para la corona. La nueva propuesta tiende a la intensificación de la agricultura, para lo cual se dotará de herramientas a los indígenas, se mejorará el sistema de fletes y costos y se incrementará el comercio interior de las provincias, aspecto éste último al que considera el origen de las riquezas del reino: "Fuera un proceder infinito referir las ventajas que emanan al reino de estos mercados continuos. Ellos destierran la ociosidad, promueven la abundancia y adelantan infinito las Artes haciendo una sorda guerra a los enemigos del estado con utilidad de nuestro monarca" (Carrió: 1966, 82). Avanza un paso más en el señalamiento de estos enemigos, que no serán ya solamente la avaricia, la corrupción o la indolencia de los naturales, sino Inglaterra en su decidida búsqueda de mercados consumidores en América: "Adelantándonos en nuestras manufacturas haremos un gran servicio al Estado y una guerra política y vigorosa a la Inglaterra desterrando de estos países sus paños y bayetas con cuyo producto nos están haciendo la Guerra" (Carrió: 1966, 86). Se evidencia aquí una clara conciencia del avance del colonialismo británico, cuestión ya presente en *El Lazarillo*, en el segmento en que se proclamaban las bondades de la colonización española frente al sistema de factorías implementado por otras naciones europeas colonialistas. Siempre buscando mostrar las ventajas del comercio interior, defiende los repartimientos –suprimidos por Real Cédula del 12 de julio de 1781, refrendada en las "Instrucciones a Intendentes" de 1782– por entender que constituyen el modo más efectivo de comercializar mercaderías realmente necesarias para los indígenas. En este sentido, particular relevancia adquiere el rol que cumplen los comerciantes,[37] así como la defensa de su ingreso a la burocracia de gobierno, con lo que se propone modificar su posición en la jerarquía social. De este modo, todos los aspectos atinentes a la nueva organización se contemplan en la *Reforma del Perú*, en un alarde de prolijidad que no obvia los modelos de cartas que el Intendente deberá dirigir a cada sector de sus gobernados. En suma, Carrió profundiza algunas líneas planteadas en *El Lazarillo*, como la que proponía la formación de pueblos de cien habitantes para los territorios menos poblados, o las referidas a la optimización de las vías de comunicación y comercio. De otro lado, la provincia imaginaria constituye una proyección de su anterior propuesta de redimensionamiento territorial, expuesta a la luz del ahora vigente sistema de Inten-

---

[37] "El Mostrador de un comerciante es el taller donde se fabrica la prudencia, la templanza, el agrado con buenos y malos y la paciencia con todos. Como Depositarios y Administradores de los caudales del Público saben los fondos de cada familia y los gastos que cada una hace. Por la exactitud en las pagas o lentitud comprenden el carácter y progresos que hace el menudo comercio. Saben con puntualidad la sustancia del Comercio interior de todo el reino, y qué efectos son los más gastables en cada ciudad y pueblos de su jurisdicción. Tienen un conocimiento perfecto de los sugetos más cabales que residen en las poblaciones ..." (1966, 32).

dencias, y completada mediante un minucioso recuento de funciones, remuneraciones e impuestos para cada sector.[38]

Una modificación –aparentemente sustancial– es la que se produce respecto de la consideración de los grupos sociales que conformarán esa república nuevamente fundada después de las sublevaciones andinas. En este punto, el discurso de Carrió de la Vandera se caracteriza por un acentuado nominalismo, con el que intenta llevar adelante su propósito de unificar las naciones.[39] Observa, en primer lugar, que los caciques han sido nefastos desde el descubrimiento, pues no solamente expoliaron a los indígenas al mantener el antiguo régimen de opresión del incario, sino que los han mantenido en la ignorancia de su verdadero rey. Por esta razón propone que "se borre enteramente el título de cacique" y, con ello, su prestigio como factor de disociación.[40] Deja, pues, traslucir en sus palabras el temor de los criollos respecto del poder que concentraban los caciques y de su influencia sobre la masa indígena, especialmente en la zona de andina de mayor conflicto. Para fortalecer las alianzas intergrupales propone nuevas designaciones: *españoles originarios* y *españoles naturales*:

> Así mismo se publicará la intención de su Majestad que manda que todos aquellos que tuviesen parentesco con los españoles que antes se decían mestizos sean nombrados españoles en lo sucesivo [...] y que así mismo no se llamen indios los que hasta aquí se nombraban tales sino que se digan españoles naturales ... (Carrió: 1966, 73)

Se hace cargo, al proponer el reforzamiento del pacto colonial, de la inquina que los mestizos abrigaban hacia los criollos y del peligro que ese resentimiento entrañaba, de continuar acentuándose las barreras jerárquicas; por ello insiste:

> Ya llevo dicho que los mestizos deben reputarse como españoles y hacer con ellos un solo cuerpo y gozar de los mismos privilegios. Garcilaso no se desdeñó en su Historia del Perú llamarse mestizo y hacer un apostrofe a sus paisanos mestizos [...] y finalmente desengañémonos y confesemos que no hay mestizos o que todos lo somos. (Carrió: 1966, 60)

Curiosa asunción de una solidaridad grupal, si se tienen en cuenta los vituperios lanzados hacia los "mesticillos contrahechos" en *El La-*

---

[38] Habría que considerar además, como una de las líneas recurrentes, la crítica a los gastos excesivos en el ornato de las iglesias y aun la abundancia innecesaria de templos, tal como ejemplifica con la hacienda jesuítica de Juli. No obstante su participación en la ideología del regalismo, Carrió no es excesivamente crítico respecto de los jesuitas, ni en la *Reforma* ni en *El Lazarillo*.

[39] El sentido de "nación" es el de raza o casta (Monguió: 1978, 451-70).

[40] Sin embargo, no desconoce la reacción que provocaría la pérdida de las tierras de estos señores étnicos; por ello, aclara: "Aunque he dicho se borre enteramente el título de cacique no se debe entender se les prive de aquellas tierras que el rey les concedió para mantenerse con la decencia correspondiente; de las cuales tierras presentarán sus títulos y se medirán por peritos ..." (1966, 51).

zarillo, y si además se considera que nuestro funcionario, a pesar de invocar a Garcilaso en ese texto, tergiversaba su lectura.[41] Se trata evidentemente, de una estrategia de acercamiento hacia este grupo en busca de alianzas para enfrentar otro enemigo, más poderoso aún, al que no deja de apuntar:

> Todas estas razones y otras que omito me obligan a persuadir a los que trataban antes de mestizos por vituperio desde hoy los admitan los españoles como iguales y que alternen con ellos sin fastidio, para que así unidos y en buena armonía podamos rechazar y aún subordinar al numeroso populacho de que estamos por necesidad rodeados. (Carrió: 1966, 60)

Pero, ¿cuál era ese "populacho" al que hace referencia? Acerca de esta cuestión deben recordarse sus anteriores opiniones adversas hacia las "mezclas", a las que inevitablemente conducía el comportamiento descuidado y la ostentación de lujo de los limeños. Carrió los censuraba por albergar en sus casas multitud de sirvientes, quienes, a poco andar, se mimetizaban con sus amos y adquirían sus costumbres; en una palabra, se "desindianizaban". Imitando a los españoles europeos y americanos, se negaban a empuñar el arado, se entregaban a una vida disoluta o se dedicaban "imperfectamente" al oficio de pintores o escultores, convirtiéndose en "gente perdida para Dios, para el Rey y para el Estado". La crítica se focaliza –como en *El Lazarillo*– en Lima, meta de llegada de "millares de chinos vagantes". La mordacidad de sus palabras respecto de esta cuestión es sintomática de la inquietud de los criollos ante el asedio de la ciudad-bastión de los privilegios blancos:

> Sin embargo que en Lima se hace el mayor servicio por negros, zambos y mulatos de ambos sexos, rara casa hay que no tenga un cholo o chola [...] Llega una chola serrana con su pelo y su lana: esto es con sus piojos y andrajos a la casa de una señora quien al instante la hace peinar, lavar y

---

[41] En esta "apropiación" de la figura de Garcilaso de la Vega por parte de un representante de la elite ilustrada, pueden verse las huellas de lo que Cornejo Polar (1994, 101-102) denominó "las figuraciones sociales del Inca". Señala: "... es bueno recordar que las imágenes con que cada sujeto social figura la comunidad a la que pertenece están hechas de materiales de índole varia y muy dispersa, destacando, entre ellos, ciertos personajes paradigmáticos cuya memoria –que tiene rango de culto punto menos de sagrado– funciona como símbolo y como argumento validadores, a veces eficacísimos, de esa imagen de comunidad, sobre todo si se trata de comunidades nacionales. Uno de ellos, y no solamente para el Perú sino para todo el mundo andino e inclusive para la 'América mestiza', es Garcilaso [...] Aunque se conocen sus contratiempos con las censuras de entonces, religiosas e imperiales, y algo de su influencia –en grado diverso– en determinados momentos claves de su historia: en el 'nacionalismo inca' del siglo XVIII, en la gran revolución de Túpac Amaru, e inclusive durante los años de la emancipación, todavía queda mucho por precisar en lo que toca a los modos y a la intensidad de su inserción y reelaboración en la conciencia andina. En todo caso, en los momentos referidos, es claro que las obras de Garcilaso alentaron el ánimo reivindicativo y hasta subversivo de indios, mestizos y criollos ...".

vestir por lo pronto con algunos desechos de otra criada y a pocos días le ajusta a su talle nuevos vestidos, la manda a poner su camita y la calza de suerte que la que entró dos días antes dominquejo para espantar gorriones ya se presenta en el estrado y asiste a la mesa en calidad de sirvienta y como [sic] su ración al igual de las otras. Con este trato sueltan la costra, pelechan y se ponen lustrosas de modo que ya ellas mismas no se reconocen. (Carrió: 1966, 52)

Interesa señalar cómo –desde la mentalidad profundamente colonialista de Carrió– se expresa el fenómeno de la migración del campo a la ciudad, que no puede ver de otro modo que como *un mundo al revés*. Lo que el ex-funcionario no puede soportar es, precisamente, ese "desorden plebeyo", ese dinamismo que la ciudad presenta con la intromisión del cholo serrano; aquello que en el texto se releva como un caso de mimetización con el blanco deja entrever la existencia de interacciones que socavan los interdictos de la ciudad blanca, introduciendo nuevos rasgos culturales en ella. En esa "demonización" del migrante andino que produce un discurso ponderativo del rey y del estado, se advierte –tempranamente– un modo de expresión de las diferentes crisis de lo que Raúl Bueno (1998, 255-56) ha denominado *modelo radial de cultura* proyectado desde la ciudad, al que ofrece resistencia el sujeto migrante, en tanto factor de tendencias heterogeneizantes y desestabilizadoras de la homogeneidad impuesta por el orden urbano. Esa irrupción de la periferia en el centro planteaba para el sector criollo ilustrado una dramática alternativa, que enlazaba no solamente con factores culturales sino también económicos. En efecto, Carrió de la Vandera interpretará esa situación, por una parte, en términos de desorden moral, y por otra, de disminución de una población indígena a la que el despojo de sus tierras empujaba a la urbe. Pretende, pues, que se subsane esta situación, ya que el indígena representa la fuerza de trabajo necesaria para la riqueza agrícola: "... de este abuso resulta la sensible pérdida de infinitos indios que por falta de territorio que cultivar se pasan a las ciudades a donde viven los más sin policia ni religión como los mendigos que duermen a donde les coje la noche sin reconocer párroco y puede llegar el caso que no tengamos quienes cultiven las tierras" (1966, 51).

Lo que Carrió avizora como una amenaza para este "nosotros" urbano y letrado se completa con una propuesta ya delineada en *El Lazarillo* respecto de la política de la lengua. Considera fundamental eliminar el bilingüismo, al que entiende como factor de disociación entre los grupos, e imponer como única lengua el castellano. Esta propuesta se inscribe, por cierto, en la línea de la tendencia homogeneizadora que irradia la elite criolla:

> ... y siendo uno de los objetos principales de mi Plan el que se olviden los naturales de su idioma, procurarán los Tenientes y demás jueces, como así los soldados, de no hablarles en ella sino en caso de mucha necesidad. No desconfío que hablen el castellano brevemente los naturales porque todos lo entienden (a excepción de tal cual rústico pastor) y el interés de llegar a

ser alcaldes con 100 pesos de sueldo y regidores con 50 y ambos con sus tierras laboreadas a poca costa les hará hacer muy rápidos progresos en la lengua castellana, solecismo más o menos. (Carrió: 1966, 91)

A la luz de esta propuesta, se comprende ahora por qué en esa ficción de diálogo entre el visitador y Concolorcorvo inserta en el segmento dedicado a proponer el uso general del castellano, aquél le corregía el habla, lo designaba como "español serrano" y le recordaba que siempre había servido a españoles europeos y leído libros en castellano; se advierte que ya Carrió reflexionaba acerca de las nuevas denominaciones grupales y, en ese sentido, la figura del amanuense vendría a convertirse en un *modelo* de la aculturación imaginada, vicios idiomáticos más o menos. La relación de jerarquía establecida entre el visitador y su amanuense en *El Lazarillo*, muestra que el pensamiento de Carrió se despliega siempre en los marcos de una reforma que busca atenuar abusos sin modificar el status social de los indígenas. Se trata, por ello, de un simple cambio de denominaciones que no alcanza a transformar la opinión peyorativa que se tiene acerca del indígena y del quechua.[42]

Es, pues, la propia desidia de los naturales, su falta de reflexión y de caridad,[43] el terreno que abona las sublevaciones de "caciques aleves y traidores al rey". Carrió hace un recuento de los levantamientos en Paucarcolla, en Tinta y Quispicanchis, mostrando el sombrío panorama que se cierne sobre los criollos si las rebeliones "no se atajan en la cuna"; critica el comportamiento de los curas, demasiado ocupados en enjoyar sus altares y obtener capellanías, censura a los corregidores blandos y, en fin, al conjunto de la sociedad colonizadora que no ejerce a fondo su función dirigente.

De este modo, el rápido cotejo entre *El Lazarillo* y la *Reforma del Perú* permite concluir que, salvo la propuesta de modificación de las designaciones grupales, el resto de las reformas constituyen una reiteración de las ya esbozadas en el itinerario, lo que evidencia la relevancia que tales cuestiones adquirían en aquel texto. Con ello se corrobora el carácter de *El Lazarillo* de informe escrito por un funcionario reformista, aun cuando tal carácter sea ampliamente superado por la presencia de otros componentes que otorgan al texto un alto grado de literariedad. Así, por ejemplo, la constitución de una imagen amplia de

---

[42] Al respecto, señala en un pasaje de su Plan: "lo que ellos charlan en un cuarto de hora lo traduce el intérprete en un minuto", observación que, remitida a la escena de la "traducción" evocada por Parras, muestra la persistencia de las representaciones del "otro" a lo largo del tiempo.

[43] Así como en *El Lazarillo* el caso del negro que recibe los cien azotes de manos de los indios funciona como ejemplo de la falta de caridad de éstos, en el Plan se dice que "... en tropas grandes tienen mucha similitud con los galgos, que cada uno de por sí no se atreve a acometer una zorra y unidos destrozan a un león" (Carrió: 1966, 98).

"público" en la que diferentes destinatarios son convocados o la ficcionalización del plano de la autoría indican que, en este momento, la función *literaria* aparece como un emergente de lo *útil* y *entretenido*.

– CAPITULO VII –

EL DISCURSO COLONIALISTA DE LOS CAMINANTES

Conclusiones

¿Qué caminos se han seguido para construir este relato en el que algunos individuos, rescatados del *ancho tragadero del olvido* en virtud de sus escritos, dieron forma a paisajes y ciudades, a imágenes de sí mismos y de los otros a lo largo de los siglos XVII y XVIII? Es éste un relato que no pudo contarse sin acudir a determinadas condiciones que hicieron posible la existencia de aquellos escritos, sin referir a la intrincada malla de un poder –el que sostiene el orden colonial– pues es él, en definitiva, el que habilita y origina las palabras que lo dicen, lo reproducen, le otorgan existencia.

El primer recorrido se abrió con un interrogante: ¿qué tipo de fenómeno se estaba produciendo en el orden escriturario a partir de la tercera década del siglo XVI en los círculos metropolitanos de gobierno, que incidía de tal manera en los discursos referidos a *las cosas de Indias*? Tal interrogante surgió de la constatación de la existencia de una mirada descriptora común a varias prácticas discursivas, entre ellas la que la crítica literaria y la historiografía denominan "literatura de viajes". Esa mirada se enmarca o, mejor aún, se conforma y adquiere el estatuto de "modelo" en la confluencia de prácticas jurídico-administrativas con prácticas relatorias, descriptivas y de visitas propias del régimen colonial. Supuesto el fondo de la Historia Moral y la Historia Natural como horizonte de inteligibilidad de la época, se constituye un paradigma que regla la manera de clasificar y ordenar los objetos y seres del mundo indiano, en función de "la buena expedición de los negocios", como habrá de observar en 1608 el conde de Lemos, por entonces presidente del Consejo de Indias. Este modelo descriptivo impregna el *territorio* construido en los escritos y mapas de los siglos XVI a XVIII: las "provincias", los espacios urbanos y rurales, los pueblos de españoles y de indios, las líneas divisorias de tierras (el istmo de Panamá, la cadena andina). El territorio se coloniza, entonces, por la doble vía de la ocupación efectiva y de la escritura, instancia ésta de confluencia de nociones cosmológicas, geográficas, filosóficas y religiosas en las que se apoya el discurso colonizador para "naturalizar" –con fuertes tintes providencialistas– el nuevo diseño de tierras. Se establecen también en este momento los componentes de la situación comunicativa que será característica del tipo textual de las Relaciones: un *mandato de escritura*, un circuito de delegación de la palabra. Esta obligatoriedad de informar cabe a todos los súbditos de la corona que "estuvieren, residieren o anduvieren" en las Indias, pertenecientes al orden temporal o espiritual. Se expresa allí una voluntad imperial de representación, que cobija el decir de quienes son habilitados para hacer Relaciones "ciertas y verdaderas" dentro de los límites regulados por las disposiciones. Las Relaciones Geográficas, una de las prácticas generadas a partir del mandato de escritura, constituyen la instancia privilegiada de consolidación del modelo descriptivo. Enviadas al Consejo de Indias en prueba del cumplimiento del mandato de informar, contribuyen a plasmar *una* representación de las Indias pre-figurada en los capítulos de los sucesivos cuestionarios.

La siguiente instancia tiene lugar cuando la institución recoge, ordena, clasifica esa masa documentaria y la presenta bajo la forma de compendios y tratados "universales", operación que se produce en los textos generados desde el centro de la expansión imperial. La *Geografía y Descripción Universal de las Indias* es el ejemplo paradigmático de "naturalización" de un modo de concebir el territorio colonial y los grupos que lo habitan. Las condiciones que tornan central este texto, en orden a la institucionalización de un saber acerca de las Indias, son varias: un nombre –Juan López de Velasco– legitimado por un organismo estrechamente ligado a la corona; un cargo –cosmógrafo y cronista– al que las ordenanzas le han otorgado el atributo de un saber general, lo que torna innecesario cualquier otro mecanismo de certificación de la "verdad" de su decir. Los procedimientos más relevantes del texto consisten en la reducción de lo múltiple (las Relaciones) a lo uno: el "compendio", la uniformidad del estilo, la conversión en discurso científico de los saberes parciales y ajenos y la aparición de la figura del relator particular. Todo ello ocurre en la dimensión del *libro,* que adquiere el carácter de suma del saber y regula lo que puede ser dicho socialmente en la ortodoxia centralizadora. La imagen emblemática del *Libro Descriptivo de las Indias*, cuya confección fuera prescripta en las Ordenanzas de 1573 y que encarna, en gran medida, en la obra de López de Velasco, sugiere la existencia del *archivo*, entendido en su sentido material de lugar donde se guardan los documentos y en su dimensión simbólica de conservación y transmisión de una memoria cultural, de la cual el *libro* es su exponente.

La secuencia hasta aquí resumida permitió establecer una red de cuestiones; a saber, la existencia de textos en los que se cumple el principio de informar por mandato, la presencia de un registro descriptivo común al de las Relaciones, la delimitación de la calidad de los informantes y destinatarios de esos textos. Tales aspectos constituyen mecanismos de control de información que se justifican en un marco político específico. La noción de *situación colonial* resulta, en este sentido, fundamental para comprender la existencia y el funcionamiento de tales prácticas. Pues, en efecto, una situación colonial no se sostiene sólo en la fuerza o el poderío tecnológico, no se mantiene nada más que en el dominio de los cuerpos o en la explotación de los bienes, sino antes bien en la imposición constante, reiterada, de ciertas representaciones cuyo poder radica en el ser estereotipos. Es el efecto dogmático de las palabras que afirman la superioridad racial y cultural de un grupo por sobre aquellos que conforman una "minoría sociológica": los que constituyen el objeto de la representación. Quienes son habilitados como sujetos de las prácticas textuales, en esta situación, son los funcionarios, misioneros, comerciantes, soldados. Estos "agentes" no recorren el territorio colonial por el sólo placer de conocer, ni responden al ansia de aventuras.[1] Son individuos que se desplazan en cumplimiento de alguna comisión específica encomendada por sus autoridades inmediatas; tales misiones tienen correspondencia, en términos generales, con la práctica de la *visita*.[2] Testimonio de la inspección efectuada en alguno de los ámbitos de la administración colonial es un texto, que se presenta como la respuesta escrita al pedido de información. Esta práctica fue cercana a Pedro Cieza de León y a fray Antonio Vázquez de Espinosa, cuyos textos fueron escritos antes y después, respectivamente, de haberse oficializado el sistema de cuestionarios; comparten con ellos el principio organizativo descriptivo conformado a lo largo del siglo XVI, lo que permite inferir, primero, el carácter migrante de este principio en relación con las diferentes clases de textos y, segundo, que la "teoría" implícita en los interrogatorios es contemporánea de la "práctica" que estos textos suponen. Estos textos no constituyen, en rigor, relatos de un viaje, aunque lo presuponen; se caracterizan por

---

[1] Irving Leonard (1992, 9) lo explicitó en estos términos: "A menudo se dice que los viajes ilustran. En esta frase está implícita la suposición de que la experiencia en tierras extranjeras ofrece a las personas sensibles y receptivas una mayor cultura y refinamiento. Por buena que parezca, en teoría, esta creencia es esencialmente un concepto moderno, y rara vez influyó sobre los viajeros que se aventuraron a cruzar el Atlántico hasta el Nuevo Mundo ...".

[2] F. Pease (1978, 446) señala: "Los visitadores reunían así una información de acuerdo a cuestionarios previamente elaborados bajo instrucciones que venían de España y que, algunas veces, eran preparados en la misma metrópoli". Por su parte, Céspedes del Castillo (1946, 1023) observa que, con la llegada de Carlos III al trono la práctica de la visita indiana recibió un nuevo impulso: "... por América se fue distribuyendo a partir de 1764 —con los fines indicados de informar, estudiar e implantar reformas— un pequeño ejército de inspectores, comisionados y visitadores que fueron como los ojos, los oídos y las manos del rey en Ultramar". En el ámbito específico de las visitas eclesiásticas, cabe acotar que "Los decretos de la cuarta action del Tercer Concilio Provincial de Lima que se publicaron en la iglesia cathedral en treze días del mes de octubre de mill y quinientos y ochenta y tres años" dedican varios capítulos a delinear las características de las visitas y las calidades y funciones de los visitadores. (Levillier: 1919, 217-18).

estructurarse en función de las rutas y caminos virreinales y de las distancias entre poblados, en un procedimiento común al de las Relaciones y Descripciones de tierras, como la de don Pedro de La Gasca (1551-1553). El *camino* se presenta, a nivel textual, como un dispositivo organizador que otorga coherencia y progresión al relato, tal como habrá de ocurrir en el de viaje. Se produce así un efecto de lectura similar al del recorrido de la mirada por un mapa: los diferentes espacios se describen según relaciones de contigüidad (el pueblo siguiente, al costado de, más abajo, a la derecha, etc.) y de oposiciones contrastivas (este sitio es lo que otro no es). Al final de la lectura se obtiene una comprensión global del territorio. Por otra parte, cabe recordar que, más allá de sus distintas denominaciones estos relatos proponen como criterio de verdad el carácter de *testigos* de sus autores; así, pues, "he visto", "me he hallado", "me certificaron" son sintagmas recurrentes que afirman su *decir verdadero*.

Dos presencias se acercan al camino para alertarnos acerca de la emergencia del *relato de viaje*. Son el dominico fray Reginaldo de Lizárraga, visitador de la Provincia de San Juan Bautista del Perú, entre 1586-1591, y 1602, y fray Diego de Ocaña, jerónimo que embarcó para las Indias en 1599; como procurador de la Orden viajaba con el mandato de recoger las limosnas y mandas destinadas al convento extremeño; con ese propósito recorrió el virreinato del Perú hasta 1605, año en que se embarca para la Nueva España. Allí murió, al amparo de la Guadalupe del monasterio de Tepeyac, en 1607 ó 1608. Sus experiencias vitales fueron disímiles, pero los azares de los caminos virreinales unieron durante un breve tiempo a estos dos religiosos, cuando Lizárraga consagró la ermita levantada por el fraile en las afueras de Lima. Ambos habrán sufrido, en la profunda noche de los caminos, la zozobra, la soledad o el desamparo, pero también habrán confiado en que sus "trabajos" les ganaban esa partecita del cielo que su tiempo les prometía. De sus viajes rindieron cuentas en dos extensos relatos: la *Descripción breve de toda la tierra del Perú, Tucumán, Río de la Plata y Chile* y un manuscrito al que por faltarle su primer folio fue denominado (anacrónicamente) *Un viaje fascinante por la América Hispana del siglo XVII*. ¿Qué elementos comunes permiten caracterizar a estos textos como *relatos de viaje*? En primer lugar, la organización del relato en función del itinerario seguido; en segundo lugar la presencia del vocablo "viaje" –o su sinónimo "camino"– para referir tanto al itinerario como al texto que lo hace presente ante el lector. Este participa de las alternativas del viaje convocado por medio de la primera persona del plural; frases como "prosigamos agora nuestro viaje" o "volviendo a proseguir nuestro camino" incluyen tanto a quien relata como a quien lee ese relato; se crea entonces la imagen textual de un lector en idéntica situación de tránsito. En tercer lugar, se advierte la existencia del mandato que origina el viaje, incluido o aludido en el texto. De este modo, puede caracterizarse al relato de viaje, tal como se conforma desde fines del siglo XVI y a lo largo del siglo XVII, como *un tipo de relato en el que se rinde cuenta a los superiores del cumplimiento del mandato de inspección y se les informa acerca del estado de las cuestiones que demandaban la visita*. Quien produce el texto es el *caminante*, denominación que considero más apropiada que la de "viajero", no solamente por las condiciones en que se realizaban los viajes, sino porque esta figura aparece así diseñada en el Cuestionario de 1604 y puede rastrearse hasta *El Lazarillo de ciegos caminantes*.

El relato de viaje focaliza cada espacio en particular, al contrario de textos como los de López de Velasco o Vázquez de Espinosa, que parten de lo general para arribar en una instancia posterior a la descripción particular. Se subordina, de este modo, la imagen de totalidad que aquellos textos pretendían lograr (la descripción de "toda la tierra") al itinerario efectivamente seguido por el caminante y su comitiva. Los títulos de los capítulos indican lo específico de cada espacio o señalan un tramo del itinerario, guiando la lectura. Generalmente, los sintagmas iniciales de los parágrafos o capítulos "reducen" el espacio a la dimensión perceptiva del caminante, aspecto que no se presenta en los compendios o sumas de geografía. Estos relatos participan del modelo descriptivo fijado en los cuestionarios, que se adecua, sin embargo, a la experiencia directa del tránsito. Los señaladores espaciales del tipo "a mano derecha", "sobre mano izquierda" o la mención a la cantidad de leguas "andadas" o "contadas" proponen el vínculo entre los miembros corporales y el espacio. El cuerpo propio se constituye, de este modo, en el *punto cero* de las referencias espaciales a partir del cual el mundo y los objetos adquieren relevancia y sentido.[3] Ello afirma el carácter experiencial-testimonial de estos relatos y tiene consecuencias en la relación que el sujeto establece con los objetos acerca de los cuales habla. No se trata, entonces, sólo de un ojo que observa, sino de un ojo que observa *mientras* se desplaza y, en esa *duración* que supone el andar, hace –como el caminante de Machado– el camino. Como advierte Lizárraga, es "el ver con los propios ojos, y como dicen, palpado con las manos" lo que le otorga tal carácter y valor a su texto. El dominico finca la autoridad de su decir en el conocimiento profundo de la realidad peruana; por ello, el mundo que emerge en su escritura no es sólo el de las ciudades, sino también el de los pequeños seres de la naturaleza, el de las plantas en su utilidad medicinal, el de la sanidad o enfermedad de

---

[3] La noción del cuerpo propio como *punto cero* de orientación proviene de la filosofía husserliana y es reelaborada por la fenomenología hermenéutica de Paul Ricoeur (1990, 70), quien señala: "Il en est de même du 'ici': il s'oppose au 'làbas', comme étant le lieu où je me tiens corporellement; ce lieu absolu a le même caractère de limite du monde que l'*ego* de l'énonciation; la métaphore spatiale de l'orientation dans l'espace est même à l'origine de l'idée du sujet comme centre de perspective non situé dans l'espace occupé par les objets de discours; absolument parlant, 'ici', en tant que lieu où je me tiens, est le point zéro par rapport auquel tous les lieux deviennent proches ou lointaines".

ciertos parajes, el de los peligros que debe enfrentar el pasajero. Este mundo es objeto de conocimiento del *hombre curioso* –una de las posiciones asumidas por el caminante– figura modelada en tres textos "teóricos": la Real Cédula de 1581, el Interrogatorio de 1604 y la Real Cédula de 1635 referida a las Descripciones geográficas y eclesiásticas. En efecto, el "hombre curioso" es aquél que funda tal condición en el rol institucional que cumple, en la competencia adquirida en el terreno de las visitas y en la experiencia acerca de *las cosas de Indias* que aquéllas le posibilitaban adquirir. El resultado de este saber se despliega en varios campos: la historia natural y moral, el conocimiento lingüístico vertido en la capacidad de traductibilidad, un fuerte didactismo. Fray Diego de Ocaña vuelca en su relato toda clase de informaciones que sabe desconocidas por sus destinatarios directos: tablas de graduación de latitud de puertos, esquemas recapitulatorios de las jornadas en determinados trayectos, mapas y dibujos, además de dos *Descripciones* de tierras y una *Relación* dictada por el contador de la real hacienda. Esta actividad escrituraria supera ampliamente el relato de sus actividades como procurador; sin embargo, es otra vez el aquilatamiento de una experiencia trabajosamente adquirida en las vicisitudes del itinerario, unido a las disposiciones que regulaban la producción de Relaciones "ciertas y verdaderas", lo que genera la actitud indagatoria propia del "hombre curioso". Lo cotidiano, sin embargo y a diferencia de Lizárraga, está trasvasado de rareza para Ocaña, y si el dominico se esfuerza para que lo escrito no sea considerado "ficciones peruleras" por el lejano lector metropolitano, el jerónimo registrará como "notables" fenómenos desconocidos para él y el reducido mundo conventual dejado atrás. Esta diferencia en la percepción del ámbito colonial dará como resultado, más allá del despliegue de una retórica descriptiva similar en ambos, la construcción de *lugares* diferentes, producto de las también diversas posiciones que asumen estos caminantes. En ese sentido, puede decirse que el *camino* como principio organizador de estos textos traza otras avenidas, originalmente no contempladas en el informe demandado: diseña trabajosas identidades, da cuenta de la heterogeneidad del mundo colonial. El relato del jerónimo expone, a mi entender, de manera excepcional, el fenómeno de la migración, pues: "Las historias de los imperios tanto como sus mitos, se basan en migraciones e inmigraciones". (Adorno: 2000, 15).

Las condiciones inherentes al relato de viaje se mantienen a lo largo de los siglos XVII y XVIII, con la particularidad de que hacia 1750 se suman nuevos componentes. Se trata de la emergencia de la *noción de público* en los propios textos. En efecto, si bien ellos continúan escribiéndose como resultado de viajes de visita y, por lo tanto, son destinados a lectores "institucionales", el círculo de recepción se amplía ahora notablemente, debido al interés creciente de los europeos por los relatos de viajes a países "exóticos" y al surgimiento de órganos de información económica, política y recreativa en las principales ciudades coloniales. Esta coyuntura se conecta con un segundo aspecto: el relato de viaje deberá ser a la vez *útil y entretenido*; tales condiciones suponen una variante respecto del pragmatismo ético del siglo XVI, que vinculaba lo verdadero con lo útil y lo útil con lo moral. Ahora, esta última relación parece atenuarse por influjo del utilitarismo ilustrado de la época; no se trata tanto de acentuar lo moral del conocimiento, como lo "político" del mismo: el conocer de modo claro y distinto posibilita una más eficaz clasificación y un mejor aprovechamiento de los recursos. En este sentido, la información acerca de lo que ocurre en "remotas partes" transforma al lector (y posible pasajero) en "cuerdo, prudente, sagaz, estadista y político". La utilidad derivada de una lectura placentera suscita en el público una adhesión que opera como mecanismo de identificación cultural con el viajero, lo que refuerza el lugar del "nosotros, los europeos" y confirma su superioridad frente a los "otros", en consonancia con el marcado eurocentrismo del siglo XVIII. Estas variantes se registran generalmente en los "Prólogos al lector", en los que se informa acerca del sentido de la escritura y se diseñan los roles del viajero y del lector.

En suma, el primero de los caminos permitió recorrer los textos en tanto prácticas estrechamente ligadas al orden político colonial, relevar el modo en que desde el ámbito institucional se propone y consolida un modelo descriptivo que opera como principio organizador textual, cuyo carácter de estructura migrante se observa en diversas textualidades, y caracterizar al relato de viaje en función de los marcos discursivos específicos del periodo. El segundo de los caminos se inicia con otro interrogante: ¿qué tipo de representaciones de los otros y de sí mismos construían los sujetos en esos textos? Ello supuso considerar, otra vez, la situación colonial en la que estos caminantes se hallaban inmersos.[4] En efecto, una de las características del colonialismo consiste en la exaltación de las diferencias en función del mantenimiento de las jerarquías; en el marco de esta situación la cuestión de la identidad se despliega sobre un horizonte ideológico alterizante de estereotipos y prejuicios que adquieren el carácter de "racionalizaciones" (Balandier 1951), visibles con notable claridad en lo que respecta a las imágenes de los nativos; más complejas son las representaciones de los otros grupos, gestadas según un doble proceso que implica definirse según lo que se cree ser y en relación con lo que los otros creen que se es. Los

---

[4] "... la alteridad en el discurso estereotípico colonial [...] no es una categoría misteriosa, oscura, oculta. Es visible y conocida; se la postula en términos de género y de etnia: el moro, el judío, la mujer, el niño. El significado de esto es evidente: el sujeto se reconoce a sí mismo reconociendo al otro. La exigencia de definir el carácter del otro es el auto-reconocimiento por el sujeto de la necesidad de fijar sus propios límites. Como proceso cultural, la creación de la alteridad parece ser una exigencia y una inevitabilidad del sujeto, sea éste colonizador o colonizado. Los discursos creados sobre –y por– el sujeto colonial no nacieron sólo con el deseo de conocer al otro sino por la necesidad de diferenciar jerárquicamente el sujeto del otro ..." (Adorno: 1988, 66).

capítulos de los cuestionarios contribuyen a fijar la identidad del "otro" amerindio desde la perspectiva colonizadora; sin embargo, el hecho de que las Relaciones contemplen la actividad verbal de ese otro, ya como informante, ya como traductor o "ladino", permite que se plasmen sus trazas identitarias: costumbres, creencias, idioma, o se las resguarde mediante el recurso al "no saber". Se trata de un tipo de discurso hasta cierto punto más abierto, por obra de la acción comunicativa que entraña y porque de ello deviene una cierta tensión entre la tendencia reductiva homogeneizadora (los artículos de los interrogatorios) y la tendencia a afirmar la diferencia cultural (las respuestas dadas por los informantes nativos). Esta, si se quiere, difícil coexistencia de versiones, desaparece de aquellos textos en donde la presencia de un relator particular ocupa el espacio ideológico y posiciona a los otros desde una jerarquía y distancia absolutas, como ocurre en la *Geografía* de Juan López de Velasco, suma de los estereotipos colonialistas. En ella, indios y criollos son identificados de acuerdo con la teoría del determinismo climático, sustento de la noción de providencialismo. La argumentación desplegada por el cosmógrafo absolutiza la "barbarie" y anatematiza al "criollo". Un dispositivo característico de construcción de la alteridad en el seno de la identidad es atribuirle al español que pasa a Indias un proceso *degenerativo* en el que inciden el clima y la cercanía con los naturales. En las décadas de 1560-1580, el "ser español metropolitano" queda diferenciado del "ser español en Indias": debilidad corporal, relajación de las costumbres, diferencia idiomática frente a la norma cortesana son algunas de las notas que configuran este edificio de prejuicios peninsulares, contra el que dos siglos después Carrió de la Vandera tratará, en parte, de reaccionar. La manera insidiosa de referirse a este grupo "tenido y habido por español" deja entrever la preocupación metropolitana por las reacciones de los criollos "amigos de novedades" en la lejana colonia y muestra de qué manera el vector espacial intersecta con el ideológico. El *Compendio* de Vázquez de Espinosa coadyuva a la ideología imperial, desde el doble ejercicio del conocimiento directo y de los textos. El comentario de las Sagradas Escrituras y de diversos autores permite al carmelita discurrir acerca del origen de los pobladores del Nuevo Mundo, que remite a una de las Diez Tribus perdidas de Israel. Afirma, haciendo gala de un virtuosismo cronológico inusual, que "hasta el año de 1630 han pasado 3.573 que se poblaron las Indias" por gente advenediza, lo que legitima la conquista de los españoles. Esta argumentación le permite, al mismo tiempo, efectuar una operación de conversión de las "fábulas" amerindias a la historia occidental, que inscribe a las Indias en el proyecto de salvación universal. Algo similar hará Lizárraga al inicio de su *Descripción*, al remitirse a una hipotética llegada de cartagineses a las costas del continente y al abandono de esta empresa para fortificar la conquista peninsular, "porque tenían por más importante el señorío y riqueza de nuestra España". En ambos casos, la existencia de la entidad "Indias" se justifica en función del imperio, a cuyo centro queda subordinada.

Como se verá reiteradamente en los relatos de quienes recorran el virreinato, los aspectos "notables" que los caminantes registren de las antiguas culturas serán interpretados desde una perspectiva moralizadora. Así, Cieza de León y más tarde Lizárraga afirmarán la existencia de gigantes en la punta de Santa Elena, generación de sodomitas a la que un justo castigo "bíblico" eliminó de la tierra. Ocaña, ante la inexplicable magnitud de las piedras de los edificios de Tiawanacu, vacilará entre considerar que fueron obra de demonios o de gigantes. Los vestigios de las culturas extinguidas al momento en que estos caminantes escriben son objeto de interpretaciones que rozan lo extraordinario; esa "desmesura", que no pocas veces será atribuida a poderes infernales, habría sido corregida por obra de la evangelización. En cuanto al pasado andino más cercano, la selección de segmentos representativos oscila entre la presentación de la tiranía y crueldad de sus gobernantes y las excelencias de un orden establecido por un soberano justo e implacable, imagen ésta que opera subrepticiamente como contraste frente a una realidad actual de desorden. En todos los casos, a los que hay que sumar las representaciones de la "barbarie" en la frontera imperial, se advierte la inexistencia de lazos entre el pasado y el presente de los grupos nativos; esa ausencia de historicidad es una nota común a las representaciones de la sociedad colonizada y forma parte de las argumentaciones con que los letrados de la época ayudaron a fortalecer las bondades del régimen colonial. La vigencia de los estereotipos racistas se muestra en textos que no necesariamente sustentan la ideología imperial española, como ocurre con la *Descripción general del Perú*; el "judío portugués" critica el libertinaje y la tendencia a trasponer barreras sociales de parte de los criollos limeños con los que no se identifica, pero se sitúa del lado de la mentalidad colonizadora para denostar a los indígenas, cuya fealdad, color y vicios justifican plenamente la conquista.[5]

La *lejanía* se impone como una noción espacial e ideológica fundamental para delimitar en los textos las representaciones identitarias. En su plasmación más evidente condiciona las relaciones entre los metropolitanos y los españoles nacidos en Indias; de modo más sote-

---

[5] Se trata de una de las manifestaciones del racismo denunciadas por Aimé Césaire. Al referirse al nazismo como la barbarie absoluta ejercitada en Europa, observa: "Y entonces, un buen día, la burguesía se despierta de una sacudida formidable: gestapos muy atareadas, prisiones repletas, torturadores que inventan, refinan y discuten junto a sus torniquetes.
Uno se extraña, se indigna. Uno dice: '¡Qué raro! ¡Pero, bah! ¡Es el nazismo, ya pasará!' Y uno aguarda, y uno espera; y uno se oculta a sí mismo la verdad: que se trata de una barbarie, pero de la barbarie suprema, la que corona, la que resume la cotidianidad de las barbaries; que es el nazismo, sí, pero que antes de ser víctima se ha sido cómplice, que a ese nazismo se le ha soportado antes de sufrirlo, que se le ha absuelto, que se han cerrado los ojos frente a él, que se le ha justificado, porque, hasta ese momento, sólo había actuado contra pueblos no europeos ..." (1979, 7).

rrado es inherente al lugar de enunciación diseñado en los textos y tiene efectos en las posiciones que los sujetos adoptan para sí mismos y plantean frente a los otros. El funcionamiento de esta noción revela hasta qué punto la sociedad colonial se conforma de *grupos* a menudo enfrentados entre sí. La conflictividad resultante de jerarquías sociales y barreras raciales y económicas incide, igualmente, en las alianzas transitorias gestadas a la hora de delimitar identidades. En este sentido, puede considerarse que una de las más complejas y dinámicas es la del *criollo*, tal como se despliega en los discursos coloniales. Por su pertenencia a la sociedad colonizadora, el criollo no es susceptible de adscripción a los estereotipos que encasillan a los grupos colonizados de acuerdo con las nociones geográficas, climáticas y raciales circulantes; por el contrario, contribuye a difundirlas con sus propias opiniones. Pero su lejanía de la sociedad metropolitana (ella misma mitificada desde el mundo colonial) lo torna pasible de representaciones desvalorizadoras. La conciencia de ese lugar inestable se halla magistralmente resumida en el conocido prólogo del *Apologético* (1662) de Juan de Espinosa Medrano: "... pero vivimos muy lejos los criollos y si no traen las alas del interés; perezosamente nos visitan las cosas de España [...] pero ¿qué puede haber bueno en las Indias? ¿Qué puede haber que contente a los europeos, que desta suerte dudan? Sátiros nos juzgan, tritones nos presumen, que brutos de alma, en vano se alientan a desmentirnos máscaras de humanidad" (1982, 17). Relatos ejemplares de la complejidad que entrañan estas representaciones son los de Lizárraga y Carrió de la Vandera. Leídos en una secuencia temporal, se advierte el endurecimiento de los prejuicios coloniales hacia el otro indígena, pero constituyen, vistos desde la perspectiva del desarrollo de un discurso criollo, modulaciones de una misma problemática. Lizárraga nació en Extremadura, pero vivió en el Perú su larga existencia; esa experiencia adquirida en sus viajes de visita por el virreinato es la que pretendió ofrecer a la metrópoli, aun a sabiendas del descrédito en que podía caer su libro por obra del desconocimiento de los españoles. En principio, el dominico parece asumir una posición de subalternidad ante el metropolitano, pero la desmiente en el gesto de atribuirla a la "ignorancia" de quienes creen sólo aquello que ven en sus patrias. Al evidenciar el parecer de que "somos poco menos que indios" desnuda el prejuicio peninsular, pero no le opone directamente otro, sino que prefiere persuadir acudiendo al testimonio de lo visto y vivido por él. Evoca entonces varias situaciones: las palabras del gobernador Vaca de Castro, su propio entredicho con el virrey Toledo. Pero la más sugerente de las escenas es aquella que rememora la conquista del reino de Chile, las palabras de Pedro de Valdivia en un atardecer de desolación, imaginando la corte madrileña y sus lujos, recreando la suavidad del terciopelo de los trajes de quienes, poco después, se convertirán en los "chapetones" que vendrán a disfrutar de lo logrado por un puñado de conquistadores. La reivindicación de "los que ganaron el reino" no obtura, sin embargo, la crítica moralizadora al derroche de sus descendientes;

más aún, ésta se confunde con el prejuicio de la *cercanía* con el natural, otra variante representacional de larga data, que actualiza la opinión de López de Velasco acerca de que en unos pocos años criollos e indios llegarían a confundirse. La *Descripción* de Lizárraga proyecta una *patria* diferente a la concebida desde la metrópoli; es el sueño de un orden ciudadano arquetipo de la cristiandad –la Lima de maitines y jubileos, de susurradas letanías, olorosa a incienso– que deja a la zaga las ciudades europeas. Ese sueño se figurativiza en un orden geométrico: el Potosí, centro de una circunferencia del que salen líneas y caminos, sustento de la riqueza imperial. La construcción de esta patria criolla excluye –sin embargo de la perfección que parece sugerir lo circular– otras identidades: el texto se clausura en el momento en que el recorrido bordea la *frontera*. El discurso criollo, para conformarse, implica la negación del "otro" absoluto (el bárbaro de la frontera amazónica) y la expulsión del orbe ciudadano del mestizo y del indígena; se consolida una vez más, en ese gesto, la mentalidad colonialista. A esa imagen de orden habrá de oponérsele la visión del "mundo al revés" que ofrece el relato de Ocaña a sus superiores. El jerónimo es el típico exponente del agente colonial, para quien el Nuevo Mundo aparece, en principio, como una simple extensión de la metrópoli a cuya grandeza y sostenimiento está obligado; las limosnas que se propone recoger tienen como único destino el monasterio de las Villuercas, las imágenes que pinta en su tránsito por las ciudades virreinales son las de la Guadalupe extremeña. En este sentido, la *memoria* religiosa que el fraile pretende instaurar *en esta tierra de olvido* es la española. Pero en su relato –y con mayor evidencia en el posterior informe de fray Pedro del Puerto– se advierte ya la irrupción de fuerzas contrarias a ese mandato, en razón de las características que adquiere el culto mariano en las Indias y de la malla de intereses económicos que entraña. Ocaña canalizará la diferencia surgida de los esquemas preconstituidos al contacto con un nuevo horizonte de percepciones acudiendo a la imagen del "infierno". No obstante, el reducido mundo de su patria y su convento se ampliará notablemente al transitar la tierra, modificará su cerrada postura inicial y abrirá el cauce a nuevas facetas en su existencia. Y si, por una parte, se atiene a imágenes cristalizadas como "el infiel rebelde" o "el indio bárbaro remoto" en las composiciones con que engalana las fiestas barrocas, por otra queda atrapado en el esplendor de la ciudad indiana, en el paso grácil de la indígena, tal como la dibuja en el papel, en la suntuosa descripción de las joyas que recubren la imagen de la Virgen, en el tono moreno que otorga a su faz para que los mitayos potosinos la sientan suya. Se trata, sí, –como observa Michel de Certeau– de una "reproducción" que conquista el espacio al multiplicar los signos de una tradición histórica y ortodoxa, pero a la vez de una asunción de lo nuevo. En el testimonio de Ocaña se diseña la autobiografía de un descubrimiento: el de las realizaciones posibles en este medio, que de esa manera muestra su diferencia –y, por lo tanto, deja de ser una mera extensión– con el *allá*. En este sentido, el relato permite advertir que la identidad del metropolitano se dinamiza y transforma al contacto con la colonia. Séame permitido conjeturar que, de no morir en Nueva España, Diego de Ocaña hubiese retornado a Extremadura con los atributos del "indiano", ese "otro del mismo" ser metropolitano con el que, en mayor o menor grado, habría terminado identificándose.

El endurecimiento de la política reformista anticriolla desde mediados del siglo XVIII, unido al recrudecimiento de los prejuicios eurocéntricos en las obras de pensadores como Buffon y de Pauw, incide en las imágenes identitarias proyectadas en los relatos de viaje de este momento. El *Diario* del franciscano Pedro José de Parras constituye, en este sentido, un ejemplo de la *distancia en la proximidad*. En efecto, la perspectiva del visitador se consolida en una posición de jerarquía y en la convicción de constituirse en "modelo" (de viajero, de funcionario); desde esa centralidad observa a los otros. En su relato se advierte la exacerbación del racismo en la terminología utilizada para identificar a los miembros de la sociedad colonial: "blancos" e "indianos" (denominación esta última ya tardía para la época en que escribe) y "bárbaros infieles" e indios reducidos o "menores". Sugestivamente, elimina de su relato cualquier mención a los criollos, lo que permite inferir su desprecio por las "mezclas". Desde su óptica de metropolitano sólo pondera el contacto con los compatriotas aragoneses, no incluidos en el grupo de "indianos", vocablo que también parece evocar rasgos de "impureza" emergentes del contacto con los grupos no blancos. Los viajes del seráfico prelado confirman los prejuicios eurocéntricos y avalan su superioridad, acentuada en la *distancia* establecida con los miembros de la sociedad colonial.

El Lazarillo de ciegos caminantes se presenta en este recorrido de lectura como la expresión culminante del discurso colonialista, en tanto reitera antiguas imágenes identitarias y, a la vez, *proyecta* hacia el siglo XIX un macerado conjunto de estereotipos, que reaparecerán en los escritos de quienes organicen las naciones hispanoamericanas a partir de la crisis del orden sustentado a lo largo de tres siglos. En *El Lazarillo* se presenta la dinámica realidad colonial en sus transformaciones, en contraste con una marcada tendencia a su ordenamiento y clasificación, característica del pensamiento reformista. Se produce, de este modo, una tensión entre el mundo observado, tal como se despliega en el texto, y la propuesta de un orden social en el que la existencia de cada grupo se justificará en función de su utilidad al Estado. Nuevas representaciones identitarias suponen, entonces, otros tantos reposicionamientos grupales. La representación del *indio* recupera las imágenes desvalorizantes y las condensa en la absoluta homogeneidad del gesto racista: "El que vio un indio se puede hacer juicio que los vio todos". El "juicio", compartido por otros viajeros ilustrados de la época, señala la difusión que había alcanzado el estereotipo del indígena americano en el siglo XVIII. Para afianzarlo, Carrió aportará una versión degradada del pasado incaico; esta imagen se complementa con la de la *ausencia de historia* en los grupos nómades. En la zona indeterminada de proximidad entre lo bárbaro y lo civilizado, el visitador ubica a los *colonos* o *gauderios*, nuevo grupo cuya improductividad requiere de su suplantación por laboriosos labriegos europeos. Reducción por medio del exterminio y recolonización del espacio son las propuestas encaminadas a expulsar a estos grupos del orden colonial. La ficción de autoría crea un lugar que, no por desestabilizado, deja de sorprender; se trata de un sujeto cuya inquietante presencia irrumpe sesgadamente, pues, ¿cómo denominar una identidad que se desplaza entre el ser indio "neto", cholo, inca o criollo? ¿Qué tipo de sujeto es éste que se ficcionaliza como "Concolorcorvo"; a quiénes representa? ¿Y por qué ese "pacto" de escritura entre el visitador y el amanuense? La cuestión excede los marcos de una interpretación "literaria", si se considera el momento de producción del texto y la situación colonial que lo engloba. Y es que, a pesar de los mecanismos ordenadores puestos en funcionamiento en *El Lazarillo*, mucho del desorden imperante se cuela en él: la imagen del "peje entre dos aguas" es mostrativa de un sector todavía inclasificable, producto de la irrefrenable movilidad social. A ese sujeto que lo representa en el texto el visitador le opone la censura y la crítica, le tiende la trampa de convertirlo en portavoz de la defensa colonialista, pero a la vez lo hace compañero de su viaje. Esa presencia posee una valencia muy distinta a las otorgadas a los gauchos y a los indios, es tan compleja como la del *criollo*. No definible aún en términos de jerarquía social, este sujeto *mestizo* le sirve de aliado en otro "pacto": el colonial. Así, al aseverar que los indios jamás supieron beneficiar metales, señala el visitador que no podrían cumplir sus faenas "sin la asistencia de españoles y mestizos". En esta coexistencia de intereses y prevenciones mutuas, los "mesticillos contrahechos" aportarán su cuota de sostenimiento del régimen, efectivizando una alianza que permitirá mejor dominar al indio. ¿Cómo se constituye el *criollo* en este momento, en relación con el resto de los grupos? Carrió delínea esta identidad recurriendo a su *igualación* con el español metropolitano, apreciación que valida en su conocimiento profundo de "ambas Américas" y que le permite contra-argumentar acerca de los prejuicios europeos que señalaban su temprana decrepitud intelectual. En este sentido, se hace cargo del antiguo resentimiento criollo, pero aportando una nueva perspectiva; en efecto, afirma que los venidos de España "sólo con el fin de hacer fortuna" (que es su caso) suelen ocultar su nobleza hasta que se produce el ascenso económico; desmiente así la opinión acerca de inventadas noblezas coloniales. De esta manera restablece una genealogía para el grupo, que queda igualado con el metropolitano. Entre el criollo de Lizárraga y el de Carrió ha surgido una diferencia, fundada en el hecho de que su autolegitimación no deriva sólo de ser descendiente de conquistadores, como se sostenía en el siglo XVII, sino además de la riqueza obtenida mediante el comercio. De allí su defensa acalorada del comerciante, la que concatena con la necesidad de poner freno al avance del colonialismo inglés en apoyo del sistema español. El lugar que pretende para él en la *Reforma del Perú* sugiere la modificación que se ha producido al interior del grupo criollo. La propuesta de denominaciones que eliminen diferencias internas, esto es, "españoles originarios" y "españoles naturales", es la máscara que encubre las nuevas alianzas producidas en el seno de la sociedad colonial, tendientes a reforzar la resistencia ante lo que ahora se concibe como el asedio de los "millares de chinos vagantes" a la ciudad donde brillan y prosperan los "ingenios" criollos. Se trata de un reordenamiento de los grupos en función de la vieja pugna entre la civilización (el orden ciudadano, la lengua castellana) y la barbarie (el campo, las lenguas indígenas).

El segundo recorrido de lectura ha permitido considerar los dispositivos colonizadores puestos en juego en los relatos de viaje; se destacan en ese horizonte ideológico la exacerbación de la noción de *lejanía* como rasgo diferenciador entre la colonia y la metrópoli, la anatematización de *la proximidad* como mecanismo expulsador de lo diferente, la homogeneización de las diferencias existentes al interior de los grupos colonizados, la construcción de genealogías legitimadoras en desmedro de otras historias, la concertación de representaciones identitarias cuya condición de posibilidad se funda en el prejuicio respecto de otras. Tales dispositivos son parte sustancial del orden colonial en que se inscriben los textos y articulan el discurso hegemónico que lo convalida; están igualmente presentes en las escrituras más prestigiosas, desde la conquista en adelante, y en aquellas que, una vez cumplido el mandato de informar, ingresaron en el olvido de los archivos, se transformaron en "documentos". En ellos resuenan las voces de individuos que no gozaron de fama ni obtuvieron favores por sus servicios, sus vidas no registraron ningún hecho heroico ni merecieron ser narradas; pertenecen más bien a ese grupo que Michel Foucault denomina los *hombres infames*; en este relato son funcionarios del poder civil o eclesiástico que acceden a la escritura por su contacto con el poder:

> Para que algo de esas vidas llegue hasta nosotros fue preciso por tanto que un haz de luz, durante al menos un instante, se posase sobre ellas, una luz que les venía de afuera: lo que las arrancó de la noche en la que habrían podido, y quizás debido, permanecer fue su encuentro con el poder, sin este choque ninguna palabra sin duda habría permanecido para recordarnos su fugaz trayectoria. (Foucault: 1990, 181)

Es, pues, el poder colonial quien otorga la voz a sus agentes en el gesto de requerirles una información. Salvo Alonso Carrió de la Vandera, ninguno de los caminantes o viajeros que atestiguaron su tránsito por el mundo virreinal se propuso hacer "literatura" sino cumplir con el mandato de informar. Los escritos refieren algo más que lo observado en sus visitas; diseñan paisajes, dan cuenta de las interacciones grupales y elaboran representaciones sustentadoras del orden colonial.

Las repeticiones que se observan en esas construcciones señalan el proceso de consolidación de estereotipos característicos de ese imaginario e impregnan, no sólo la existencia de los colonizados, sino también la de los agentes colonizadores; de allí las diferentes posiciones que los sujetos adoptan y presentan en los textos; la inscripción de las "miradas" de los caminantes y viajeros en el marco colonial, desmiente, como he tratado de demostrar, cualquier pretensión de "neutralidad" o "imparcialidad" que pudiese adscribírseles.

La indagación respecto de los modos en que esos textos construyeron representaciones del heterogéneo mundo de la colonia no tuvo como única finalidad el conocer parte de ese pasado; supuso también un intento de reflexión acerca de la incidencia de ese pasado en el presente propio. En efecto, en un mundo en el que la tendencia globalizadora −nueva irrupción del "universalismo" occidental− pretende imponerse por sobre las especificidades culturales y su historicidad localizada, en un horizonte en el que se agudiza el gesto de exclusión hacia grupos que en su condición migrante diseñan complejas territorialidades, no parece ocioso preguntarse por el surgimiento y la consolidación de estereotipos, muchos de los cuales todavía perviven y "justifican" las razones de la marginación de vastos sectores poblacionales del continente. Conocer los modos en que históricamente se construyeron identidades y se gestaron alteridades, en que se diseñaron espacios centrales, periferias y fronteras es también profundizar en el conocimiento de los componentes reales de la heterogeneidad latinoamericana y valorar *positivamente* las diferencias que le son inherentes. En esa convicción han sido escritas estas páginas.

BIBLIOGRAFIA

ANONIMO. [Pedro de León Portocarrero] [c. 1615]. 1958. *Descripción del virreinato del Perú. Crónica inédita de comienzos del siglo XVII*. Edición, prólogo y notas de Boleslao Lewin. Rosario: Instituto de Investigaciones Históricas. Universidad Nacional del Litoral.

AA.VV. 1979. *Pensamiento de la Ilustración. Economía y sociedad iberoamericanas en el siglo XVIII*. Compilación, prólogo, notas y cronología José Carlos Chiaramonte. Caracas: Ayacucho.

AA.VV. 1992. *Tentación de la utopía. La república de los jesuitas en el Paraguay*. Prólogo Augusto Roa Bastos; introducción y edición Rubén Bareiro Saguier y Jean-Paul Duviols. Barcelona: Tusquets/ Círculo.

ABAD ILLANA, Manuel. 1927. "Carta del Obispo del Tucumán refiriendo a Su Magestad, con los documentos que acompaña, lo que había ejecutado en la visita de su diócesis". En: P. A. Larrouy. *Documentos del Archivo de Indias para la historia del Tucumán*. Tomo II: siglo XVIII. Tolosa: Imprimerie Et Librairie Édouard Privat. 249-354.

ABELLÁN GARCÍA, Antonio. 1988. "Población y control: las cuestiones demográficas en las relaciones geográficas". En: Francisco de Solano Ed., *Cuestionarios para la formación de las Relaciones Geográficas de Indias. Siglos XVI-XIX*. Madrid: Consejo Superior de Investigaciones Científicas. Tomo I, (siglo XVI). xxxvii-l.

ADAM, Jean-Michel. 1987. "Textualité et séquentialité. L'exemple de la description". En: J. L. Chiss y J. Filliolet, *Langue Française. La typologie des discours*. Paris: Larousse. 51-72.

ADORNO, Rolena. 1988. "El sujeto colonial y la construcción cultural de la alteridad". En: *Revista de Crítica Literaria Latinoamericana*. Año XIV, N° 28, Lima: 55-68.

-----. 1988. "Nuevas perspectivas en los estudios literarios coloniales hispanoamericanos". En: *Revista de Crítica Literaria Latinoamericana*. Año XIV, N° 28, Lima: 11-27.

ADORNO, Rolena. 1989. *Cronista y Príncipe. La obra de don Felipe Guamán Poma de Ayala*. Lima: Pontificia Universidad Católica del Perú.

-----. 1991. "La construcción cultural de la alteridad: el sujeto colonial y el discurso caballeresco". En: *I Simposio de Filología Iberoamericana*. Sevilla: Facultad de Filología, Universidad de Sevilla. 153-170.

----- 1992. "El indio ladino en el Perú colonial". En: M. León-Portilla et al. Eds. *De palabra y obra en el Nuevo Mundo. 1. Imágenes interétnicas*. México: Siglo XXI. 369-95.

-----. 1995a. "Textos imborrables: posiciones simultáneas y sucesivas del sujeto colonial". En: *Revista de Crítica Literaria Latinoamericana*. Año XXI, Nº 41, Lima-Berkeley: 33-49.

----- 1995b. "Discurso jurídico, discurso literario: el reto de leer en el siglo XX los escritos del XVI". En: *Memorias. Jornadas Andinas de Literatura Latino Americana*. La Paz: Plural Editores - Facultad de Humanidades y Cs. de la Educación. Universidad Mayor de San Andrés. 15-25.

-----. 2000. "La pertinencia de los estudios coloniales para el nuevo milenio". En: *ANDES*. Nº 11. Salta: CEPIHA, Facultad de Humanidades, Universidad Nacional de Salta: 15-25.

ALBERDI, Juan Bautista. "Bases y puntos de partida para la organización de la República Argentina". En: AA.VV. 1994. *De Bello a González Prada. Ensayistas de Nuestra América*. Tomo II. Estudio preliminar, selección y notas Susana Rotker. Buenos Aires: Losada. 61-87.

ALTUNA, Elena. 1995. "La región del Tucumán en los relatos de viajeros (siglos XVII-XVIII)". En: *Memorias. Jornadas Andinas de Literatura Latino Americana*. La Paz: Plural Editores - Facultad de Humanidades y Cs. de la Educación. Universidad Mayor de San Andrés. 63-73.

-----. 1996. "'*En esta tierra sin memoria*': el viaje de Fray Diego de Ocaña (1599-1605)". En: *Revista de Crítica Literaria Latinoamericana*. Año XXII, Nº 43-44. Lima-Berkeley: 123-137.

-----. 1998. "Obreros celestiales: Las cartas anuas de la Compañía de Jesús". En: Zulma Palermo (coord.), *Sociocriticism*. Vol. XIII, números 1 & 2. Montpellier: CERS: 67-81.

ALVAREZ ARREGI, Federico. 1994. "El debate del Nuevo Mundo". En: Ana Pizarro Organizadora. *America Latina: palavra, literatura e cultura*. Vol. II: "Emancipação do Discurso". São Paulo: Memorial; Campinas: UNICAMP. 35-66.

AROCENA, Luis. 1963. *Antonio de Solís, cronista indiano. Estudio sobre las formas historiográficas del Barroco.* Buenos Aires: Eudeba.

ARRIAGA, Pablo Joseph. 1999. *La extirpación de la idolatría en el Perú (1621).* Estudio preliminar y notas de Enrique Urbano. Cuzco: Centro Bartolomé de las Casas.

ASSADOURIAN, Carlos Sempat. 1982. *El sistema de la economía colonial. Mercado interno, regiones y espacio económico.* Lima: IEP.

ASSADOURIAN, Carlos, G. BEATO y J. C. CHIARAMONTE. 1992. *Historia Argentina. De la conquista a la independencia.* Buenos Aires: Paidós.

BALANDIER, Georges. 1951. "La Situation Coloniale: Approche Théorique". En: *Cahiers Internationaux de Sociologie*, XI: 44-79.

BARNADAS, Josep M. 1990. "La Iglesia católica en la Hispanoamérica colonial". En: Leslie Bethell Ed., *Historia de América Latina.* Vol. 2. Trad. Antonio Acosta. Barcelona: Cambridge University Press-Crítica. 185-208.

BATAILLON, Marcel. [1960] 1988. "El 'Lazarillo de ciegos caminantes'". En: Cedomil Goic, *Historia y Crítica de la Literatura Hispanoamericana.* Vol. I. Barcelona: Crítica. 503-508.

BORELLO, Rodolfo. 1982. "Alonso Carrió de la Vandera". En: Luis Iñigo-Madrigal Coordinador. *Historia de la literatura hispanoamericana.* Tomo I: "Época Colonial". Madrid: Cátedra. 151-57.

BRADING, David A. 1990. "La España de los Borbones y su imperio americano". En: Leslie Bethell ed., *Historia de América Latina.* Vol. 2. Trad. Antonio Acosta. Barcelona: Cambridge University Press-Crítica. 85-126.

-----. 1991. *Orbe Indiano. De la monarquía católica a la República criolla. 1492-1867.* Trad. Juan Utrillo. México: FCE.

BUENO, Cosme. 1966. *Geografía del Perú Virreinal (siglo XVIII).* Ed. Daniel Valcárcel. Lima: sin pie de Imprenta.

BUENO, Raúl. 1998. "Heterogeneidad migrante y crisis del modelo radial de cultura". En: Mabel Moraña Ed., *Indigenismo hacia el fin del milenio. Homenaje a Antonio Cornejo Polar.* Pittsburgh: Instituto Internacional de Literatura Iberoamericana. 253-68.

-----. 1996. "Sobre la heterogeneidad literaria y cultural de América Latina". En: J. A. Mazzotti y U. J. Zevallos Aguilar coord. *Asedios a la Heterogeneidad Cultural. Libro de Homenaje a Antonio Cornejo Polar.* Philadelphia: Asociación Internacional de Peruanistas. 21-35.

BUSTAMANTE, Jesús. 1992. "Asimilación europea de las lenguas indígenas americanas". En: Lafuente, Antonio y José Sala Catalá Eds., *Ciencia colonial en América*. Madrid: Alianza Universidad. 45-77.

CARLETTI, Francesco. 1989. *Ragionamenti del mio viaggio intorno al mondo*. A cura di Paolo Collo. Torino: Einaudi.

CARO BAROJA, Julio. 1985. *Las formas complejas de la vida religiosa (Religión, sociedad y carácter en la España de los siglos XVI y XVII)*. Madrid: Sarpe.

CARO FIGUEROA, Gregorio. 1996. "Concolorcorvo reformador". *Todo es Historia*. Nº 350, setiembre: 86-87.

CARRIO DE LA VANDERA, Alonso. 1966. *Reforma del Perú*. Transcripción y prólogo Pablo Macera. Lima: Universidad Nacional Mayor de San Marcos. Facultad de Letras. Editorial Jurídica.

CASTRO URIOSTE, José. 1994. "La imagen de nación en *Doña Bárbara*". *Revista de Crítica Literaria Latinoamericana*. Año XX, Nº 39. Lima: 127-39.

CERTEAU, Michel de. 1975. *L'écriture de l'histoire*. Paris: Gallimard.

CESAIRE, Aimé. 1979. *Discurso sobre el colonialismo (fragmento)*. México: Universidad Nacional Autónoma de México.

CESPEDES DEL CASTILLO, Guillermo. 1946. "La visita como institución indiana". *Anuario de Estudios Americanos*. Tomo III: 984-1025.

CHANG-RODRIGUEZ, Raquel. 1996. "La princesa incaica Beatriz Clara y el dramaturgo ilustrado Francisco del Castillo". *Mujer y cultura en la Colonia*. Pittsburgh: Biblioteca de América. 51-66.

CIEZA DE LEON, Pedro [1553]. 1986. *Crónica del Perú. Primera Parte*. Introducción de Franklin Pease G.Y.; Nota de Miguel Maticorena. Lima: Pontificia Universidad Católica del Perú - Academia Nacional de la Historia.

CONCOLORCORVO [1773]. 1942. *El lazarillo de ciegos caminantes desde Buenos Aires hasta Lima*. Prólogo José Luis Busaniche. Buenos Aires: Solar.

-----. [1773]. 1973. *El lazarillo de ciegos caminantes*. Ed. Emilio Carilla. Barcelona: Labor.

CORNEJO POLAR, Antonio. 1991. "El comienzo de la heterogeneidad en las literaturas andinas: voz y letra en el 'diálogo' de Cajamarca". En: *Revista de Crítica Literaria Latinoamericana*. Año XVII, Nº 33, Lima: 155-207.

CORNEJO POLAR, Antonio. 1994. *Escribir en el aire. Ensayo sobre la heterogeneidad socio-cultural en las literaturas andinas*. Lima: Horizonte.

-----. 1995. "Condición migrante e intertextualidad cultural. El caso de Arguedas". *Revista de Crítica Literaria Latinoamericana*. Año XXI, Nº 42. Lima-Berkeley: 101-109.

-----. 1996. "Una heterogeneidad no dialéctica: sujeto y discurso migrantes en el Perú moderno". *Revista Iberoamericana*. Vol. LXII, Nº 176-177, Julio-Diciembre: 837-44.

COROMINAS, Joan. 1990. *Breve diccionario etimológico de la lengua castellana*. Madrid: Gredos.

CURTIUS, Ernst Robert. [1948] 1975. *Literatura europea y edad media latina*. Tomo I. Trad. Margit Frenk y A. Alatorre. México: FCE.

DOLLFUS, Olíver. "Las relaciones entre espacio y sociedades en el Perú desde el siglo XV hasta mediados del siglo XX". En: AA.VV. 1978. *Historia, problema y promesa. Homenaje a Jorge Basadre*. Lima: Pontificia Universidad Católica del Perú. 203- 207.

DUVIOLS, Pierre. [1971] 1977. *La destrucción de las religiones andinas (Conquista y Colonia)*. México: Universidad Autónoma de México.

EAKIN, Paul John. . "Autoinvención en la autobiografía: el momento del lenguaje". En AA.VV.. 1991. *La autobiografía y sus problemas teóricos*. Suplementos *Anthropos*. Nº 29. Barcelona: 79-93.

ELLIOTT, J. H. 1990. "España y América en los siglos XVI y XVII". En: Leslie Bethell Ed. *Historia de América Latina*. Vol. 2. Trad. Antonio Acosta. Barcelona: Cambridge University Press-Crítica. 3-44.

ESPINOSA MEDRANO, Juan de. 1982. *Apologético*. Selección, prólogo y cronología Augusto Tamayo Vargas. Caracas: Biblioteca Ayacucho.

ESTEVE BARBA, Francisco. 1964. *Historiografía indiana*. Madrid: Gredos.

FOUCAULT, Michel. [1966] 1979. *Las palabras y las cosas. Una arqueología de las ciencias humanas*. Trad. Elsa Frost. México: Siglo XXI.

-----. [1969] 1985. *La arqueología del saber*. Trad. Aurelio Garzón del Camino. México: Siglo XXI.

-----. 1990. *La vida de los hombres infames*. Presentación Fernando Savater. Ed. y Trad. Julia Varela y Fernando Alvarez Uría. Madrid: Las Ediciones de La Piqueta.

FURLONG, Guillermo S.J. 1968. *Alonso Barzana S.J. y su Carta a Juan Sebastián (1594)*. Buenos Aires: Ediciones Theoria. Col. "Escritores Coloniales Rioplatenses".

GERBI, Antonello. [1955] 1960. *La disputa del Nuevo Mundo. Historia de una polémica. 1750-1900*. Trad. Antonio Alatorre. México: FCE.

GLAVE, Luis Miguel. 1989. *Trajinantes. Caminos indígenas en la sociedad colonial. Siglos XVI-XVII*. Lima: Instituto de Apoyo Agrario.

-----. 1998. *De Rosa y espinas. Economía, sociedad y mentalidades andinas, siglo XVII*. Lima: IEP.

GOIC, Cedomil. 1992. "Retórica de las cartas de Pedro de Valdivia". En: Zavala, Iris, *Discursos sobre la "invención" de América*. Amsterdam-Atlanta: Rodopi. 101-21.

GUAMAN POMA DE AYALA, Felipe. [1980] 1992. *El primer nueva corónica y buen gobierno*. Ed. crítica de John Murra y Rolena Adorno; Trad. Jorge Urioste. México: Siglo XXI.

GUSDORF, Georges. 1976. *Naissance de la conscience romantique au siècle des lumières*. Paris: Payot.

-----. [1948] "Condiciones y límites de la autobiografía". En: AA.VV.. 1991. *La autobiografía y sus problemas teóricos*. Suplementos *Anthropos*. Nº 29. Barcelona: 9-18.

HAMON, Philippe. 1991. *Introducción al análisis de lo descriptivo*. Buenos Aires: EDICIAL.

HAZARD, Paul. 1963. *La pensée européenne au XVIIIe siècle*. Paris: Fayard.

HERRERA, Antonio de. 1944. *Historia general de los hechos de los castellanos en las Islas y Tierra Firme del Mar Océano*. Prólogo de I. Natalicio González. Asunción del Paraguay: Guarania, Vol. I.

HUARTE DE SAN JUAN, Juan. 1977. *Examen de ingenios para las ciencias*. Ed. Edición Esteban Torre. Madrid: Editora Nacional.

JIMENEZ DE LA ESPADA, Marcos. 1965. *Relaciones Geográficas de Indias. Perú*. Ed. y estudio preliminar por José Urbano Martínez Carreras. Madrid: Biblioteca de Autores Españoles, 2 vols.

JITRIK, Noé. 1983. *Los dos ejes de la cruz*. México: Universidad Autónoma de Puebla.

JOLLES, André. [1958] 1972. *Las formas simples*. Trad. Rosemarie Kempf Titze. Santiago de Chile: Editorial Universitaria.

JOS, Emiliano. 1927. *La Expedición de Ursúa al Dorado y la Rebelión de Lope de Aguirre*. Prólogo A. Millares Carlo. Huesca: Ed. V. Campo.

JUAN, Jorge y Antonio de ULLOA. 1991. *Noticias secretas de América*. Edición Luis Ramos Gómez. Madrid: Historia 16.

KERBRAT-ORECCHIONI, Catherine. 1986. *La enunciación. De la subjetividad en el lenguaje*. Trad. A. Anfora y E. Gregores. Buenos Aires: Hachette.

KONETZKE, Richard. [1972] 1984. *América Latina, II: La época colonial. Historia Universal*, Vol. 22. México: Siglo XXI.

LA CONDAMINE, Charles-Marie. 1941. *Relación abreviada de un viaje hecho por el interior de la América Meridional*. Trad. Francisco Ruíz-Morcuende. Madrid: Espasa Calpe.

LAFAYE, Jacques. [1974] 1977. *Quetzalcóatl y Guadalupe. La formación de la conciencia nacional en México*. Trad. Ida Vitale. México: FCE.

LA GASCA, Pedro de. 1998. *Descripción del Perú (1551-1553)*. Estudio, edición y notas de Josep M. Barnadas. Cusco: Centro Bartolomé de Las Casas.

LANCEROS, Patxi. 1996. *Avatares del hombre. El pensamiento de Michel Foucault*. Bilbao: Universidad de Deusto.

LAVALLE, Bernard. 1993. *Las promesas ambiguas. Criollismo colonial en los Andes*. Lima: Pontificia Universidad Católica del Perú - Instituto Riva-Agüero.

LEONARD, Irving A. 1991. *Viajeros por la América Latina colonial*. Trad. Juan José Utrilla. México: FCE.

LEVILLIER, Roberto. 1919. *Organización de la Iglesia y Ordenes Religiosas en el virreinato del Perú en el siglo XVI. Documentos del Archivo de Indias*. 2ª Parte. Madrid: Sucesores de Rivadeneyra.

-----. 1955. "Conquista y organización del Tucumán". En: Ricardo Levene, *Historia de la Nación Argentina*, Vol. III. Buenos Aires: El Ateneo.

LEVINAS, Emmanuel. [1991] 1993. *Entre nosotros. Ensayos para pensar en otro*. Trad. José L. Pardo. Valencia: Pre-Textos.

LIENHARD, Martín. 1990. *La voz y su huella*. La Habana: Casa de las Américas.

LIZARRAGA, Reginaldo de [c. 1605]. 1916. *Descripción colonial*. Noticia preliminar por Ricardo Rojas. Buenos Aires: La Facultad, 2 vols.

LIZARRAGA, Reginaldo de. [c. 1605]. 1968. *Descripción breve de toda la tierra del Perú, Tucumán, Río de la Plata y Chile*. Estudio preliminar Mario Hernández Sánchez-Barba. Madrid: Biblioteca de Autores Españoles. Tomo CCXVI.

LOPEZ DE VELASCO, Juan [1574]. 1971. *Geografía y Descripción Universal de las Indias*. Ed. Marcos Jiménez de la Espada. Estudio preliminar María del Carmen González Muñoz. Madrid: Biblioteca de Autores Españoles.

LOUREIRO, Angel. "Problemas teóricos de la autobiografía". En AA.VV.. 1991. *La autobiografía y sus problemas teóricos*. Suplementos *Anthropos*. Nº 29. Barcelona: 2-8.

LOZANO, Jorge, C. 1982. Peña-Marín y G. Abril. *Análisis del discurso. Hacia una semiótica de la interacción textual*. Madrid: Cátedra.

LYNCH, John. [1969] 1984. *España bajo los Austrias*. Trad. A. Broggi y J.R. Capella. 2 vols. Barcelona: Península.

MALDONADO [Obispo] "Carta del Obispo Maldonado al entrar en su Diócesis". En: P. A. Larrouy. 1927. *Documentos del Archivo de Indias para la historia del Tucumán. 1591-1700*. Tomo I. Buenos Aires: L.J. Rosso. 135-41.

MARAVALL, José Antonio. 1967. *Estudios de Historia del Pensamiento Español*. Madrid: Ediciones Cultura Hispánica.

MARCHESE, Angelo. 1979. *Dizionario di retorica e di stilistica*. Milano: Arnoldo Mondadori editore.

MARTINEZ, Francisco José. 1994. *Las ontologías de M. Foucault*. Madrid: Fundación de Investigaciones Marxistas.

MATIENZO, Juan de. 1910. *Gobierno del Perú*. Buenos Aires: Facultad de Filosofía y Letras. Compañía Sud-Americana de Billetes de Banco.

MEMMI, Albert. [1966] 1969. *Retrato del colonizado*. Prólogo Jean-Paul Sartre. Trad. J. Davis. Buenos Aires: Ediciones de la Flor.

MENA, Filiberto de. "Fundación de Salta. Descripción y narración historial de la antigua provincia del Tucumán". En: Gregorio Rodríguez, *La Patria Vieja. Cuadros históricos. Guerra, Política y Diplomacia*. Buenos Aires: Compañía Sud-Americana de Billetes de Banco.

MERRIM, Stephanie. 1986. "Ariadne's Thread: Auto-Biography, History, and Cortés' *Segunda Carta relación*". En: *Dispositio*. Vol. XI, Nos. 28-29: 57-83.

MIGNOLO, Walter. 1981. "El metatexto historiográfico y la historiografía indiana". En: *MLN*, 96-2: 358-402.

-----. 1982. "Cartas, crónicas y relaciones del descubrimiento y la conquista". En: Luis Iñigo-Madrigal Coord. *Historia de la Literatura Hispanoamericana*. Tomo I: "Epoca Colonial". Madrid: Cátedra. 57-116.

-----. 1986. "La lengua, la letra, el territorio (o la crisis de los estudios literarios coloniales)". En: *Dispositio*. Vol. XI, Nos. 28-29: 137-59.

-----. 1987. "El mandato y la ofrenda: *La descripción de la ciudad y provincia de Tlaxcala*, de Diego Muñoz Camargo, y las Relaciones de Indias". En: *Nueva Revista de Filología Hispánica*. XXXV-2: 451-84.

-----. 1989. "Colonial Situations, Geographical Discourses and Territorial Representations: Toward a Diatopical Understanding of Colonial Semiosis". En: *Dispositio*. Vol. XIV, Nº 36-38: 93-140.

-----. 1992. "Putting the Americas on the Map (Geography and the Colonization of Space). En: *Colonial Latin American Review*. Vol. 1, Nos. 1-2: 25-61.

MILLONES, Luis. 1995. "Las ropas del Inca: desfiles y disfraces indígenas coloniales". *Revista de Crítica Literaria Latinoamericana*. Año XXI, N° 41, Lima- Berkeley: 51-66.

MONGUIO, Luis. 1978. "Palabras e Ideas: 'Patria' y 'Nación' en el Virreinato del Perú". *Revista Iberoamericana,* Nº 104-105, Julio-Diciembre: 451-70.

MORAÑA, Mabel. 1989. "Para una relectura del barroco hispanoamericano: Problemas críticos e historiográficos". En: *Revista de Crítica Literaria Latinoamericana*. Año XV, Nº 29, Lima: 219-31.

-----. 1994. "Apologías y defensas: discursos de la marginalidad en el Barroco hispanoamericano". *Relecturas del Barroco de Indias*. Hanover: Ediciones del Norte. 31-57.

MORSE, Richard M. 1990. "El desarrollo urbano de la Hispanoamérica colonial". En: Leslie Bethell ed., *Historia de la América Latina*. Vol. 3. Trad. N. Scandell y M. Iniesta. Barcelona: Cambridge University Press-Crítica. 15-48.

MORTARA GARAVELLI, Bice. [1988] 1991. *Manual de Retórica*. Trad. María José Vega. Madrid: Cátedra.

MÜHN, Juan S. J. 1946. *La Argentina vista por viajeros del siglo XVIII*. Buenos Aires: Huarpes.

OCAÑA, Diego de. [c. 1605]. 1969. *Un viaje fascinante por la América Hispana del siglo XVI*. Edición, introducción y notas Arturo Alvarez. Madrid: Stvdivm.

-----. [c. 1605]. 1987. *A través de la América del Sur*. Ed. Arturo Alvarez. Madrid: Historia, 16.

O'GORMAN, Edmundo. 1972. *Cuatro historiadores de Indias*. México: Sepsetentas.

OTTE, Enrique. [1988] 1993. *Cartas privadas de emigrantes a Indias. 1540-1616*. México: FCE.

PAGDEN, Anthony. [1982] 1988. *La caída del hombre natural. El indio americano y los orígenes de la etnología comparativa*. Trad. Belén Urrutia Domínguez. Madrid: Alianza.

PALMA, Ricardo. 1954. *Tradiciones Peruanas*. Madrid: Espasa-Calpe, Tomo II.

PARRAS, Fray Pedro José de. [c. 1759]. 1942. *Diario y derrotero de sus viajes. 1749-1753*. Nota preliminar José Luis Busaniche. Buenos Aires: Solar.

PEASE G. Y., Franklin. 1978. *Del Tawantinsuyu a la Historia del Perú*. Lima: IEP.

-----. 1978. "Las visitas como testimonio andino". En: AA.VV., *Historia. Problema y promesa. Homenaje a Jorge Basadre*. Lima: Pontificia Universidad Católica del Perú. Fondo Editorial.

PEREZ HERRERO, Pedro. 1988. "Los cuestionarios y la política económica". En:Francisco de Solano Ed. *Cuestionarios para la formación de las Relaciones Geográficas de Indias. Siglos XVI-XIX*. Madrid: Consejo Superior de Investigaciones Científicas. li-lxiv.

PONCE LEIVA, Pilar. 1988a. "Los cuestionarios oficiales: ¿un sistema de control de espacio?". En: Francisco de Solano Ed. *Cuestionarios para la formación de las Relaciones Geográficas de Indias. Siglos XVI-XIX*. Madrid: Consejo Superior de Investigaciones Científicas. xxix-xxxvi.

-----. 1988b. "Las Ordenanzas sobre Descripciones (1573). Su aplicación en la Real Audiencia de Quito". En: Francisco de Solano Ed., *Cuestionarios para la formación de las Relaciones Geográficas de Indias. Siglos XVI-XIX*. Madrid: Consejo Superior de Investigaciones Científicas. lxxix-xcii.

----- Ed. 1991. *Relaciones histórico-geográficas de la Audiencia de Quito (siglos XVI-XIX)*. Preámbulo de Francisco de Solano. Madrid: Consejo Superior de Investigaciones Científicas. Tomo I (siglo XVI).

PONCE LEIVA, Pilar. Ed. 1992a. *Relaciones histórico-geográficas de la Audiencia de Quito (siglos XVI-XIX)*. Madrid: Consejo Superior de Investigaciones Científicas. Tomo II (siglos XVII-XIX).

-----. 1992b. "Burocracia colonial y territorio americano". En: Lafuente, Antonio y José Sala Catalá Eds. *Ciencia colonial en América*. Madrid: Alianza Universidad.

POZUELO YVANCOS, José M. 1993. *Poética de la ficción*. Madrid: Síntesis.

PRATT, Mary Louise. 1992. *Travel Writing and Transculturation*. London & New York: Routledge.

PUERTO, Pedro del. 1923. *Viaje de un monje gerónimo al virreinato del Perú en el siglo XVII*. Ed. Francisco V. Silva. Madrid: *Boletín de la Real Academia de la Historia*. Febrero-Marzo: 132-64.

PUPO-WALKER, Enrique. 1982. *La vocación literaria del pensamiento histórico en América*. Madrid: Gredos.

RAMA, Angel. 1984. *La ciudad letrada*. Montevideo: Arca.

REAL ACADEMIA ESPAÑOLA. 1976. *Diccionario de Autoridades*. 3 vols. Madrid: Gredos.

REYES, Graciela. 1984. *Polifonía textual. La citación en el relato literario*. Madrid: Gredos.

RICOEUR, Paul. 1983. *Texto, testimonio y narración*. Trad., prólogo y notas V. Undurraga. Santiago de Chile: Andrés Bello.

-----. 1990. *Soi-même comme un autre*. Paris: Editions du Seuil.

-----. 1992. *Lectures 2. La contrée des philosophes*. Paris: Editions du Seuil.

RODILLA-LEON, María José. 1997. "Lazarillos del Nuevo Mundo o las apreciaciones de un viajero ilustrado". En: *Varia Fortuna. Representaciones de la realidad en la literatura latinoamericana*. México: Universidad Autónoma Metropolitana Iztapalapa. 37-52.

RODRIGUEZ FREILE, Juan. 1935. *El Carnero*. Prólogo y anotaciones de Jesús Henao. Bogotá: Librería Colombiana.

ROMERO, José Luis. 1986. *Latinoamérica: las ciudades y las ideas*. México: Siglo XXI.

ROSAS DE OQUENDO, Mateo. 1990. *Sátira hecha por Mateo Rosas de Oquendo a las cosas que pasan en el Pirú, año de 1598*. Estudio y edición crítica de Pedro Lasarte. Madison: Colonial Latin American Literature Series, Nº 2.

SAID, Edward. 1980. *L'Orientalisme. L'Orient créé par l'Occident*. Préface de Tzvetan Todorov. Paris: du Seuil.

STEIN, Stanley y Bárbara H. STEIN. [1970] 1997. *La herencia colonial de América Latina*. Trad. Alejandro Licona. México: Siglo XXI.

STERN, Steve. [1982] 1986. *Los pueblos indígenas del Perú y el desafío de la conquista española*. Trad. Fernando Santos Fontenla. Madrid: Alianza.

TIEFFEMBERG, Silvia. 1994. "Fray Reginaldo de Lizárraga. Propuestas para el abordaje a un texto del siglo XVI". *Actas del Coloquio Internacional Letras Coloniales Hispanoamericanas. "Literatura y cultura en el mundo colonial hispanoamericano"*. Buenos Aires: Asociación Amigos de la Literatura. 135-41.

TORRE REVELLO, José. 1941. *Documentos históricos y geográficos relativos a la conquista y colonización rioplatense*. Tomo I: *Memorias y Relaciones históricas y geográficas*. Buenos Aires: Jacobo Peuser.

-----. 1955. "Viajeros, relaciones, cartas y memorias (siglos XVII, XVIII y primer decenio del XIX)". En: Ricardo Levene, *Historia de la Nación Argentina*. Vol. III. Buenos Aires: El Ateneo. 379-407.

VARGAS UGARTE S. J., Rubén. 1939. *Fuentes*. Lima: Universidad Católica del Perú.

VAZQUEZ DE ESPINOSA, Antonio [c. 1623]. 1969. *Compendio y Descripción de las Indias Occidentales*. Edición y estudio preliminar de B. Velasco Bayón. Madrid: Biblioteca de Autores Españoles.

ZANETTI, Susana. 1995. "La trama de voces en *El lazarillo de ciegos caminantes* de Alonso Carrió de la Vandera". En: Carmen Perilli, Comp. *Las Colonias del Nuevo Mundo. Cultura y Sociedad*. Tucumán: Instituto Interdisciplinario de Estudios Latinoamericanos. Facultad de Filosofía y Letras, Universidad Nacional de Tucumán. 178-87.

-----. 1993. "Perfiles del letrado hispanoamericano en el siglo XVII". *Studia Aurea. Actas del III Congreso de la AISO*. Toulouse.

ZUMTHOR, Paul. [1993] 1994. *La medida del mundo. Representación del espacio en la Edad Media*. Madrid: Cátedra.

*El discurso colonialista de los caminantes
siglos XVII- XVIII*
se terminó de imprimir en los talleres Cushing-Malloy, Inc.
Ann Arbor, Michigan, en el mes de junio de 2002.